KB179215

정본 발해고

정본 발해고

渤海考

유득공 지음 · 김종복 옮김

책과함께

차례

- 옮긴이의 말 · 7
- 일러두기 · 13

▌해제 : 유득공과 수정본《발해고》· 16

   1. 유득공의 생애와 저술 · 16

   2.《발해고》의 저술 배경 · 18

   3. 수정본《발해고》의 이본들 · 22

   4.《발해고》의 수정 과정 · 26

   5.《발해고》수정 시기 · 31

   6. 초고본과 수정본의 내용 비교 · 35

      ❶ 권1〈군고〉· 35

      ❷ 권2〈신고〉· 38

      ❸ 권3〈지리고〉· 39

      ❹ 권4〈직관고〉·〈예문고〉· 42

   7. 의의와 한계 · 44

▌《발해고》를 읽다 |《황성신문》 1910년 4월 28일 | · · · · · · · · 47

▌이규경의 발문 · 50

▌성해응의 서문 · 53

▌박제가의 서문 · 56

▌유득공의 서문 · 59

▌인용서적 목록 ……………………………………………… 62

▌오경도 …………………………………………………… 64

▌오경표 …………………………………………………… 66

| 권1 | ───────────────────────────────

군고 ……………………………………………………… 69

진국공 • 71 | 고왕 • 73 | 무왕 • 76 | 문왕 • 79 | 폐왕 • 83 | 성왕 • 84 | 강왕 • 85 | 정왕 • 86 | 희왕 • 87 | 간왕 • 88 | 선왕 • 89 | 왕 이진 • 90 | 왕 건황 • 91 | 왕 현석 • 92 | 왕 인선 • 93 | 염부왕 • 99 | 흥료왕 • 101

| 권2 | ───────────────────────────────

신고 ……………………………………………………… 109

대문예, 대일하, 마문궤, 총물아 • 111 | 대야발, 대굉림, 대신덕 • 113 | 임아상, 장문휴, 대낭아 • 114 | 대상정, 대정한, 대청윤 • 115 | 대능신, 여부구 • 116 | 대총예 • 117 | 대명준, 고보영, 대선성 • 118 | 고원고 • 120 | 대원겸 • 122 | 위균 • 123 | 대소현 • 124 | 고모한 • 125 | 최오사 • 126 | 대난하, 이훈 • 127 | 고인의, 덕주, 사나루, 고제덕 • 128 | 서요덕, 기진몽, 기알기몽 • 130 | 모시몽 • 132 | 양승경, 양태사, 풍방례 • 133 | 고남신, 고홍복, 이능본, 해비응, 안귀종 • 136 | 양방경 • 138 | 왕신복, 양회진, 달능신 • 139 | 일만복, 모창록 • 141 | 오수불 • 143 | 사도몽, 고녹사, 고울림, 고숙원, 사통선, 고진선 • 145 | 장선수 • 147 | 고양필, 고열창 • 148 | 여정림 • 149 | 대창태 • 150 | 고남용, 고다불 • 151 | 오효신 • 152 | 왕효렴, 고경수, 고영선, 왕승기 • 153 | 왕문구 • 154 | 고정태, 장선 • 155 | 양성규,

배정, 배구 • 156 | 오소도, 아들 오광찬 • 157 | 신덕 • 158 | 대화균, 대원균, 대복모, 대심리 • 159 | 모두간, 박어 • 160 | 오홍, 승려 재웅 • 161 | 김신 • 162 | 대유범 • 163 | 은계종 • 164 | 홍견 • 165 | 정근 • 166 | 대광현 • 167 | 진림 • 169 | 박승 • 170 | 고길덕 • 171 | 대연정 • 172 | 유충정, 대경한 • 173 | 이광록 • 174 | 대도행랑, 고진상, 왕광록 • 175 | 사지명동, 사통, 살오덕, 우음약기, 소을사, 고성, 이남송, 수을분, 가수, 기질화, 선송, 기질화 • 176 | 개호 • 177

| 권3 |

지리고 ·· 179

5경 15부의 설치 • 181 | 주와 현의 연혁 • 185 | 산천의 고금 지명 • 201 | 15부 지리 고증 • 206 | 발해와 신라의 경계 • 225

| 권4 |

직관고 ·· 231

문관직 • 233 | 무관직 • 237 | 품계에 따른 의복 규정 • 238

예문고 ·· 239

당나라 현종이 무왕에게 내리는 칙서 4수 • 241 | 무왕이 일본국 성무천황에게 보내는 국서 • 246 | 문왕이 일본국 성무천황에게 보내는 국서 • 248 | 강왕이 일본국 환무천황에게 보내는 국서 4수 • 250

부록: 정안국고 ·· 258

《발해고》원문 ·· 261

유득공과 그의 저서 《발해고》에 대해서는 아마 고등학교 국사시간에 처음 들었을 테지만, 그 내용을 접하기까지는 시간이 좀 더 걸렸다.

학력고사를 치르고 난 후 한 두 달 남짓한 기간은 수업도 형식적이어서 등교해서는 친구들과 서로 책을 빌려보며 시간을 보내고 하교해서는 떼 지어 이곳저곳 돌아다니는 게 일과였다. 한 친구는 아버지가 근무하던 출판사에서 냈던 잡지 《뿌리깊은 나무》를 열심히 빌려주었고, 나중에 자기 집에 있던 역사 관련 책들을 사학과에 진학했다는 이유로 나에게 주었다. 그중에는 이우성 선생님과 강만길 선생님의 사론집도 있었는데, 분단시대의 역사적 사례로서 신라와 발해의 대립을 다룬 부분이 당시의 나에겐 상당히 인상 깊었다.

대학에서 수강한 교양한문 시간에 발해고 서문도 읽어보았지만, 막상 《발해고》 자체를 찾아볼 엄두는 내지도 못했다. 한문 실력도 없었지만 대학도서관이 폐가식인 탓도 있었다. 그러다가 4학년 때 서강대에서 열린

7

역사학대회에 갔다가《발해사료집성》이라는 책에 포함된《발해고》(조선고
서간행회의 활자본)를 처음으로 보게 되었고 기쁜 마음에 거금을 주고 샀지
만 책을 살펴본 후에는 실망감도 적잖이 생겼다. 왜냐하면 같은 책에 수
록된 김육불의《발해국지장편》에 비해 분량이 너무나 적고 내용도 소략
했기 때문이다. 또 고대사 개설서나 발해사 논문들에서 김육불의 견해가
제법 인용된 데 반해 유득공의 경우 남북국시대론의 사학사적 의의 이외
에 별다른 언급은 없었기 때문이다. 이러한 이유로 그후 대학원에 진학하
여 발해사를 공부하면서도《발해고》를 찾아본 적은 거의 없었다.

주지하듯이 발해사에 관한 연구는 부진한 실정이고, 또 그 역사의 귀속
문제를 둘러싸고 우리나라와 중국, 일본, 러시아 등이 서로 다르게 해석
하고 있다. 그 원인으로 사료의 부족과 일국사적 시점 등 여러 가지를 들
수 있겠지만, 발해사의 구체적인 전개과정이 충분히 규명되지 못한 점도
그러한 경향에 일조했다고 생각하였다. 그래서 성치외교사의 측면에서
발해사의 전개과정을 객관적으로 파악하기 위하여 노력해 왔고, 그 결과
물로서 2009년에《발해정치외교사》를 출간하였다.

그렇지만 다른 한편으로, 귀속 문제에 대한 각국의 인식이 요지부동한
이유를 이해하고 그 간극을 줄이기 위해서는 전근대의 역사인식부터 살
펴보는 사학사적 검토가 필요하다는 데 생각이 미쳤다. 특히 한·중·일
삼국중에서 가장 먼저 발해를 자국사의 체계에 포함시켰던 우리 선학들
의 노력과 성과는 소중한 자산이며, 그 정점에 있었던 것이 바로 유득공
의《발해고》수정본인 만큼 여기서부터 공부해 보기로 하였다.

《발해고》수정본의 존재는 2000년에 송기호 선생님이《발해고》초고본
을 번역하면서 그 해제에서 소개하여 알려졌다. 뒤이어 2002년에 수정본

의 〈지리고〉를 중심으로 자세히 소개한 논문들이 잇달아 발표되었고, 이 논문들은 내가 가지고 있던 실망감을 바꾸는 계기가 되었다. 나는 우선 여기에 소개된 수정본의 필사본들의 차이에 주목하기 시작하였다.

2008년에 우연히 국립민속박물관에도 《발해고》가 있다는 말을 듣고 찾아보니, 그것은 이규경이 필사한 것이고 다른 필사본들과의 비교를 통해 1차 수정본임을 확인할 수 있었다. 그 이후로도 숭실대 한국기독교박물관과 일본 경도대학 부속도서관에 소장된 또다른 필사본들을 찾을 수 있었다. 뜻이 있는 곳에 길이 있다는 말이 허언이 아님을 절감했다.

여러 필사본들과의 비교를 통해 유득공이 《발해고》를 세 차례에 걸쳐 수정하였음을 알게 되었고, 초고본의 번역본이 3종이나 있음에도 여전히 수정본이 번역되지 않는 것은 문제라는 생각이 들었다. 때마침 청명문화재단에서 진행하던 '번역모임 지원사업'에 수정본 《발해고》의 원문 교감 및 번역을 지원하여 선정되었다. 이때 받은 지원비로 2009년부터 후배들에게 부탁하여 당시까지 입수했던 4종의 필사본(해제논문의 A, D, E, G)의 원문을 입력하고 내가 초벌 번역한 문장을 함께 검토하는 작업을 1년간 진행하였다. 그 중간 결과로서 〈수정본 《발해고》의 내용과 집필 시기〉(《태동고전연구》 26, 2010)를 쓰고 나서 본격적으로 번역에 나섰다.

처음에는 각 필사본들의 차이를 확인하는 교감 및 수정의 근거가 무엇인지 그 전거를 조사하여 주석을 다는 작업을 주로 하였다. 전거를 알아야 번역의 오류도 줄이고 나아가 그와 그 시대의 역사학의 수준을 이해할 수 있었기 때문이다. 이 작업을 하는 데 예상보다 많은 시간이 걸려 2012년에야 원고를 출판사에 넘길 수 있었다. 그런데 출판사에는 연구자를 위한 원문 주석은 700개나 되는 반면 일반 독자를 위한 번역문 주석은 부족하니 좀더 추가하였으면 좋겠다는 의견을 주었다.

일반 독자를 위한 주석의 범위를 어디까지 설정해야할지 고민도 되고 귀찮은 생각도 없지 않았다. 그렇지만 나 자신도 책을 읽을 때마다 낯선 용어에 대한 불편함을 겪었던 터라 고생스러움을 감수하기로 하고, 인명, 지명, 관직명 등 모든 고유 명사에 각주를 달기로 방침을 세웠다. 이 과정에서 번역문을 한 번 더 보면서 부족하거나 잘못된 점들을 새삼 발견하고 수정할 수 있었다. 이처럼 주석을 덧붙이는 과정은 오히려 개인적으로 많은 공부가 되었다.

한편 마지막까지 고민하였던 부분은 원문의 전거를 확인하는 과정에서 발견한 원문의 누락이나 오기 등의 잘못을 어떻게 처리할 것인가 하는 점이었다. 처음에는 원문대로 번역하고 각주에서 그 잘못을 밝혔다. 그렇지만 몇몇 경우는 오류가 있는 원문을 번역하기도 어려웠고 그 번역문을 일반 독자가 이해하기도 쉽지 않다는 난관에 봉착했다. 원문의 오류는 인용 과정에서의 단순한 실수나 충분한 정보를 입수할 수 없었던 시대적 한계라는 점, 시간적 여유와 충분한 자료가 있었다면 유득공이 수정했을 것이라는 생각 끝에 원문에서 누락과 오기 등을 교감하고, 교감한 원문에 따라 번역을 고쳤다.

이러는 사이에 다시 5년이 훌쩍 지나가 버렸다. 물론 이 기간에 번역에만 매달린 것은 아니었다. 바쁜 일이 생기면 작업을 방학 때로 미루고 또 새로 발견한 필사본들을 대조하다 보니 시간이 많이 들었다. 여러 필사본들의 입수와 입력 및 번역 과정에서 유형무형으로 도움을 주신 분들, 그리고 무던히 기다려준 출판사 여러분에게 감사드리며 그 고마움은 잊지 않겠다.

이 책은 나의 첫 번역서이며 그 대상 언어는 한문이다. 오랜 세월 우리나라에서 문자 표기의 수단이었지만 이제는 사어가 되어버린 한문은 배우기가 쉽지 않았기에, 옮긴이로서 이에 대한 약간의 감상을 사족으로 덧붙인다.

한문과 관련하여 나에게 추억이 있는 장소는 두 군데이다. 하나는 경남 산청군 신등면 평지리의 내당서사이고 다른 하나는 경기도 남양주시 수동면 지둔리의 지곡서당이다.

내당서사는 집안 어른인 중재 김황(1896~1978) 선생이 유학을 강학하던 곳으로 초등학교 5학년 여름방학에 아버지를 따라 처음 가봤다. 그곳에는 상투를 틀고 정자관을 쓴 흰 수염의 할아버지가 계셨고 그분께 청장년의 어른들이 글을 배우고 있었다. 아이들처럼 소리내어 읽는 모습이 우습기도 하였지만 이내 익숙하였다. 그해 겨울 중재 선생이 돌아가시고 나서는 그 아드님이자 나의 삼종조부이신 정관 김창호(1921~1999) 선생님이 한동안 대학생들에게 한문을 가르치셨다. 그래서 나도 대학교 3학년 때인 1988년에 두 차례의 방학을 이용하여 그분께 《논어》를 배웠고 겨울에는 지금의 아내도 처음 만났다.

지곡서당은 청명 임창순(1914~1999) 선생님이 세운 태동고전연구소의 별칭인데, 선생님이 1985년에 부지와 서적 일체를 한림대학교에 기증하고 한림대는 장학금과 일체 경비를 지원하였다. 나는 석사를 졸업한 뒤에 지도교수인 김영하 선생님의 권유로 1994년부터 3년간 이곳에서 생활하였다. 청명 선생님의 해박하고 명쾌한 강의는 일품이었지만 연로하셔서 주1회 수업밖에 듣지 못하는 아쉬움이 있었다. 그 아쉬움은 다른 선생님들의 강의로 메울 수 있었는데, 특히 이우태 선생님, 김만일 선생님과 함

11

께 한 《시경》과 《서경》 수업의 난상토론은 아직까지도 유쾌한 기억으로 남아 있다.

완전 시골인 내당서사와 현대식 시설을 갖춘 지곡서당은 생활면에서 여러 가지로 대조적이었지만 모두 소중한 추억들이 배어 있는 곳들이다. 그렇지만 내당서사는 삼종조부가 돌아가시고 난 후 인적이 드물어졌고, 지곡서당 역시 몇 해 전부터 한림대가 교육 사업을 포기하면서 그 맥이 단절될 지경에 이르렀다. 청명문화재단에서 새로 태동고전연구소를 세우고 독지가의 후원과 졸업생들의 모금 등으로 자원을 마련하여 학생들을 모집하여 가르치고 있지만, 이것도 언제까지 가능할지 기약할 수 없기 때문이다.

2018년 1월

김종복

일러두기

① 원본은 《泠齋書種 單 渤海考》(국립중앙도서관, 한 貴古朝 90 - 4)를 대본으로 삼았다. 원문 각주에서 원본이라 표기한 것은 이를 가리킨다. 원본 이미지는 국립중앙도서관에서 온라인으로 열람할 수 있다.

② 《발해고》의 수정 과정을 이해하는 데 도움이 되도록, 초고본 및 1차 수정본에 해당하는 이규경필사본에서 원본과 다른 부분을 원문 각주에서 밝혔다. 다른 필사본들과의 차이는 대부분 필사 과정에서의 단순한 이체자나 오기 및 누락이므로 일일이 밝히지 않고 생략하였다. 다만 경도대소장본의 이건초 주석은 표기하였다.

③ 본문의 구성에서 참고할 사항은 아래와 같다.
• 원본은 오경도와 오경표, 목록(목차), 그리고 권1 ~ 4로 구성된다. 그런데 그중에서 목록은 이 책의 차례와 중복되므로 생략하였다. 원문에서도 차례를 맨 처음 싣고 목록은 생략하였다.
• 지도자료인 오경도는 원본자료에 한글을 병기하여 번역문에서만 실었다.
• 원본에 없지만 옮긴이가 독자의 이해와 편의를 위해 추가한 글(해제, 유득공 등의 서문, 인용서적 목록 등)은 원본이 시작되는 오경도(번역문)나 오경표(원문) 앞에 배치하였다.

④ 원문 교감의 경우 속자(俗字), 고자(古字), 약자(略字), 위자(譌字) 등의 이체자는 흔히 쓰는 정자(正字)로 통일하였다.

雞→鷄	皈→歸	彶→徙	蔬 → 蘇
凶→匈	弔→吊	鄰→隣	逢 → 蜂
褱→懷	劒·劍→劍	銕→鐵	襍 → 雜
着→著	乹→乾	苁→苞	惣·總→總
凉→涼	无→無	迴→廻	惌→怨
仚·儒→仙	舡→船	銕→鐵	潊 → 溯
塜→冢	並→幷	碻→確	剏 → 創
卻→却	离→離	仟→擊 등	

⑤ 다만 관행적으로 혼용하는 大와 太, 已와 己, 邪와 耶는 문맥에 따라 처리하거나 원사료의 표기를 따랐다. 이 경우는 각 필사본의 차이를 구태여 밝히지 않았다.

大僕 → 太僕, 已珍蒙 → 己珍蒙, 邪律阿保機 → 耶律阿保機 등

⑥ 《발해고》는 기본적으로 《구당서》 등의 중국사료, 《속일본기》 등의 일본사료, 《고려사》 등의 한국사료 등을 토대로 편찬되었으므로, 원사료와 대조하였다. 이 과정에서 오기는 〔 〕 안에 바로잡고, 누락된 경우는 ( ) 안에 보충하였으며, 삭제해야 하는 경우는 { }로 표시하였다. 그리고 그 근거를 각주에서 밝혔다. 숫자, 관직, 인명, 지명 등 고유명사와 관련된 오류는 원문 각주에 그 근거를 밝히고 그 교감의 결과를 번역문에 반영하였다. 다만 문장상의 축약은 원문 각주에 원사료와의 차이만 밝히고 번역문에서는 본문대로 처리하였다.

遼太祖耶律阿保機神冊二〔三〕[1]年,

素賢降遼, 遼拜爲東丹國(左)[2]次相.

忠武{大}將軍[3]

14

1 二 : 원사료(《遼史》 권1, 本紀1, 太祖 上)에 '三'으로 되어 있다.
2 左 : 원사료(《遼史》 권2, 本紀2, 太祖 하)에 의거하여 삽입한다.
3 초고본과 원본에 '忠武大將軍'으로 되어 있지만, 원사료(青木和夫 외 校注, 《續日本紀》 2, 岩波書店, 1990, 360쪽)에
   는 '大'가 없다.

⑦ 구두점은 가급적 주어와 술어로 이루어진 구(句) 단위로 끊었다. 다만 인명이 처음 나온 경우와 인명 앞에 긴 수식어가 붙은 경우, 인명이 복수인 경우 등은 편의상 인명 다음에 구두 처리하였다.

震國公, 姓大氏,

文王子宏臨, 早卒,

平盧留後徐歸道, 遣果毅都尉柳城縣四府經略判官張元簡來聘曰 …

及馮延休 · 韓紹勳等, 相繼爲戶部使 …

⑧ 특히 일본측 사료는 인명과 관직, 숫자 등에서 판본 간의 차이가 적지 않다. 이 경우 학계에서 널리 이용되는 원사료의 역주본에 의거하여 수정 내지 보충하였다.

高齋[齊][4]德

官庭[匡][5]諫大夫

4 齋 : 원사료의 역주본(青木和夫 외 校注, 《續日本紀》 2, 岩波書店, 1990, 186쪽)에 '齊'로 되어 있다.
5 庭 : 원사료의 역주본(黑板伸夫 · 森田悌 編, 《日本後紀》, 集英社, 2003)에 '匡'으로 되어 있다.

⑨ 초고본과 달리 증보된 내용은 그 전거를 각주로 표시하였다. 특히 권3 〈지리고〉의 경우 초고본과 체제가 완전히 달라졌는데, 《요사》 〈지리지〉의 경우 생략된 부분을 각주에 표시하였고, 《대청일통지》 등의 경우 그 전거를 역시 각주에 표시하였다.

⑩ 원문에서 교감한 부분을 번역문에서는 따로 주석으로 달지 않았다. 번역문의 경우 내용 이해에 도움이 되는 부분을 주석으로 처리하였다.

유득공과 수정본《발해고》

1. 유득공의 생애와 저술

유득공(柳得恭, 1748~1807)은 조선후기 실학의 한 유파인 북학파에 속하는 사람이다. 그의 본관은 문화(文化), 자는 혜보(惠甫)·혜풍(惠風), 호는 영재(泠齋)·영암(泠庵)·고운당(古芸堂)·고운거사(古芸居士)·가상루(歌商樓)·은휘당(恩暉堂) 등이다. 그의 집안은 북인(北人)에 속하지만 증조부 때부터 소론가(少論家)와 밀접하게 교류하였다. 그의 생애와 저술을 수학기(1748~1767), 백탑동인기(1768~1778), 관료기(1779~1801), 은퇴기(1802~1807)로 나누어 간단히 살펴보면 다음과 같다.

수학기는 서얼의 후손으로 태어난 신분적 한계와 5세에 아버지 유춘(柳椿)을 여읜 경제적 어려움 속에서 학문에 힘을 쏟던 시절이다. 7세에 어머니 남양 홍씨(南陽洪氏)를 따라 외가인 남양 백곡(白谷)으로 갔지만, 무관 집안의 기풍이 그의 글공부에 도움이 안 된다는 이유로 13세에 다시

16

서울 경행방(慶幸坊, 지금의 경운동)으로 돌아왔다. 그 후 어머니의 삯바느질로 생계를 유지하며 어렵게 공부하던 그는 18세 무렵부터 시작(詩作)에 자신감을 가졌다.

백탑동인기는 '백탑(白塔: 지금의 서울 종로구 탑골공원에 있는 원각사탑)' 인근에 거주하던 박지원(朴趾源, 1737~1805)·홍대용(洪大容, 1731~1783)·박제가(朴齊家, 1750~1805) 등과 교유하던 시기이다. 이때 유득공은 지적 호기심이 가장 왕성하여 기자에서 후백제에 이르는 역대 시를 집성한 《동시맹(東詩萌)》(일명 《삼한시기(三韓詩紀)》, 1774)을 편찬하고, 단군에서 고려까지의 역대 도읍지를 소재로 한 역사 서사시 《이십일도회고시(二十一都懷古詩)》(1778)를 지었다. 또한 1778년 7월에는 심양(瀋陽)을 다녀온 후 《읍루여필(挹婁旅筆)》을 지었다.

관료기는 1779년 규장각(奎章閣) 검서관(檢書官)에 특채되어 20여 년간 왕실 도서의 간행 실무자로 봉직한 시기이다. 이와 함께 포천 현감, 금정 찰방, 양근 군수, 가평 군수, 풍천 부사 등을 역임하였다. 이 시기에 《발해고》(1784)·《경도잡지(京都雜誌)》(1790?), 《사군지(四郡誌)》(1801?), 그리고 1790년과 1801년의 연행에 대한 기록으로 《난양록(灤陽錄)》(일명 《열하기행시주(熱河紀行詩註)》, 1795)과 《연대재유록(燕臺再游錄)》(1801) 등을 지었다. 이밖에 자국의 역사와 문화에 대한 다양한 소주제들을 형식에 얽매이지 않고 고증한 필기체 저술인 《고운당필기(古芸堂筆記)》도 있다.

은퇴기는 풍천 부사를 끝으로 관직 생활을 마감한 이후의 시기이다. 그는 규장각에서 교분을 맺은 고위 관료들인 서영보(徐榮輔, 1759~1816)·이서구(李書九, 1754~1825) 등과 시문으로 소일하면서 자신의 시문집 및 저작 일체를 정리하였다.

17

한편 그는 《해동역사(海東繹史)》의 저자 한치윤(韓致奫, 1765~1814) 및 경학과 사학에 많은 저술을 남긴 성해응(成海應, 1760~1839)과 사돈을 맺었다. 즉 차남 유본예(柳本藝, 1777~1842)는 한치윤의 질녀 즉 한진서(韓鎭書, 1777~?)의 누이와, 그리고 차녀는 성해응의 조카와 혼인하였던 것이다. 혼인으로 맺어진 돈독한 교유 관계는 그들의 역사 연구에 서로 깊은 영향을 주었다.

2. 《발해고》의 저술 배경

조선 전기의 관찬 사서인 《동국통감(東國通鑑)》(1485)의 목차는 외기(外紀), 삼국기(三國紀), 신라기(新羅紀), 고려기(高麗紀)로 되어 있다. 단군에서 삼한까지 서술한 외기는 그중에서 단군·기자 조선, 마한을 중시하였다. 그리고 삼국기는 신라·고구려·백제를 병렬적으로 서술하였고, 고구려 멸망 이후 즉 신라 문무왕 9년(669) 이후부터 신라기를 설정하였다. 《동국통감》은 신라·고구려·백제의 삼국에 대해서는 어느 쪽도 정통으로 인정하지 않고 무통(無統)으로 취급함으로써 삼국을 대등하게 서술하였지만, 백제·고구려 멸망 이후에는 신라에 정통을 부여함으로써 발해를 자국사와 무관한 주변국의 역사로 취급하였다. 그래서 여기에 수록된 발해 기사도 13건에 불과하였다. 이처럼 성리학적 정통론에 입각한 역사인식은 조선후기의 대표적인 사찬 사서인 안정복의 《동사강목》에서 단군→기자→마한→신라 문무왕 9년(669) 이후→고려 태조 19년(936) 이후→조선으로 체계화되었다. 조선왕조 내내 강인하게 지속된 정통론적 역사인식에 문제를 제기한 것이 바로 실학이었다.

조선후기 실학자들은 당면한 사회 현실을 직시하고 그 문제점을 개혁하자고 했던 만큼 자국사에 대한 관심이 높았고, 그 일환으로 발해사에도 주목하였다. 우선 이들은 임진왜란 이후 조선이 약소국이 된 역사적 원인을 고구려 영역의 상실에서 찾는 가운데, 이를 계승한 발해에 관심을 갖게 되었다. 다른 한편으로 백두산 정계비 설치(1712)로부터 촉발된 국경 문제에 대한 논의가 고토(故土) 의식, 실지회복(失地回復) 의식과 결부되면서, 발해의 지리에도 주의를 기울였던 것이다.

그러나 발해에 대한 관심이 곧바로 발해사에 대한 적극적 인식으로 연결되었던 것은 아니었다. 아직 신라정통론의 영향에서 벗어나지 못한 채 발해를 주변국의 역사로 인식하되, 학술적 차원에서 발해사 서술을 대폭 확대하고 지리 고증에도 나름 심혈을 기울이는 경향이 먼저 등장하였다. 이를 통해 발해사에 대한 정보가 풍부하게 축적되었다. 반면 단군-기자 정통론에 의거하여 고구려가 기자의 강역뿐 아니라 제도를 계승하였음에 주목함으로써, 그 연장 선상에서 고구려와 발해의 계승 관계를 강조하기도 하였다. 이에 따르면 신라는 기자조선과 교섭하지 않은 누추한 나라이며, 삼국을 통합하였다 하더라도 그 영역은 삼한지방에 불과하였던 것이다. 이러한 인식은 신라정통론을 부정하는 단서를 제공하였다.

근기남인 출신의 안정복(安鼎福, 1712~1791)이 쓴《동사강목(東史綱目)》(1759)이 전자를 대표한다면, 소론계의 이종휘(李種徽, 1731~1797)가 쓴《동사(東史)》는 후자를 대표하였다. 결론부터 말하면 유득공의《발해고》는 후자를 통해 발해를 자국사로 편입하는 논리적 근거를 확보하고, 전자에서 지금껏 없었던 발해사 저술의 가능성을 확인했던 것이다.

《발해고》는 그 서문에서 고려가 삼국사를 편찬한 것이 옳다고 전제한 후, 백제·고구려의 멸망 이후 신라와 발해가 각각 남쪽과 북쪽에 있었음에도 남북국사를 편찬하지 않은 점을 비판하였다. 정통론에 비추어보면, 무통(無統)의 삼국에 뒤이어 남북국을 설정한 것은 신라정통론에 대한 전면적 부정이었다. 또한 고려가 남북국사를 편찬했어야 한다는 당위는 고려를 정통으로 인정한 인식하에서 나온 것이다. 이처럼 삼국과 남북국을 모두 '무통'으로 처리해야 한다는 발상의 전환은 이종휘의 영향을 받은 것이라 할 수 있다.

주지하듯이 발해는 스스로 남긴 역사서가 전하지 않고, 그를 계승한 후속 국가도 등장하지 않았다. 따라서 발해의 역사는 동 시기의 당나라와 일본 및 신라, 그리고 멸망을 전후하여 거란과 고려 등 타자가 남긴, 각국에 흩어진 기록을 모아서 복원할 수밖에 없는 기본적 한계가 있었다. 발해를 주변국의 역사로 인식한 《동국통감》은 겨우 13건의 발해 기사를 서술하였으며, 그 후에 나온 사찬 사서들도 이에 준하거나 더 소략하였다. 그런데 《동사강목》은 누락된 사료를 보완하여 22건이나 되는 발해 기사를 서술하고, 사실 고증에서 주목할 만한 견해를 제시하였다. 이런 선행 작업이 있었기에 유득공은 좀 더 많은 사료들을 통해 발해의 역사를 편찬할 수 있었던 것이다.

이처럼 유득공은 《동사》의 새로운 인식과 《동사강목》의 실증적 역사 서술을 토대로 하여, 각종 사서에서 발해 관련 사료를 수집하고 주제별로 분류해 《발해고》를 집필하였다. 현재까지 널리 알려진 《발해고》는 1911년 조선고서간행회(朝鮮古書刊行會)의 활자본인데, 국립중앙도서관에 소장된 필사본(古2824-19)을 대본으로 한 것이다. 여기에는 박제가(朴齊家)와 유득공이 각각 1784년 윤3월과 1785년 가을에 쓴 서문이 실려 있다.

그리고 그 구성은 군고(君考)·신고(臣考)·지리고(地理考)·직관고(職官考)·의장고(儀章考)·물산고(物産考)·국어고(國語考)·국서고(國書考)·속국고(屬國考)의 9고(考)로 이루어진 1권 1책이다. 이를 편의상 초고본이라고 부르기로 한다.

초고본《발해고》는 당시로서는 최선을 다한 것이지만, 근대 역사학의 기준에서 살펴보면 누락된 사료도 적지 않고 고증의 오류도 발견된다. 특히 지리 고증에서 오류가 많은《요사(遼史)》〈지리지(地理志)〉를 답습한《대청일통지(大淸一統志)》의 비정을 그대로 따랐다는 점은 치명적 한계로 지적되었다. 정약용의《강역고(疆域考)》(1811, 1833)나 한치윤의《해동역사》(1823) 등이 광범한 사료 섭렵과 치밀한 고증을 통해 역사지리 분야에서 이룩한 학문적 수준이《발해고》에는 보이지 않는 것이다. 따라서 종래에는《발해고》가 발해의 역사를 최초로 정리하고 이를 한국사의 체계 안에서 파악하려는 문제의식에 대해서만 주목하였고, 그 학문적 성과에 대해서는 언급을 회피하거나 평가절하하였다.

그런데 유득공이《발해고》를 수정한 사실은 그에 대한 소극적·부정적 평가를 불식시키기에 충분하였다. 수정본《발해고》는 초고본에 비해 분량이 3분의 1 이상 늘었으며, 특히 〈지리고〉는 구성과 내용이 완전히 바뀌며《요사》〈지리지〉나《대청일통지》의 오류를 극복하였기 때문이다. 즉 초고본이 단순히 자료를 나열하는 식이라면, 수정본은 구체적인 자료 제시와 이에 따른 자신의 견해를 제시하는 고증적인 연구 방법이 더욱 구체화되었던 것이다.

3. 수정본《발해고》의 이본들

1권 9고 구성의 초고본《발해고》는 수정본에서 4권 5고로 대폭 수정되었다. 〈군고〉는 내용을 가감했고 이에 따라 순서가 일부 바뀌었다. 〈신고〉는 31명이 추가됐고 일부 순서가 바뀌었다. 〈지리고〉는 세부목차가 설정되고 지리 고증이 대폭 증가하였다. 초고본의 〈직관고〉와 〈의장고〉 일부는 수정본의 〈직관고〉로 통합되었고, 초고본의 〈국서고〉는 수정본의 〈예문고〉로 명칭이 바뀌었으며, 그 뒤에 초고본의 〈속국고〉가 부록으로 붙었다. 초고본의 〈물산고〉·〈국어고〉 및 〈의장고〉 일부는 수정본의 〈군고〉로 이동하였다.

수정본《발해고》는 현재까지 7종의 필사본이 확인되었는데, 간략히 소개하면 다음과 같다.

A 《영재서종(泠齋書種) 단(單) 발해고(渤海考)》 (국립중앙도서관 소장, 한貴古朝 90-4)

B 《영재서종(泠齋書種) 발해고(渤海考)》 (개인 소장)

C 《영재서종(泠齋書種) 발해고(渤海考)》 (일본 경도대학교 부속도서관 소장, FXVI B 10)

D 《후운록(後雲錄) 발해고(渤海攷)》 (국립중앙도서관 소장, 위창 古1817-1)

E 《발해고(渤海考) 일권전(一弖全)》 (국립민속박물관 소장, 민속 024323)

F 《발해고(渤海考)》 (숭실대학교 한국기독교박물관 소장)

G 《발해고(渤海考) 전(全)》 (경희대학교 중앙도서관 소장, 古 951.36 유27ㅂ)

A～C의 표제인《영재서종》은 영재 유득공의 저술을 모두 모았다는 의미이다. 그중 A의 판심(版心)에는 유득공의 전용 원고지를 가리키는 '고운서옥(古芸書屋)'이 새겨져 있으며, 유득공이 직접 곳곳에 수정·가필한 흔적이 남아 있다.《영재서종》1～3책에는 각각《병세집(並世集)》·《고운당필기》·《연대재유록》이 수록되어 있다. 따라서 유득공은 말년에 자신의 저작을 직접 정리하여《영재서종》4책으로 묶었던 것이다. A는 오경도(五京圖), 오경표(五京表), 목록, 권1 군고, 권2 신고, 권3 지리고, 권4 직관고·예문고 순으로 구성되어 있다.

B의 판심에는 '옥로산방(玉露山房)'이 새겨져 있고, 목록에는 '연고당수장서화지인(淵古堂收藏書畵之印)'이라는 인장이 찍혀 있다. 이는 조선 말기의 유명한 장서가인 심의평(沈宜平, 1836～1919)이 직접《영재서종》을 필사하여 9책으로 묶은 것이던 만큼, 구성도 A과 같다.

C의 판심에는 '고운서옥장(古芸書屋藏)'이 새겨져 있으므로 유득공과 관련이 있지만, 다른 저술이 수록된《영재서종》은 아직까지 발견되지 않았다. 이 책의 특징은 두 가지이다. 하나는 오경도 앞에 초고본의 서문이 수록되었다는 점이고, 다른 하나는 본문의 세 곳에 이건초(李建初)의 주석이 달려 있다는 점이다. C는 금서춘추(今西春秋, 이마니시 슌주, 1907～1979)가 소장하였던 것으로 알려져 있는데, 서문에는 '금서룡(今西龍)'이라는 인장이 찍혀 있다. 그는 식민사학자로 유명한 이마니시 류(1875～1932)이며, 그의 아들이 금서춘추이다. 즉 C는 금서룡이 경성제대 근무 시절에 입수하여 2대에 걸쳐 소장하였던 것이다.

D의 판심에는 '십연서옥(十椽書屋)'이 새겨져 있지만, 그 주인이 누구인지 알 수 없다. 원 소장자인 위창(葦滄) 오세창(吳世昌, 1864～1953) 집안

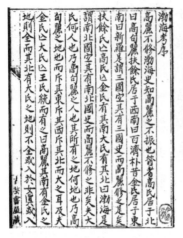

일본 경도대학 부속도서관 소장본 (C)

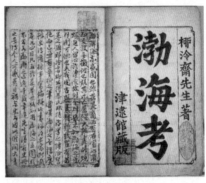

국립민속박물관 소장본 (E)

과 관련이 있을 것으로 짐작된다. 《후운록》에는 《발해고》 4권과 《열하기행(熱河紀行)》 1권이 수록되어 있다. 한편 서울대학교 규장각한국학연구원에 소장된 《후운록》 2책에는 《병세집》·《금대억어(金臺臆語)》·《영재집(泠齋集)》·《교유성명(交遊姓名)》·《연대록(燕臺錄)》 등 다른 저술들이 수록되어 있다. D의 구성도 A와 같고 단정한 글씨로 정서되어 있지만, 오자가 적지 않다.

이상의 A~D는 유득공의 전체 저술에 포함된 《발해고》인 반면, E~G는 판심에 아무런 표시가 없이 《발해고》만 필사한 것들이다. 먼저 E는 표지에 '유영재선생저 발해고 진체관장판(柳泠齋先生著 渤海考 津逮館藏版)'이라고 쓰여 있고, 그 다음에 이규경(李圭景, 1788~1856)이 1815년에 쓴 발문이 수록되어 있다. 이규경은 후술하듯이 《소화총서(小華叢書)》의 일환으로 《발해고》를 필사하였던 것이다. 한편 E에는 오경도와 오경표가 없고, 권1~4의 제목이 다른 필사본들과 달리 세가, 열전, 지리, 직관·국

24

서로 되어 있다.

F는 권1 군고 첫 장의 난외에 '이인영인(李仁榮印)'·'농학산인(弄鶴山人)', 권4 마지막 장에 '청분실(淸芬室)'이라는 인장이 찍혀 있다. 바로 유명한 신민족

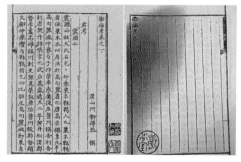

숭실대학교 한국기독교박물관 소장본(F)

주의 역사학자이자 서지학자인 학산(鶴山) 이인영(李仁榮, 1911~?)이 소장하였던 것이다. 따라서 그가 《청분실서목(淸芬室書目)》(1947)에서 언급한 《발해고》 4권 1책의 정초본(精鈔本)이 바로 F이다. 여기서 그는 두 가지 추정을 하였다. 하나는 이 책이 유득공의 자장본(自藏本)이라는 것인데, 판심에 아무런 표시가 없다는 점에서 이 추정은 따르기 어렵다. 다른 하나는 유득공의 서문이 있는 조선고서간행회본과 비교해 볼 때, 이 책은 서문이 없고 4권인 데다 내용이 서로 다르기 때문에 수정본이라는 것이다. 수정본의 존재를 처음으로 지적했다는 점에서 높이 평가할 만하다. 한편 그는 이 책에 '창호헌(蒼虎軒)'이라는 인장이 찍혀 있다고 하였는데, 누구의 인장인지는 알 수 없다.

G는 판심에 아무런 표시도 없고, 소장자를 보여주는 인장도 없다. 그런데 이 책은 유득공의 서문이 실려 있다는 점에서 C와 같지만, 이건초의 주석이 없다.

4. 《발해고》의 수정 과정

7종의 수정본《발해고》에서 기본 텍스트는 유득공이 직접 쓴 A이다. 그런데 A에는 원문을 삭제·가필·추기한 곳이 적지 않고, 서로 다른 필체도 발견된다. 이 점은 유득공이 초고본을 전면적으로 개편한 뒤에도 계속수정·보완하였음을 시사한다.

예컨대 A의 권1 〈군고〉 '무왕' 조의 개원 20년(732) 발해의 등주 공격에 대한 서술을 살펴보자. 원문에는 '殺刺史韋俊'과 '謂之雪先王之恥' 사이에 '進兵馬都山 屠陷城邑'가 행간에 작은 글씨로 추기되어 있다. 이 부분이 E에는 추기 부분이 없이 '殺刺史韋俊 謂之雪先王之恥'로, 나머

국립중앙도서관
소장본(영재서종) (A)

국립민속박물관
소장본 (E)

국립중앙도서관
소장본(후운록) (D)

지 필사본들에는 추기 부분이 반영되어 '殺刺史韋俊 進兵馬都山 屠陷城邑 謂之雪先王之恥' 순으로 정서되어 있다.

또 A의 〈군고〉 '문왕' 조의 대력 12년(777) 기사는 '獻日本舞女十一人及方物 ■ ■ 累加司空太尉'라 하여, 두 글자가 삭제되어 있다. 이 부분이 E에는 "獻日本舞女十一人及方物于唐 累加司空太尉'로 되어 있어 A의 삭제 부분이 '于唐'임을 알 수 있다. 반면 나머지 필사본들에는 두 글자가 삭제된 채로 '獻日本舞女十一人及方物 累加司空太尉'로 정서되어 있다.

한 가지만 더 살펴보자. A의 권2 〈신고〉 마지막에는 유득공의 안설(按說)이 있다. 장건장의 《발해국기》가 전하지 않는다고 서술한 다음에 '○○○○○○○○○然其西遊中國 東使日本 南奔高麗 散見於諸史者 ○○○○○○○○○○○甚多三百年文獻猶有可徵者 所以稱海東盛國也'로 되어 있다. 원 글자를 뭉갠 ○에는 부분적으로 '所以稱海東盛國也'라는 글자가 식별되지만, 나머지는 잘 보이지 않는다. 그런데 E에는 해당 부분이 '渤海三百年 文獻無徵 然其西遊中國 東使日本 南奔高麗 散見於諸史者 不至寥寥 所以稱海東盛國也'로 되어 있다. 그리고 나머지 필사본들에는 A의 삭제 및 수정이 반영되어 '然其西遊中國 東使日本 南奔高麗 散見於諸史者 甚多三百年文獻猶有可徵者 所以稱海東盛國也'로 정서되어 있다.

이처럼 A에서 삭제·가필·추기하기 이전의 상태가 E에 그대로 반영되어 있다. 그런데 E에는 A의 〈오경도〉·〈오경표〉 및 권4 〈예문고〉의 '당현종칙무왕서(唐玄宗勅武王書)' 4수가 없다. 따라서 A에서 〈오경도〉 등이 없고 삭제·가필·추기하기 이전 상태의 텍스트(편의상 A①이라고 한다)를 필

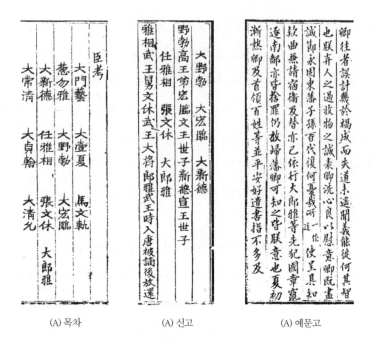

(A) 목차   (A) 신고   (A) 예문고

목차와 신고의 '大郞雅' 부분의 필체가 본문과 달리 예문고와 유사하다.

사한 것이 E이므로, 이들을 최초의 수정본이라고 할 수 있다. 이를 편의
상 1차 수정본이라고 하자.

다만 1차 수정본인 A①과 E의 차이는 각권의 제목이다. A①의 〈군고〉,
〈신고〉, 〈지리고〉, 〈직관고〉·〈예문고〉가 E에는 〈세가〉, 〈열전〉, 〈지리〉,
〈직관〉·〈국서〉로 되어 있다. 유득공이 초고본 서문에서 "세가·전·지라
하지 않고 '고'라고 한 것은 아직 역사서를 완성하지 못하였기 때문"이라
한 것을 이규경이 겸사(謙辭)로 보고 고쳤던 것으로 추정된다.

그 후 유득공은 1차 수정본에 〈오경도〉 등을 추가하고, 본문에 삭제·
가필·추기하였다. 〈신고〉에 '대낭아(大郞雅)' 조가 추기된 것은 '당현종칙

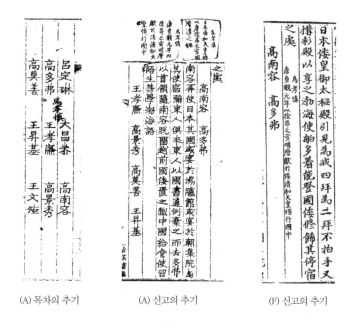

(A) 목차의 추기　　　　(A) 신고의 추기　　　　(F) 신고의 추기

무왕서' 3수에 그 이름이 나오기 때문이다(이 상태의 텍스트를 편의상 A②라고
한다). 이러한 수정 사항을 반영하여 정서한 것이 B·D·F이므로, 이들을
2차 수정본이라고 할 수 있을 것이다. 그런데 A② ·B·D·F에는 약간의
차이가 있다.

　즉 A② 의 〈목록〉 '신고' 부분에는 '고남용(高南容), 고다불(高多弗)' 다
음에 '마효신(馬孝愼)'이 추기되어 있고, 〈신고〉의 '고남용, 고다불' 조 상
단에 '馬孝愼 日本淸和天皇時 以唐徐昻之宣明曆 遺之 圖會'라는 추
기에 삭제 표시가 있고, 다시 '馬孝愼 唐貞觀元年 以徐昻之宣明曆 獻
於倭淸和天皇 領行國中'라는 추기가 있다. B는 〈목록〉과 〈신고〉에 수
정된 내용이 실려 있다. D는 〈목록〉과 〈신고〉에 모두 '마효신'이 없다. F
는 〈목록〉에 '마효신'은 없지만, 〈신고〉 '고남용, 고다불' 조의 앞 '대창태

(大昌泰)' 조의 마지막 줄 여백에 A② 의 수정된 추기가 작은 글씨로 적혀 있다.

이러한 차이가 발생한 이유를 추정하면 다음과 같다. 먼저 D는 2차 수정본을 필사한 것이다. 그 후 '마효신'에 관한 기록을 발견한 유득공이 이를 〈목록〉과 〈신고〉에 추기하였다. 그런데 F의 필사자는 〈목록〉에 추기된 '마효신'을 간과하고 〈신고〉의 추기만 보았기 때문에, '대창태' 조 뒤에 '마효신' 부분을 필사하였다. 반면 B의 필사자는 유득공의 의도대로 〈목록〉과 〈신고〉 모두 '고남용, 고다불' 조 다음에 '마효신'을 필사하였던 것이다. 따라서 '마효신' 부분 추가된 것이 3차 수정본인 셈이다.

이상에 살펴보았듯이 유득공이 3차에 걸쳐 수정한 것들은 A에 모두 반영되어 있다. 그중 1차 수정본(A①)을 필사한 것이 E이고, 2차 수정본(A②)을 필사한 것이 D, 3차 수정본(A③)을 필사한 것이 B와 F이다. 이들 모두에는 유득공의 서문이 없다.

그런데 C와 G에는 3차 수정본까지의 내용이 모두 반영되어 있을 뿐 아니라, 초고본의 서문도 수록되어 있다. 더구나 C의 판심에는 유득공과 관련이 있는 '고운서옥장(古芸書屋藏)'이 판심에 새겨져 있다. 이 점에서 C는 어쩌면 더 이상 수정 보완할 수 없었던 유득공이 말년에, 또는 그의 사후에 자손들이 3차 수정본에 초고본의 서문을 첨부한 것으로 추정된다. 그리고 이를 필사한 것이 G이다.

끝으로 C에 실린 이건초(李建初)의 주석에 대해 잠시 살펴보자. 그의 주석은 모두 3개이다. 첫째는 〈신고〉 '마효신'조의 '唐貞觀' 부분에 대해 '정관은 당의 연호가 아니라 왜 청화천황의 연호'라는 내용이다. 이에 따라 필사자는 본문의 '唐'을 '日本'으로 수정하였다. 둘째는 〈지리고〉 '주현연혁'의 동경 요양부 부분 상단에《요사》〈지리지〉의 서술 내용의 오류를 지적한 것이다. 셋째는 권4 부록〈정안국고〉의 '원흥(元興) 6년 10월' 부분의 상단에 '원흥이 정안국 연호일 것'이라고 하였다.

이건초는 조선말기의 문신으로 호는 단농(丹農), 자는 태린(泰隣)이며, 어당(峿堂) 이상수(李象秀, 1820~1882)의 아들이다. 《농정촬요(農政撮要)》(1886)를 교정하였고, 김윤식(金允植, 1835~1922)·김택영(金澤榮, 1850~1927)·황현(黃玹, 1855~1910) 등과 교유하였음이 확인될 뿐 자세한 내력은 알 수 없다. 김택영의《역사집략(歷史輯

(C)의 이건초 주석

略)》(1905) 서문에는《동사집략(東史輯略)》(1902)에 대해 망우(亡友)인 단농 이건초가 논변(論辨)을 작성했다고 하였으므로, 역사 지식이 상당했음을 짐작케 한다. 그래서 C에도 이건초 주석이 인용되었던 것이다. 다만 이건초의 주석을 누가 적었는지는 알 수 없다.

5.《발해고》의 수정 시기

이제 초고본과 수정본의 가장 큰 차이인〈지리고〉의 변화에 초점을 맞추어《발해고》가 언제 수정되었는지 살펴보자.

먼저 초고본〈지리고〉는《신당서》〈발해전〉,《요사》〈지리지〉,《대청일통지》 순서로 지리 기사를 배치하고, 그 사이마다 자신의 의견을 개진하였다. 그런데 《요사》〈지리지〉나 이를 답습한 후대의 지리 비정은 심각한 오류를 안고 있었다. 즉 요나라는 발해 유민을 요동 지역으로 강제 이주시키면서 원 거주지 명칭을 그대로 사용하였는데, 《요사》〈지리지〉는 이를 구별하지 않고 동일시했던 것이다. 이에 따르면 두만강 하류에 있던 동경 용원부(東京龍原府)와 함경도 북청에 있던 남경 남해부(南京南海府)가 각각 요동 지역의 봉황성(鳳凰城)과 해성(海城)에 있었던 것이 된다. 청나라 때의 지리서인 《대청일통지》도 이러한 비정의 문제점을 부분적으로 지적하기는 하였지만, 그 오류를 완전히 극복하지는 못하였다.

유득공은 초고본에서 "동경 용원부는 지금의 봉황성이고 … 서경 압록부(西京鴨綠府)는 지금 알 수 없지만 압록강 근처에 있었을 것이다. 그렇다면 용원부를 동경으로 삼고, 압록부를 서경으로 삼았다는 말은 의심스럽다. 어떻게 봉황성 서쪽에 또 압록강이 있을 수 있겠는가"라고 하여, 약간의 의문을 개진하였다.

여기서 초고본이 《요사》〈지리지〉 및 이를 답습한 《대청일통지》의 지명 비정을 따른 것은 유득공 개인의 잘못이라기보다는 시대적 한계라는 점을 지적할 필요가 있다.

박지원은 1780년에 연행을 다녀온 후 《열하일기》를 집필하였는데, 여기서 "《요사》에 발해의 중경 현덕부는, 본래 조선 땅으로 기자(箕子)가 봉해진 평양성이라 했는데, 요나라가 발해를 쳐서 이를 동경(東京)이라고 고쳤으니 바로 지금의 요양현(遼陽縣)이다"라고 하였다. 또한 1790년에 연행을 다녀온 서호수(徐浩修, 1736~1799)도 《연행기》에서 "봉황성은 … 당나라가 고구려를 평정하였을 때에는 안동도호(安東都護)에 속하였다가 뒤에 발해 대씨가 이곳을 차지하여 동경 용원부로 삼았다"라고 하였다. 당시 최고 지식인인 박지원이나 서호수도《요사》〈지리지〉의 기록에 의심을 품지 않았던 것이다.

그렇지만 유득공은《발해고》를 편찬하는 과정에서 그 문제점을 인식하고 미비한 자료를 보완하기 위해 지속적으로 수정 작업을 하였던 것이다. 문제는 수정본이 언제 집필되었는가 하는 점이다. 이에 대해서는 당시 실학자 사이에서 시도되었던 총서 편찬 작업이 참고가 된다.

먼저 박지원은 1784년 무렵에 중국과 조선 문헌 가운데 공통된 것과 대외 교섭에 관한 사실들을 뽑아《삼한총서(三韓叢書)》를 만들고자 하였다. 이는 총 178종으로 기획되었지만, 당시 필사가 완료된 것은 20∼30 책 정도였다. 한편 1791년 무렵에는 이덕무(李德懋, 1741∼1793), 서형수(徐瀅修, 1749∼1824) 등이 또 다른《소화총서(小華叢書)》를 기획했는데, 이덕무의 손자 이규경의 기록에서는 74종의 서목이 보이고, 서형수의 조카 서유구(徐有榘, 1764∼1845)의 기록에서는 124종 중 62종의 필사를 마쳤다고 한다.

흥미로운 사실은《삼한총서》에는《발해국지(渤海國志)》가,《소화총서》에는《발해고》가 수록되어 있다는 점이다. 전자에 포함된《발해국지》는 현재 전하지 않지만 초고본《발해고》를 가리키는 것으로 추정된다. 발해 사료의 수집이라는 초고본의 구성이《삼한총서》의 기획의도와 유사할 뿐 아니라,《삼한총서》의 진행 시점과《발해고》서문의 집필 시점이 일치하기 때문이다. 이러한 추정이 맞다면, 박지원이 유득공에게《발해국지》라는 이름으로 발해사 저술의 집필을 의뢰했고, 유득공은 완성 후에 아직 역사서로서 자신할 수 없었기에《발해고》라고 명명하였던 것이다.

한편 《소화총서》에 수록된 《발해고》는 바로 이규경이 필사하고 발문을 붙인 1차 수정본이다. 이규경은 《오주연문장전산고(五洲衍文長箋散稿)》에서도 《발해고》를 인용하여 이광록(李匡祿)과 오소도(烏炤度)를 언급하였는데, 이 두 사람은 수정본 〈신고〉에 추가된 인물이다. 따라서 1791년 무렵 이덕무·서형수 등이 《소화총서》를 기획하면서 《발해고》를 포함시키려고 하자, 유득공은 이를 계기로 《발해고》를 수정하게 되었을 것으로 추정된다.

그가 1793년 무렵에 쓴 《고운당필기》 권4 〈여진평(女眞坪)〉에는 "내가 편찬한 《발해고》에 삼수·갑산 등지를 솔빈부(率賓府)로 비정하였다"는 언급이 있는데, 이는 수정본의 지리 비정을 가리킨다. 또 1795년에 쓴 《열하기행시주(熱河紀行詩註)》의 봉성(鳳城)에서 "요나라가 개국 진국군(開國鎭國軍)을 두었고, 《대청일통지》에는 《요사》〈지리지〉에 따라 발해 대씨 때의 동경 용원부라고 하였는데 이것은 그렇지 않으니, 내가 일찍이 변론해 두었다"라고 하였다.

한편 성해응도 박제가처럼 〈발해고 서문〉을 지은 바 있는데, 이것은 그의 문집 《연경재전집(研經齋全集)》에만 전하고 있다. 이 글에서 "탈탈(脫脫)이 지은 《요사》도 오류가 많고 … 혜보(惠甫)가 본디 지리학에 밝아서 그가 인용하고 고증한 것이 모두 정연하고 사리에 맞으니"라고 서술한 부분은 초고본의 가장 큰 약점인 《요사》〈지리지〉의 오류를 극복한 수정본의 핵심을 지적한 표현이라고 할 수 있다.

이처럼 유득공은 1791년 무렵에 〈신고〉와 〈지리고〉 부분을 수정하였음이 확인된다. 시기적으로 볼 때 1790년의 연행을 통한 현지 답사 경험이 영향을 미쳤을 가능성이 있다. 이때 〈군고〉·〈예문고〉까지 대폭 수정한, 즉 1권 9고의 체제에서 4권 5고로 체제를 대폭 수정한 1차 수정본이 완성되었을 것이다. 그리고 2차와 3차 수정본은 1차 수정본에 대한 보완이라는 점에서, 그리 많은 시간이 지나지 않았을 것이다.

한편 1801년 2~6월까지 2차 연행을 다녀온 후 집필한 기행문인《연대재유록》에 의하면, 유득공은《사고전서(四庫全書)》의 교감 책임을 맡은 전동원(錢東垣)에게《발해고》의례(儀例)를 적어 주었다. 여기서 말하는 의례란 수정본《발해고》의 구성과 내용 등을 소개한 글로 추정된다.

6. 초고본과 수정본의 내용 비교

● 권1 〈군고〉

수정 내용은 크게 네 가지로 나눌 수 있다. 첫째는 내용상의 큰 변화 없이 표현을 고친 것인데, 이 경우는 표현을 간략히 하거나 정확하게 하려는 의도로 수정한 것이다. 이 과정에서 초고본의 오자도 바로 잡았다. 둘째는 불필요한 부분을 삭제한 것이며, 셋째는 기사의 위치를 옮긴 것이고, 넷째는 새로운 내용을 추가한 것이다.

첫 번째 사례는 발해 국왕의 이름을 '휘(諱)'에서 '명(名)'으로 고친 것이다. 또 발해가 중국의 왕조에 사신을 파견한 것을 초고본에서는 '조당(朝唐)'이나 '조량(朝梁)'으로 구체적으로 표현한 반면, 수정본에서는 '입조(入朝)'로 통일하였다.

발해 무왕이 일본에 처음 사신을 파견한 사실에 대해 초고본에서는 '왕이 사신을 일본에 보내다〔王遣使聘日本〕'라고 하였지만, 수정본에서는 최초라는 점을 강조하기 위해 '왕이 처음으로 일본과 국교를 맺다〔王始通好于日本〕'로 고쳤다. 또한 732년 발해의 등주 공격에 대해, 초고본은 '대장 장문휴를 보내어 해적을 이끌고 바다를 건너 등주를 공격하였다〔遣大將張文休 率海賊 越海攻登州〕'라고 하였는데, 수정본에서는 '해적을 이끌고〔率海賊〕'라는 구절을 삭제하였다. 발해 입장에서 볼 때 '해적'이란 표현이 적합하지 않다는 판단에서 나온 것이다. 그밖에 내용을 간략히 표현한 것들도 적지 않게 발견된다.

또한 이 과정에서 초고본의 오자도 바로 잡았다. 예컨대 '무왕' 조에서 발해의 지방제도를 서술하면서 도독(都督) 휘하의 장관을 '제사(制史)'로 잘못 표기된 것이 수정본에서는 '자사(刺史)'로 수정되었다. 또한 초고본의 〈국어고〉에서 발해 국왕의 장자(長子)를 '부정(副正)'으로 잘못 표기된 것이 수정본의 '대인선' 조에서는 '부왕(副王)'으로 수정되었다.

두 번째 사례는 발해 국왕의 사망이나 당으로부터의 가수(加授) 이후에 발해가 사신을 파견한 기사들을 삭제한 것이다. 예컨대 고왕 대조영 사망 다음에 초고본은 '3월 병진일에 당에 부고하였다〔三月丙辰 赴唐〕'라는 부고 사실을 수록하였는데, 수정본에서는 이를 삭제하였다. 마찬가지로 795년에 발해군왕(渤海郡王)에 책봉된 강왕(康王)이 798년에 발해국왕(渤海國王)에 승진 책봉된 기사 다음에 초고본은 '(정원) 21년에 사신을 보내어 당나라에 조공하였다〔二十一年 遣使朝唐〕'라는 사은사(謝恩使) 파견 사실을 수록하였는데, 수정본은 이를 삭제하였다. 발해 국왕의 신상 변화가 중요하지, 그와 관련된 후속 조치는 생략해도 무방하다고 보았기 때문일 것이다.

셋째 사례는 초고본의 〈국어고〉와 〈물산고〉에 실려있던 기사들, 즉 발해 왕실의 호칭 기사와 발해의 특산물 기사가 수정본에서는 '대인선' 조로 옮겨졌다. 이때 발해의 특산물 중 하나인 '구도의 오얏[九都之梨]'을 '환도의 오얏[丸都之梨]'으로 고쳤다. 또한 초고본에서는 마지막 부분에서 유민 관련 기사로서 '흥료왕(興遼王)' 조와 '오사성 부유부 염부왕(烏舍城浮渝府琰府王)' 조를 배치하였는데, 수정본에서는 후자의 제목을 '염부왕'으로 줄이고 그 순서를 '흥료왕' 조 앞으로 옮겼다. 특히 초고본은 〈군고〉의 안설(按說)에서 발해 유민이 발해를 자칭한 것을 두고 발해가 언제 망했는지 모르겠다고 하였는데, 수정본은 발해가 비록 망했지만 유민들이 있었다고 함으로써 역사적 사실을 바르게 이해하였다.

마지막왕 '대인선' 조에서는 발해 멸망 이후 안변부(安邊府) · 막힐부(鄭頡府) · 남해부(南海府) · 정리부(定理府) 등이 요나라에 항거하다가 함락된 기사들을 《요사》〈태조본기〉에 의거하여 상세히 서술하였다. 이 기사들은 초고본 〈신고〉의 '(대)인선의 신하들로 사서에서 이름을 전하지 않는 자들[諲譔諸臣史失名者]' 조에 실렸던 것들이다.

새로운 내용을 추가한 네 번째 사례 중 주목할 만한 부분은 '고왕' 조의 '신라 효소왕 9년(700)에 사신을 보내 신라를 방문하였다'는 기사이다. 이는 안정복이 최치원의 〈사불허북국거상표(謝不許北國居上表)〉를 이용하여 처음으로 밝힌 것이다. 또한 732년 발해의 등주 공격 기사에는 '마도산까지 진격하여 성읍을 도륙하였다[進兵馬都山 屠陷城邑]'는 기사를 추가하였는데, 그 출전은 《신당서》〈오승체(烏承玭) 열전〉이다. 또한 문왕이 738년에 당의 책봉사 단수간(段守簡)의 귀국편에 사신을 파견하여 《당례(唐禮)》 및 《삼국지(三國志)》·《진서(晉書)》·《삼십육국춘추(三十六國春秋)》 등의 필사를 요청한 기사도 추가되었는데, 그 출전은 《당회요(唐會要)》이다. 이처럼 새로운 사료를 통한 내용의 보완은 수정본의 특징이자 장점이다.

② 권2 〈신고〉

〈신고〉에서도 한두 글자씩 표현을 고친 것이 다수 발견되는데, 그중 대표적인 것은 발해가 일본에 보낸 선물을 초고본에서 '바쳤다[獻]'로 표현한 것을 수정본에서는 '보냈다[送]'로 고친 부분이다. '바쳤다'는 표현은 원사료인 일본측 사료에 의거한 것인데, 발해 입장에서 볼 때 적합하지 않다고 판단하였기 때문일 것이다.

또한 925년 고려로 망명한 발해 대신들 중 초고본은 '대화균(大和鈞)·대균로(大均老)·대원균(大元鈞)'을 수록했지만, 수정본에서는 '대균로'를 삭제하고 '대화균·대원균'만 수록하였다. 원사료인《고려사》에는 "禮部卿大和鈞均老司政大元鈞"으로 되어 있는데, 유득공은 '균로사정(均老司政)'을 처음에 인명으로 보았다가 나중에 관직으로 정정한 결과이다.

〈신고〉의 첫 번째 특징은 수록 인물이 대폭 증가한 점이다. 초고본의 83명에서 1명이 삭제되고 32명이 추가됨으로써 모두 114명이 되었지만, 그중 배문(裴文)은 사료상 확인되지 않으므로 실제로는 모두 113명이다. 배문을 제외한 31명 중 29명이 1차 수정본에 수록되었고, 2차 수정본에 대낭아, 3차 수정본에 마효신이 추가되었다.

그런데 마효신(馬孝慎)은 '오효신(烏孝慎)'의 오기이다. 또한 본문에는 그의 일본 방문 시기인 일본 정관(貞觀) 원년(859)이 당 정관 원년(627)으로 잘못 되어있다. 오효신은 이미 1차 수정본에 양성구(楊成矩) 등과 함께 일본에 파견된 사신으로 수록되어 있으므로, 중복하여 수록된 셈이다. 따라서 〈신고〉에 실린 인물은 모두 112명이다.

〈신고〉의 두 번째 특징은 배치 순서가 크게 바뀐 점이다. 초고본은 인명을 대문예(大門藝)에서 대원겸(大元謙)까지 당에 사신으로 간 인물, 고인의(高仁義)에서 왕문구(王文矩)까지 일본에 사신으로 간 인물들, 그리고 위균(衛均)에서 이훈(李勛)까지 유민들의 세 부류로 나누어 배치하였다. 그런데 수정본은 유민들 가운데 위균·대소현(大素賢)·고모한(高模翰)·최오사(崔烏斯)·대난하(大鸞河)·이훈 등 6명을 고인의 앞으로 배치하였다.

이들은 모두 《요사》와 《송사》에서 수록한 인물들이다. 이들이 대원겸 다음으로 배치됨으로써, 나머지 유민들은 모두 고려로 망명한 인물들이라는 공통성을 갖게 되었다. 고려로 망명한 유민들의 전거는 모두 국내 사서인 《고려사》이며, 반면 대문예에서 이훈까지의 전거는 모두 중국 사서이다. 이렇게 본다면, 유득공은 신고의 인명 기재 순서를 중국 사서와 일본 사서, 그리고 국내 사서 등 그 출전에 따라 의도적으로 재배치하였던 것이다.

새로 추가된 31명 중 중국 사서에서 인용한 경우는 대낭아 1명이고, 일본 사서에서 인용한 경우는 정태(貞泰)·장선(璋璿)·오효신·양성규·배정·(배문)·배료 등 6명이다. 반면 오소도·오광찬 부자를 포함한 24명은 《고려사》에서 인용하였다. 이처럼 국내 사서를 이용하여 고려로 망명한 발해 유민을 대거 수록한 것은 고구려를 계승한 발해가 다시 고려로 계승되었음을 강조하려는 의도로 파악된다.

③ 권3 〈지리고〉

A의 분량은 백면(白面) 6면을 제외한 전체 124면 가운데 〈지리고〉가 41면인데, 서두의 〈오경도〉 2면과 〈오경표〉 5면까지 포함하면 지리와 관련된 부분은 총 48면이다.

〈지리고〉 본문은 〈5경 15부의 설치[京府建置]〉, 〈주현의 연혁[州縣沿革]〉, 〈산천의 고금지명[山川古今名]〉, 〈15부 고증[十五府辯]〉, 〈발해와 신라의 경계[渤海新羅分界]〉의 5항목을 설정하여 초고본과 구성 및 내용이 완전히 바뀌었다. 이 가운데 〈5경 15부의 설치〉는《신당서》〈발해전〉의 관련 기사를 전재하였고, 〈주현의 연혁〉은《요사》〈지리지〉의 관련 기사를 역시 전재하였으며, 〈산천의 고금지명〉은 동모산(東牟山)·천문령(天門嶺) 등 행정 구역에 포함되지 않는 산천 지명 기사를《성경통지》·《대명일통지(大明一統志)》·《동국문헌비고(東國文獻備考)》등에서 인용하였다. 이 조목들은 본격적인 발해 지리 고증에 앞서 기초 자료를 정리한 부분이다.

반면 〈15부 고증〉과 〈발해와 신라의 경계〉는 이러한 자료들을 상호 비교하며 본격적으로 발해 지리를 고증하였다. 상경과 중경은《대청일통지》의 비정을 따랐지만, 동경과 남경, 서경에 대해서는 독창적이며 설득력 있는 견해를 제시하였다. 여기서 그가《요사》〈지리지〉의 오류를 부분적으로 비판하였던《대청일통지》의 영향을 받았음을 부정할 수 없다. 그렇지만 유득공은《대청일통지》의 오류까지 극복하였다는 점에 주목할 필요가 있다.

《신당서》〈발해전〉은 5경 15부 62주라는 발해의 행정 구역의 명칭만 전할 뿐 그 위치에 대해서는 옛 부족의 연고지만 밝히고 있다. 한편 거란은 발해 멸망 후 그 유민을 요동으로 강제 이주시키며 원 거주지 명칭을 그대로 사용하였는데,《요사》〈지리지〉는 이를 구분하지 않았다. 따라서 두 사료를 무매개적으로 결합하면 잘못된 지리 비정을 낳게 된다. 위에서 언급하였듯이《대청일통지》가 동경 용원부를 지금의 요령성 봉황성에 비정한 것이 대표적인 사례이다.

수정본은 동경에 대해서는 먼저 《요사》〈지리지〉의 오류를 답습한 《대청일통지》를 비판하고, 신라 천정군(泉井郡)에서 발해의 동경 용원부 즉 책성부(柵城府)까지 39역(驛)이 있다는 《가탐군국지(賈耽郡國志)》의 기록에 주목하였다. 그리고 30리마다 1역을 설치한 당나라 제도에 의거하면 39역은 1,170리이며, 천정군이 있던 덕원부(德源府)에서 북쪽으로 1,170리에 위치한 곳이 경성부(鏡城府)이므로, 이곳을 동경 용원부에 비정하였다. 현재 학계의 통설인 중국 길림성 훈춘시 팔련성에서 그리 멀지 않은 곳이다.

또한 동경 용원부가 일본으로 가는 길[日本道]이라는 《신당서》〈발해전〉 기록과 발해 사신이 하이(蝦夷)·출우(出羽)·능등(能登)에 빈번하게 도착한다는 《일본일사》의 기록을 통해, 하이 등의 지역과 바다를 사이에 둔 지역이 조선의 함경북도라고 함으로써 위의 비정을 방증하였다. 결국 원사료를 중심으로 후대 자료를 비판적으로 검토함으로써 실제에 가까운 지리 고증을 해나갔던 것이다.

한편 옥저 고지(沃沮故地)에 설치된 남경 남해부(南京南海府)를 《삼국지》〈위지 동이전〉의 '동옥저(東沃沮)가 개마대산(蓋馬大山) 동쪽에 위치하며 큰 바다를 접하는데, 남북으로 1,000리이다. 북쪽으로 부여·읍루, 남쪽으로 예맥과 접한다'는 기록을 중시하여 함흥부(咸興府)로 비정하였다. 이곳은 현재 학계의 통설인 함경북도 북청시와 크게 차이나지 않는다. 나아가 남경을 요동의 해성현(海城縣)에 비정한 《요사》〈지리지〉와 《대청일통지》의 견해에 따르면 해성현의 남·서·동쪽에 예맥·고구려·바다가 있어야 하는데, 사실과 부합하지 않으므로 황당무계하다고 비판하였다. 아울러 발해의 수도인 상경에서 볼 때 함경도의 바다는 정남쪽이

기 때문에 '남해부'라는 명칭이 나왔다고 추정함으로써 이 비정을 방증하
였다.

이밖에 10부에 대해서도 동평부(東平府)·철리부(鐵利府)·회원부(懷遠
府)·안원부(安遠府)를 요동 지역에 비정한《요사》〈지리지〉의 견해가 견
강부회라고 비판하며, 모두 흑룡강(黑龍江) 지방으로 새롭게 비정하였다.

끝으로 〈발해와 신라의 경계〉에서는 관련 자료를 검토한 후 초고본에
서 패수(浿水)로 비정한 이하(泥河)를 덕원 근처로 수정하였다. 이는《동
국문헌비고》의 견해를 따른 것이다. 그 다음에 3개의 안설이 있는데, 그
중 중요한 것은 첫번째이다. 여기서《요사》〈지리지〉의 비정이 잘못된 이
유를 밝혔기 때문이다. 즉 요나라가 발해를 병탄하고 민읍(民邑)을 옮기
면서 지명도 이동하였는데, 〈지리지〉의 편찬자가 이를 식별하지 못하였
기 때문에 착란(錯亂)이 일어났다고 지적한 것이다.

④ 권4 〈직관고〉·〈예문고〉

9고로 구성된 초고본 가운데 〈직관고〉·〈의장고〉·〈물산고〉·〈국어고〉
·〈속국고〉 등은 분량이 매우 적다. 특히 발해의 특산물을 전하는 〈물산
고〉와 발해 왕실에서의 호칭을 전하는 〈국어고〉는 3줄에 불과하다. 분량
의 균형을 맞추기 위해 수정본에서는 그 내용을 〈군고〉 '대인선' 조로 옮
겼고, 〈의장고〉는 〈직관고〉에 포함시켰다. 그 결과 〈직관고〉는 '문직(文
職)'·'무직(武職)'·'품복(品服)' 등 세 조목으로 구성되었는데, 그 내용은
3성 6부의 중앙 관직과 8위 중앙군, 그리고 품계에 따른 의복 규정 등을
원사료인《신당서》〈발해전〉의 기사를 그대로 전재하였다.

한편 초고본의 〈직관고〉와 〈의장고〉에 있던 안설은 삭제되거나, 다른

데로 이동되었다. 《속일본기》·《일본일사》·《고려사》 등에 보이는 문무산관(文武散官) 및 작호(爵號)를 나열하며 그 제도에 대해서는 고찰하지 못하였다고 서술한 〈직관고〉의 안설은 삭제되었다. 그리고 장건장의 《발해국기》와 관련된 설화를 소개한 〈의장고〉의 안설은 수정본에서 〈신고〉의 안설로 이동하였다.

수정본의 〈예문고〉는 발해와 관련된 국서들을 모은 것으로 초고본의 〈국서고〉를 수정·보완하였다. 그리고 초고본의 〈속국고〉는 정안국(定安國)에 관한 것인데, 그 내용은 정안국이 송나라에 보낸 국서가 대부분이므로, 〈예문고〉 다음에 부록으로 옮겼다.

초고본의 〈국서고〉에는 무왕, 문왕, 강왕이 일본에 보낸 국서가 각각 1수, 1수, 4수 수록되어 있다. 수정본 〈예문고〉에는 앞에서 언급했듯이 '당현종 칙무왕서' 4수가 새롭게 추가되는데, 그 순서가 원사료와 다르고 그 내용도 부분적으로 생략되어 있다. 이 점은 한치윤의 《해동역사》 〈예문고〉도 같다. 또한 강왕이 일본에 보낸 국서 4수 중 제1수는 원래 문왕의 부고와 강왕의 즉위를 알리는 별개의 국서이다. 초고본에는 강왕의 즉위와 문왕의 부고 순으로 기재되어 있었는데, 수정본은 원사료인 《일본일사》에 따라 그 순서를 바로 잡았다. 《해동역사》 〈예문지〉에도 그 순서는 같다.

한편 〈예문고〉 말미의 안설에서 한일관계사에 대해 언급하고 있어 흥미롭다. 고구려는 백제 연안을 따라 축자도(筑紫道)에 정박하였지만 발해는 동해를 건너 출우(出羽)·능등(能登) 등지에 정박하였다고 하였다. 뒤이어 5세기 초반 왜왕(倭王) 진(珍)이 '사지절 도독왜·백제·신라·임라·진한·모한육국제군사 안동대장군 왜국왕'을 자칭하며 신라와 백제를 지휘했다고 한 것은 과장된 말이라고 하였다. 그리고 일본이 발해를 질책한 사례도 있지만 발해 국서를 통해볼 때 발해와 일본은 대등한 관계였음을 지적하였다. 참고로 '과장된 말[自夸之辭]' 다음에 A①에는 3자가 삭제되어 있는데, B에는 '매우 가소롭다[甚可笑]'라고 되어 있다.

7. 의의와 한계

유득공은 망각되었던 발해를 신라와 함께 자국사의 체계 안에 편입하는 남북국론을 제기하며 1784년에 《발해고》를 편찬하였다. 그러나 초고본은 여러 나라의 역사서에 단편적으로 기록된 사실들을 모아 편집한 정도이기에, 누락된 사실도 많고 지리 고증에도 오류가 적지 않았다. 그래서 1793년 무렵에 이를 대폭 수정한 1차 수정본을 완성하였고, 새로운 사료가 발견됨에 따라 두 차례나 수정해 나갔다.

수정본 《발해고》의 의의는 두 가지로 요약할 수 있다. 오류가 많았던 〈지리고〉를 대대적으로 수정하여 발해의 지리 고증이 근대 역사학의 수준에 근접했다는 점이고, 둘째는 새로운 자료를 통해 〈군고〉·〈신고〉·〈예문고〉의 내용을 대폭 확대했다는 점이다. 이처럼 수정본 《발해고》에는 실학자로서의 유득공의 실증적이고 박학적인 면모가 잘 드러나 있다. 그렇지만 중세 역사학으로서의 한계도 여전히 지니고 있었다.

우선 자료의 문제이다. 수정본에도 누락된 자료가 여전히 있었던 것이다. 여기에는 자료의 존재 자체를 몰랐던 경우와 기왕에 인용한 자료이지만 미처 발견하지 못한 경우로 나눌 수 있다. 전자에는 중국 측 자료 《책부원귀》·《송막기문(松漠紀聞)》과 일본 측 자료 《속일본후기(續日本後紀)》 등이 포함된다.

좀더 아쉬운 점은 후자의 경우이다. 〈군고〉 '문왕' 조에서 《당회요(唐會要)》 권36 〈번이청경사(蕃夷請經使)〉를 이용하여, 개원 26년(738)에 발해가 《당례》·《삼국지》 등의 필사를 요청한 사실을 수록하였다. 그러나 《당회요》 권57 〈한림원(翰林院)〉에는 건녕 2년(895)에 발해 왕 대위해(大瑋瑎)에게 칙서를 보냈다는 기사가 있다. 이를 통해 발해의 14대 왕의 존재가 확인되는데, 수정본 《발해고》는 이 기사를 확인하지 못하였던 것이다. 참고로 이 기사는 중국의 김육불(金毓黻, 1887~1962)이 《발해국지장편(渤海國志長篇)》(1934)에 처음으로 수록하였다.

또한 일본 측 자료 《일본일사》를 이용하여 많은 발해 사신을 〈신고〉에 포함시켰음에도 불구하고 모감덕(慕感德)·이승영(李承英)·고승조(高承祖) 등을 빠뜨렸다.

다음으로 지리 고증의 문제이다. 5경 15부 등 발해의 주요 지리 비정에 대해서는 대체적으로 타당하지만, 부분적으로 오류도 있다는 점이다. 유득공은 우선 고구려의 수도인 국내성의 위치를 《동국여지승람》의 비정에 따라 평안도 성천으로 보았다. 북연의 마지막 황제로 고구려에 망명한 풍홍(馮弘)의 무덤을 평안도 운산에 비정한 것도 마찬가지이다. 그로 인해 서경 압록부 소속의 신주·환주·풍주·정주 등을 압록강 이남 지역에 비정하는 오류를 범한 것이다. 《요사》〈지리지〉 및 《대청일통지》에 대한 비판적 태도가 《동국여지승람》 등 조선 측 문헌에도 적용되었다면, 이러한 오류도 극복하였을 것이다.

끝으로 기년(紀年)의 문제이다. 《발해고》는 발해의 역사서임에도 불구하고 〈군고〉에서 보듯이 발해 왕의 기년이 아니라 당의 기년을 사용하고 있다. 〈신고〉에서 발해 사신의 파견 시점을 구체적으로 밝히지 않고 '무왕 때'나 '문왕 때'라고 막연히 서술하였다. 이는 초고본 때부터의 문제이기도 하다. 사실상 외국 사서의 단편적인 기록을 통해서, 더구나 13대 왕 대현석부터는 재위 기간도 확인되지 않는 형편에서 발해 역대 왕의 연대기를 편찬하는 일은 매우 어렵다. 유득공이 초고본 서문에서 "세가·전·지라 하지 않고 '고'라고 한 것은 아직 역사서를 완성하지 못하였기 때문"이라고 토로한 것은 단순한 겸사가 아니라 이러한 점을 염두에 둔 발언이었다.

만약 유득공이 〈군고〉에서 고왕에서 대건황까지 가능한 한도 내에서 발해 왕의 기년으로 환산하여 서술하고, 이에 따라 〈신고〉에서 발해 사신의 파견 시점을 구체적으로 밝혔다면 최초의 발해사 저술로서《발해고》의 가치가 더 드러났을 것이다. 나아가 신라와 발해의 연대기를 병렬적으로 서술한《남북국사》도 편찬되었을 수도 있었을 것이다.

이상에서 굳이 수정본《발해고》의 문제점을 지적해 보았다. 이는 유득공 개인보다는 시대적 한계로 보는 것이 타당하다. 3차에 걸친 수정본이 그때마다 필사되었다는 점은《발해고》의 문제의식과 광범한 사료 수집 및 치밀한 지리 고증이 당시 식자층에게 알려졌음을 의미한다. 유득공과 밀접한 관계에 있던 한치윤은 물론이고, 정약용의《강역고》는《해동역사》를 인용하였으므로 간접적으로 수정본《발해고》를 참조한 셈이다. 뿐만 아니라 한말의 대표적인 사서인 정교(鄭喬, 1856~1925)의《대동역사(大東歷史)》(1905)와 김택영의《역사집략》은 이를 이용하여 발해 기사를 각각 32건과 44건이나 수록할 수 있었다.

《발해고》를 읽다[1]

《황성신문》 1910년 4월 28일

유혜풍이 《발해고》 서문에서 "발해사를 편찬하지 않았으니 고려가 부진했음을 알겠다"라고 하였으니, 씨는 실로 국가와 민족에 관하여 역사력[2]이 중요함을 깊이 알고 있는 사람이다. 무릇 역사라는 것은 인민의 국성[3]을 배양하는 요소이며, 조상의 강토를 보전하여 지키는 문서이며, 국가의 영광을 드러내는 문장이며, 민족의 계통을 유지하는 족보인 까닭에 "어느 나라를 막론하고 종교와 역사가 망하지 않으면 나라가 망하지 않는다"라는 말을 어찌 믿지 않겠는가?

대저 발해의 건국 역사로 말하면, 고구려의 종묘사직이 폐허가 되자 발해 고왕이 남은 무리를 수습하여 한번 외쳐 40만 명을 얻어 5천리 판도를

---

1 《발해고》를 읽다 : 《황성신문(皇城新聞)》(1910년 4월 28일)에 실린 이 논설의 필자는 1908년 4월부터 《황성신문》에 재직하였다가 1911년 5월에 중국 봉천성 환인현 흥도천(興道川, 또는 橫道川)으로 망명한 박은식(朴殷植, 1859~1925)일 가능성이 높다.

2 역사력(歷史力) : 역사가 후세에 끼치는 영향력.

3 국성(國性) : 원래는 한 나라의 언어·문자·종교 등 그 나라의 특성을 대표하는 것을 의미하지만, 여기서는 애국성(愛國性)의 줄임말로 쓰인 것 같다.

개척하였으며, 무왕이 지나[4]의 등주를 공격하여 그 자사를 죽여 선왕의 치욕을 갚고 남쪽으로 일본과 교류하며 서쪽으로 돌궐과 통교하여 외교를 발전시켰으며, 문왕이 예악문물을 닦아 번성해져서 해동성국의 명예를 온 세상에 드러냈으니, 그 빛나고 번성한 정수[5]가 오랜 세월 동안 역사가의 안목을 깨우친 것들이 매우 많았을 터이다.

그러나 고려 500년간에 문인 학사들이 전혀 수습하지 않아 300년간 유명한 나라의 역사로 하여금 차가운 굴뚝과 잡초더미로 변하고 회오리바람에 사라져 그 자취가 있지 않게 하였으니, 이것이 그 죄의 하나이다. 발해는 고구려의 유족인데도 동족의 나라가 성쇠흥망한 역사를 대하여 전혀 애석해 하는 사상도 없고 수습하려고 주의하지도 않았으니, 하물며 동족을 위하여 위기를 도와주는 의로운 행동조차 가졌겠는가, 이것이 그 죄의 하나이다. 발해의 강토는 고구려의 판도이므로 5천리 산하가 바로 우리 조상의 소유이니, 발해사에 의거하면 서쪽으로 거란에게 책망하여 돌려받고 북쪽으로 여진에게 책망하여 돌려받아 우리 강토를 잃지 않고 동양 세계에 일대 강국의 세력을 확장할 수 있거늘, 바로 고려의 문인 학사들이 이를 타인의 강토로 등한시하여 5경 15부의 빛나는 판도로 하여금 이역에 빠지게 하고 동남쪽 한 모퉁이로 축소되어 약소한 나라를 스스로 만들었으니, 이것이 그 죄의 하나이다.

오호라, 500년간에 한명의 사학자도 이것을 발견한 자가 없었으니 누

---

4 지나(支那) : 명치유신 이후 일본이 중국을 부르는 호칭. '중국(中國)'이 중화사상(中華思想)을 연상시키기 때문에, 고대 인도에서 중국을 산스크리트어로 음역(音譯)한 '지나'를 의도적으로 사용하였다. '지나'와 영어의 '차이나(China)'는 중국 고대의 '진(秦)'나라에서 유래하였다.
5 정수[菁華] : 원문의 '청화'는 정화(精華)·정수(精髓)와 같은 말.

가 국수[6]를 보존하며 국광[7]을 발휘하리오? 내가 이에 우리나라 사학자의 소홀했던 과오에 분통을 터뜨리고 또 국가와 민족에 대하여 역사의 관계가 중요함을 더욱 믿으니, 일반 사학자는 선배의 잘못된 자취를 밟지 말고 십분 정력을 더하여 사천년 역사의 신성한 광채를 더욱 발달케 하기를 빌어마지 않노라.

---

6 국수(國粹) : 한 나라나 민족이 지닌 고유한 정신적·물질적인 장점.
7 국광(國光) : 한 나라나 민족 전체의 영광이나 영예.

이규경[1]의 발문

　발해는 해동성국이다. 비록 거친 변방에 있어도 반드시 석실[2]에 보관된 것이 있을 텐데, 문헌으로 증명할 수 없는 것은 무슨 까닭인가? 아마도 멸망에 이르러 여러 차례 난리를 겪어서 모두 불타버렸고, 아무도 후세에 전하는 데 유념하지 않았기 때문일 것이다. 그러므로 지금에 이르러선 거의 발해가 어떤 나라인줄 모르니 개탄스럽다. 무릇 우리나라의 옛 자취를 흔히 상고하기 어렵다고 하나 이처럼 허술할 수 있겠는가?

　영재 유공 득공 씨는 시학에 넓고 빼어날 뿐만 아니라, 겸하여 동호의 직필[3]도 지녔다. 일찍이 발해를 상고할 수 없음을 한탄하여 역사 기록을 두루 모으고 사실을 널리 수집하여 이 책을 편찬하였으니, 역사가의 격식

1 이규경(李圭景, 1788~1856) : 조선 후기의 실학자. 호는 오주(五洲). 평생 벼슬을 하지 않고 할아버지 이덕무가 이룩한 실학을 계승하여 이를 집대성하였다. 저서에 《오주연문장전산고(五洲衍文長箋散稿)》 등이 있다.
2 석실(石室) : 중국 고대에 조정의 도서와 문서들을 보관하기 위해 돌로 만든 방. 석실금궤(石室金櫃)의 줄임말.
3 동호의 직필[董狐之筆] : 사실을 숨기지 아니하고 그대로 기록함. 춘추시대 진(晉)나라의 사관(史官)이었던 동호(董狐)가 위세를 두려워하지 않고 사실대로 직필(直筆)하였다는 데서 유래한다.

을 깊이 얻었다. 모두 4권 5조목으로 구성하니, 이에 온 세상이 발해가 동방에서 나라를 세웠음을 알게 되었다. 발해가 망한 지 천년 만에 다행히 선생을 만나 역사책이 전해질 수 있었으니, 사람들을 감동케 할 만하다. 훗날 우리 역사를 보완하는 사람이 이 책에 의지하여 수정하고 윤색하면서 "우리 역사가 빠진 것이 많아 발해에 대해 고찰하지 못하므로 뜻있는 선비들이 한탄하였는데, 유공이 보충하여 누락된 역사가 다시 전해지게 되었다"라고 대서특필 한다면 선생에게 크게 영광이 있을 것이다.

발해의 발자취로 이밖에 구해 볼 만한 것으로는 증안의 《발해행년기》[4] 10권, 당나라 장건장의 《발해국기》 3권 및 《신당서》, 《요사》, 《송사》, 《삼국사기》, 《고려사》, 《일본일사》,[5] 이익재의 《역옹패설》,[6] 허미수의 《발해열전》,[7] 한구암의 《해동지리지》,[8] 이성호의 《성호사설》,[9] 이후암의 《기년

---

4 증안(曾顔)의 《발해행년기(渤海行年記)》: 《송사》〈예문지〉에 증안이 《발해행년기》 10권을 저술했다고할 뿐 현재 전하지 않는다. 한편 남송의 이도(李燾)가 편찬한 《속자치통감장편(續資治通鑑長編)》(1183) 권1 태조 건륭원년(960) 8월 갑오일과 권3 건륭3년(962) 10월 신축일 및 11월 갑술일조에 '증안발해행년기(曾顔渤海行年紀)'·'발해행년기(渤海行年紀)'·'행년기(行年紀)'를 인용한 기사들이 나오지만, 당시 낭주대도독(朗州大都督)·무평군절도사(武平軍節度使)인 장문표(張文表)와 관련된 것이다. 따라서 여기서의 '발해'는 당시 동정호(洞庭湖)의 별칭으로 보이며, 대조영의 발해와는 무관하다.

5 《일본일사(日本逸史)》: 권3 〈지리고〉 각주 281 참조.

6 이익재(李益齋)의 《역옹패설(櫟翁稗說)》: 익재는 고려 말기의 문신·학자인 이제현(李齊賢, 1287~1367)의 호. 《역옹패설》은 그가 지은 수필집이다. 여기에는 고려 태조가 발해와 고려는 혼인한 사이라고 하면서 호승 말라를 통해 후진 고조에게 함께 거란을 공격하자고 한 사실을 소개하고 논평을 하였다.

7 허미수(許眉叟)의 《발해열전(渤海列傳)》: 미수는 조선 숙종 때의 문신·학자인 허목(許穆, 1595~1682)의 호. 《발해열전》은 그의 《기언(記言)》 권34, 《동사(東事)》 3, 〈말갈(靺鞨)〉를 가리킨다. 여기에는 《신당서》〈발해전〉을 중심으로 발해의 역사를 서술하였다.

8 한구암(韓久菴)의 《해동지리지(海東地理誌)》: 구암은 조선 중기의 학자인 한백겸(韓百謙, 1552~1615)의 호. 《해동지리지》는 《동국지리지(東國地理志)》를 가리킨다. 여기서 고구려 항목의 부록으로 발해사에 대하여 《동국통감(東國通鑑)》과 《문헌통고(文獻通考)》를 인용하여 서술하였다.

9 이성호(李星湖)의 《성호사설(星湖僿說)》: 성호는 조선 영조 때의 실학자인 이익(李瀷, 1681~1763)의 호. 《성호사설》〈경사문(經史門)〉 '발해'에서 만부교 사건과 관련하여 발해는 우리 역사와 무관하다고 언급하였다.

아람》,[10] 할아버지[11]의 《기년아람》,《성경통지》[12] 등이 있다. 을해년에 마음 맞는 사람과 《소화총서》[13]를 편집하면서 이 책을 역사 분야에 넣고자 하여, 삼가 편 끝에 발문을 짓는다.[14]

　을해년(1815, 순조 15) 삼월 삼짇날[15]에 오주거사 이규경이 발문을 쓰다.

10　이후암(李厚菴)의 《기년아람(紀年兒覽)》 : 후암은 조선 후기의 문신·학자인 이만운(李萬運, 1723~1797)의 호. 《기년아람》은 아동용 역사서이다. 여기서 발해를 고구려의 속국으로 간략히 서술하였다.

11　할아버지[王考] : 이규경의 할아버지인 이덕무(李德懋, 1741~1793). 그는 이만운의 《기년아람》 7편을 교열한 뒤에 다시 2편으로 축약하였다. 따라서 발해에 대한 내용도 이만운의 것보다 소략하다.

12　《성경통지(盛京通志)》 : 권3 〈지리고〉 각주 237 참조.

13　《소화총서(小華叢書)》 : '소화'는 조선을 가리키는 '소중화(小中華)'의 줄임말로 우리 나라 학자의 역대 저술을 경(經)·사(史)·자(子)·집(集) 등 주제별로 분류하여 모아놓았다.

14　편 끝에 발문을 짓는다 : 실제로 발문은 책 끝이 아니라 앞에 배치되어 있다.

15　삼짇날[祓禊日] : 원문의 '불계(祓禊)'는 불제(祓除)라고도 한다. 원래 악을 제거하는 고대의 제사 즉 푸닥거리에서 유래하였다. 음력 3월 3일에 제액(除厄)의 의미로 동천(東天)에 몸을 씻고 교외에 나가 하루를 즐긴다.

성해응[1]의 서문

　영재 유공 혜보가 일찍이 궁중 도서를 열람하다가 발해에 대한 사실들을 얻었으니,《신당서》〈발해전〉에 비해 더욱 상세하게 왕실 계보와 전기, 지리 등을 편찬하여 한권으로 만들었다. 발해 대씨는 속말수에서 일어났으니, 속말수는 바로 지금의 혼동강[2]이다. 대씨는 작은 무리로써 동북쪽에서 세력을 떨치며, 능히 이웃나라와 교섭할 때에 보낸 문장도 찬란하였다. 그리고 관직 제도, 관품과 복장, 주와 부의 설치 등은 당나라의 제도를 상당히 본받았다.

　5경 15부 가운데 남경 남해부는 지금의 남관[3]이며, 동경 책성부는 지금의 북관[4]이며, 서경 압록부는 지금 관서[5]의 북쪽 경계이며, 나머지 2경

1　성해응(成海應, 1760~1839) : 조선후기의 실학자. 호는 연경재(研經齋), 이덕무(李德懋)·유득공·박제가 등 북학파 인사들과 교유하고, 경학(經學)과 사학에 전념하였다. 저서로《연경재전집》이 있다.

2　속말수(粟末水) ~ 혼동강(混同江) : 지금의 북류 송화강. 권1 〈군고〉 각주 2 및 권3 〈지리고〉 속말강 참조.

3　남관(南關) : 마천령의 남쪽 지방으로 지금의 함경남도 지역.

4　북관(北關) : 마천령의 북쪽 지방으로 지금의 함경북도 지역.

5　관서(關西) : 마천령의 서쪽 지방으로 지금의 평안도와 황해도 북부 지역.

15부도 모두 압록강과 두만강 밖에 있어서 우리 영역과 멀지 않다. 이때 고구려가 막 멸망하자 당나라가 안동도호[6]를 두어 지키게 하였으나, 너무 멀어 통치하기 어려워 그 주민들을 대부분 양자강과 회하[7]로 이주시키니 빈 땅이 되었다. 그래서 발해가 점차 세력을 과시하게 되었으며, 수백 년 지나 거란에 멸망되었다.

무릇 숙신 이후로 때로는 물길이라 불리고, 때로는 말갈이라 불리고, 때로는 발해라 불렸으니, 그 부락의 흥망성쇠에 대해서는 참으로 말할 수 있는 것이 별로 없다. 그러나 바야흐로 그 사납고 건장한 자들이 체력과 호기를 믿고 숲속에 모여들어 서로 다투어 빼앗으며 제멋대로 날뛰는 사실에 대해서는 그 득실의 흔적을 충분히 고찰할 수 있다. 더구나 국경의 변천과 산천의 지세는 모두 국가 대사를 꾀하는 사람이라면 마땅히 통달해야 하는 것이다.

그런데 가탐의 《군국지》[8]는 간략하여 완비되지 못하였고, 탈탈[9]의 《요사》는 오류가 많고, 《금사》는 비록 상세하지만 산과 강 이름이 애매하여 증명할 수 없다. 혜보는 평소 지리학에 밝아서 그가 증거로 삼고 분석한 것이 모두 질서정연하니, 예컨대 남해부를 함흥에 비정하고 책성부를 경성에 비정한 것이 그러하다. 다만 압록부는 강계에서 동북쪽으로 200리 떨어진 압록강 북쪽에 있다고 하였지만, 내가 그 관할 아래 있는 신주·환

---

6 안동도호(安東都護) : 안동도호부의 장관. 권1 《군고》 각주 84 참조.
7 양자강(揚子江)과 회하(准河) : 양자강은 티베트 고원에서 발원하여 운남(雲南)·사천(四川)·호북(湖北)·강서(江西)·안휘(安徽)·강소(江蘇) 등을 거쳐 동중국해로 흘러 가는 강이며, 회하는 하남(河南)에서 발원하여 안휘·강소를 거쳐 일부는 황해로 흘러 가고 나머지는 양자강에 합류하는 강이다. 여기서는 중국 남쪽의 변방 지역을 의미한다.
8 가탐(賈耽)의 《군국지(郡國志)》 : 권3 〈지리고〉 각주 265 참조.
9 탈탈(脫脫, 1314~1356) : 원나라 말기의 정치가로 《송사(宋史)》·《요사(遼史)》·《금사(金史)》 등을 편찬하였다. 일명 탁극탁(托克托).

주 등을 살펴보니 압록강 남쪽에 있었지 북쪽에 있었던 것은 아니다.

공이 정력을 쏟아 고증하고 연구하여 이 책을 만든 것은 본래 호기심에서 나온 것이지 남들이 알아주기를 바란 것이 아니다. 그러나 사람들이 자세히 열람하여 발해가 건국하여 5경 15부를 설치한 뜻을 파악한다면 세상을 다스리고 백성을 구제하는 정책에 도움 되는 것이 적지 않을 것이다. 그러나 아는 사람이 매우 적어 함부로 버리니 애석함을 금할 수 있겠는가?

박제가[1]의 서문

　내가 일찍이 서쪽으로 압록강을 건너 애양[2]으로 가서 요양[3]에 이르렀다. 그 사이의 오륙백 리가 대체로 모두 큰 산과 깊은 골짜기였는데, 낭자산[4]을 나와 비로소 보니 끝없는 평원이 아득하게 펼쳐져 해와 달과 날아다니는 새만이 아지랑이 속에서 오르내리고 있었다. 다시 동북쪽을 돌아보니 산줄기가 하늘을 두르고 땅을 막아선 채로 뻗어 있어 마치 붓으로 획 그은 것 같았다. 앞서 말한 큰 산과 깊은 골짜기가 모두 요동 천리길의 바깥 울타리인 셈이다. 이에 한숨을 내쉬며 "여기가 하늘의 끝이구나"하고 탄식하였다.

1　박제가(朴齊家, 1750～1805) : 조선 후기의 실학자. 호는 초정(楚亭)·정유(貞蕤). 시문 사대가(詩文四大家)의 한 사람으로, 박지원에게 배웠으며, 이덕무·유득공 등과 함께 북학파를 이루었다. 시·그림·글씨에도 뛰어났으며 저서에 《북학의(北學議)》, 《정유각집(貞蕤閣集)》 등이 있다.

2　애양(靉陽) : 지금의 중국 요령성 봉성시(鳳城市) 애양진(靉陽鎭). 주변으로 압록강의 지류인 애하(靉河)가 흐른다.

3　요양(遼陽) : 지금의 중국 요령성 요양시(遼陽市). 주변으로 요하의 지류인 태자하(太子河)가 흐른다.

4　낭자산(狼子山) : 《대청일통지(大淸一統志)》 권59, 봉천부(奉天府) 1, 산천(山川)의 낭자산(浪子山)을 가리키는 것 같다. 이 산은 요양에서 동남쪽 60리에 있다.

무릇 요동은 천하의 한 구석이다. 그러나 영웅과 제왕이 일어난 것이 이보다 성대한 곳이 없었다. 대개 그 지역이 연·제 지방[5]과 인접하여 중국의 형세를 엿보기 쉽기 때문이다. 그러므로 발해 대씨가 뿔뿔이 흩어진 유민들로써 산 바깥을 그어 포기하고도[6] 오히려 한 구석에 웅거하며 천하와 겨룰 수 있었다. 고려 왕씨는 후삼국을 통합하였지만 그 세상을 마칠 때까지 감히 압록강을 한 걸음도 나가지 못했으니, 영역을 차지한 득실의 흔적을 대체로 볼 수 있다.

무릇 아녀자가 보는 것은 용마루를 넘지 못하고 어린이가 노는 곳은 겨우 문지방에 미칠 뿐이니 본래 담장 밖의 일을 말하기에 부족할 것이다. 우리나라 선비는 신라 영토에서 태어나 그 눈을 막고 그 귀를 닫아 버리고, 또 중국의 한·당·송·명 나라의 흥망과 전쟁에 관한 일도 모르니, 하물며 발해의 옛일인들 알겠는가?

내 친구 유군 혜풍은 널리 배워 시를 잘 짓고 전고에도 밝아서, 이미 《이십일도시주》[7]를 찬술하여 국내의 경관을 자세히 살폈다. 다시 나아가 《발해고》 1권을 지어서 인물과 군현, 왕실 계보의 연혁 등을 상세하게 잘 엮어서 두루 모아놓으니 기뻐할 만하다. 그런데 그의 말에 왕씨가 고구려의 옛 강역을 회복하지 못하였음을 탄식한 부분이 있다. 왕씨가 옛 강역을 회복하지 못하니 계림과 낙랑의 옛터가 마침내 어두워져 스스로 천하와 단절되었다는 것이다. 나는 여기서 내 앞 견해와 서로 일치됨을 알게

5 연(燕)·제(齊) 지방 : 지금의 중국 하북성과 산동성 일대.

6 산 바깥[山外]을 그어 포기하고도 : 원문의 '山外'는 보통 태항산(太行山) 동쪽 지역, 즉 연·제 지방을 가리키므로, 여기서는 발해가 요동만 차지하고 연·제를 포함한 중국을 포기했다는 의미로 보인다. 초고본 단계까지 유득공을 비롯한 당시 조선의 지식인들은 요동을 발해의 영역으로 보았다.

7 《이십일도시주(二十一都詩註)》: 유득공이 31세(1778)에 지은 《이십일도회고시(二十一都懷古詩)》를 가리킨다. 이 책은 단군조선에서 고려왕조까지의 21개 수도의 사적에 대하여 시로 읊은 것이다.

되었고 유군의 재주가 능히 천하의 형세를 살피고 왕도와 패도의 방략을 엿볼 수 있음에 감탄하였다. 그러니 어찌 일국의 문헌을 갖추었다고 하여 호회나 마령[8]이 지은 책과 그 장단점을 비교하는 데 그칠 뿐이겠는가? 그러므로 서문을 써서 이처럼 논한다.

임금[9]께서 즉위한 지 9년째(1785) 가을

---

8 호회(胡恢)나 마령(馬令) : 이들은 북송(北宋) 때 오대십국(五代十國)의 하나인 남당(南唐)에 대한 기록들을 모아서 각자 《남당서(南唐書)》를 편찬하였다. 그러나 호회의 《남당서》는 전하지 않으며, 마령의 《남당서》(1102)는 30권이다. 한편 《정유각집》에는 섭융례(葉隆禮)와 왕즙(汪楫)으로 되어 있다. 섭융례는 남송(南宋) 때 사람으로 《거란국지(契丹國志)》를 저술하였으며, 왕즙(1626~1689)은 청대 사람으로 《명사(明史)》 편찬에 종사하였고 《숭정장편(崇禎長編)》 등을 저술하였다.

9 임금[上] : 원문의 '상(上)'은 정조(正祖, 1752~1800)를 가리킨다.

유득공의 서문

    고려는 발해사를 편찬하지 않았으니 고려가 부진했음을 알겠다. 옛날에 고씨가 북쪽에 살면서 고구려라 하였고, 부여씨가 서남쪽에 살면서 백제라 하였으며, 박·석·김씨가 동남쪽에 살면서 신라라 하였으니 이들이 삼국이다. 마땅히 삼국사가 있어야 하는데 고려가 이를 편찬하였으니 옳은 일이다. 부여씨가 망하고 고씨가 망하자, 김씨가 그 남쪽을 차지하였고 대씨가 그 북쪽을 차지하며 발해라 하였으니 이들이 남북국이다. 마땅히 남북국사가 있어야 하는데 고려가 이를 편찬하지 않았으니 잘못된 일이다.

    무릇 대씨는 누구인가? 바로 고구려 사람이다. 그가 차지한 땅은 누구 땅인가? 바로 고구려 땅으로 그 동쪽과 서쪽과 북쪽을 개척하여 확장하였을 뿐이다. 김씨가 망하고 대씨가 망하자 왕씨가 통합하여 차지하면서 고려라 하였다. 그런데 그 남쪽으로 김씨의 땅을 차지한 것은 완전하지만 그 북쪽으로 대씨의 땅을 차지한 것은 완전하지 못하여 어떤 곳은 여진에 들어가고 어떤 곳은 거란에 들어갔다.

이때에 고려를 위한 계책은 마땅히 발해사를 급히 편찬하는 것이었다. 이를 가지고 여진에게 "어찌 우리에게 발해 땅을 돌려주지 않는가? 발해 땅은 바로 고구려의 땅이다"라고 꾸짖으며, 장군 한 사람을 보내어 거두었다면 토문강[1] 북쪽의 땅을 차지할 수 있었을 것이다. 또 이를 가지고 거란에게 "어찌 우리에게 발해 땅을 돌려주지 않는가? 발해 땅은 바로 고구려의 땅이다"라고 꾸짖으며, 장군 한 사람을 보내어 거두었다면 압록강 서쪽의 땅을 차지할 수 있었을 것이다. 그러나 끝내 발해사를 편찬하지 않아 토문강 북쪽과 압록강 서쪽이 누구의 땅인지 알지 못하게 되었으니, 여진을 꾸짖으려 해도 할 말이 없고 거란을 꾸짖으려 해도 할 말이 없었다. 고려가 마침내 약소국이 되고만 것은 발해의 땅을 얻지 못하였기 때문이니 탄식을 금할 수 없구나!

어떤 사람은 "발해가 요나라에 멸망되었으니 고려가 무슨 수로 그 역사를 편찬하겠는가?"라고 말하지만, 이것은 그렇지 않다. 발해는 중국을 모범으로 삼았으니 반드시 사관을 두었을 것이다. 수도 홀한성이 함락될 때 세자 이하 고려로 망명한 자가 10여만 명이었다. 그중에 사관이 없었다면 반드시 역사서가 있었을 것이다. 사관도 없고 역사서도 없었다 하더라도 세자에게 물었다면 역대 왕의 자취를 알 수 있었으며, 은계종[2]에게 물었다면 예법을 알 수 있었으며, 10여만 명에게 물었다면 모르는 것이 없었을 것이다. 장건장은 당나라 사람인데도 오히려《발해국기》[3]를 지었

---

1 토문강(土門江) : 지금의 두만강. 권3 〈지리고〉 각주 230 참조.
2 은계종(隱繼宗) : 발해 유민으로 928년(고려 태조11) 9월에 고려로 망명하여 태조에게 세 번 절하였다. 권2 은계종 참조.
3 장건장(張建章)은 ~ 《발해국기(渤海國記)》: 권2 〈신고〉 각주 271, 272 참조.

으니, 고려 사람만이 발해의 역사를 편찬할 수 없었겠는가?

아! 문헌이 흩어져 없어진 지 몇백 년 뒤에 비록 편찬하고자 하지만 할 수가 없었다. 내가 규장각[4] 소속 관료로 있으면서 궁중 도서를 상당히 열람하였기에 발해에 관한 사항들을 편찬하여 군·신·지리·직관·의장[5]·물산·국어·국서·속국의 9고[6]를 만들었다. 세가·전·지[7]라 하지 않고 '고'라고 한 것은 아직 역사서를 완성하지 못하였기 때문이다. 그러니 나 또한 감히 역사가로 자처할 수 없다고 하겠다.

갑진년(1784, 정조 8) 윤3월 25일

---

4 규장각[內閣] : 1782년(정조 6)에 왕실 도서관인 규장각(奎章閣)에 경서의 간행을 담당하는 교서관(校書館)을 편입한 뒤로, 원래 규장각의 이문원(摛文院:본부)과 봉모당(奉謨堂:도서실)을 내각, 교서관을 외각(外閣)이라고 불렀다.

5 의장(儀章) : 국가 의례 및 그와 관련된 세부 규정.

6 9고(九考) : 아홉 가지 주제에 대해 고찰한다는 뜻.

7 세가(世家)·전(傳)·지(志) : 모두 기전체 사서의 구성 요소로, 세가는 제후와 왕에 대한 기록, 전(또는 열전)은 이들을 제외한 사람들에 대한 기록, 지는 지리와 관직·예악 제도에 등에 대한 기록.

인용서적 목록[1]

- 《구당서》 유구[2]

- 《신당서》 송기[3]

- 《오대사》 구양수[4]

- 《송사》 탈탈[5]

- 《요사》[6] 탈탈

- 《자치통감》 사마광[7]

- 《삼국사기》 김부식[8]

- 《고려사》 정인지[9]

- 《동국통감》 서거정[10]

- 《속일본기》 관야조신진도[11]

---

1 인용 서적 목록 : 초고본의 인용서적 목록이다. 수정본은 이보다 더 많은 서적을 인용하였다. 수정본에는 인용서적 목록 부분이 없다.

2 《구당서(舊唐書)》 유구(劉昫) : 당나라(618~907)의 역사를 후진(後晉)의 재상 유구 등이 기전체로 편찬한 역사서. 200 권. 원래 명칭은 《당서》이지만, 《신당서》가 나온 뒤로 《구당서》로 불린다.

3 《신당서(新唐書)》 송기(宋祁) : 권2 〈신고〉 각주 269 참조.

4 《오대사(五代史)》 구양수(歐陽修) : 권1 〈군고〉 각주 236 참조.

5 《송사(宋史)》 탈탈(脫脫) : 권1 〈군고〉 각주 238 참조.

6 《요사(遼史)》 : 권1 〈군고〉 각주 228 참조.

7 《자치통감(資治通鑑)》 사마광(司馬光) : 중국 전국시대에서 오대까지의 역사를 송나라 사마광(1019~1086)이 편년체로 편찬한 역사서. 294권. 당나라와 오대 부분은 사료적 가치가 높다.

8 《삼국사기(三國史記)》 김부식(金富軾) : 권3 〈지리고〉 각주 276 참조.

9 《고려사(高麗史)》 정인지(鄭麟趾) : 권3 〈지리고〉 각주 332 참조.

10 《동국통감(東國通鑑)》 서거정(徐居正) : 단군조선에서 고려까지의 역사를 조선시대에 서거정(1420~1488) 등이 《자치 통감》을 따라 편년체에 편찬한 역사서. 56권.

11 《속일본기(續日本紀)》 관야조신진도(管野朝臣眞道) : 《일본서기(日本書紀)》에 뒤이어 697~791년까지 일본 고대의 역사를 관야조신진도(스가노오 아소미 마치미, 741~814)가 편년체로 편찬한 역사서. 40권.

- 《일본일사》[12]

- 《통전》 두우[13]

- 《통지》 정초[14]

- 《문헌통고》 마단림[15]

- 《동국문헌비고》[16]

- 《대명일통지》[17]

- 《청일통지》[18]

- 《성경통지》[19]

- 《만성통보》 능적지[20]

- 《영순태씨족보》[21]

- 《동국여지승람》[22]

- 《전당시》[23]

---

12 《일본일사(日本逸史)》: 권3 〈지리고〉 각주 281 참조.
13 《통전(通典)》 두우(杜佑) : 권3 〈지리고〉 각주 250 참조.
14 《통지(通志)》 정초(鄭樵) : 중국 상고에서 수나라 때까지의 역사를 남송의 정초(1104~1162)가 기전체로 편찬한 사서.
　　 200권. 그중 권25~권77까지의 략(略) 부분은 역대 문물 제도를 다루고 있다.
15 《문헌통고(文獻通考)》 마단림(馬端臨) : 권1 〈군고〉 각주 240 참조.
16 《동국문헌비고(東國文獻備考)》: 권3 〈지리고〉 각주 263 참조.
17 《대명일통지(大明一統志)》: 권3 〈지리고〉 각주 233 참조.
18 《청일통지(淸一統志)》: 권3 〈지리고〉 각주 268 참조.
19 《성경통지(盛京通志)》: 권3 〈지리고〉 각주 237 참조.
20 《만성통보(萬姓統譜)》 능적지(凌迪知) : 권1 〈군고〉 각주 243 참조.
21 《영순태씨족보(永順太氏族譜)》: 대금취(大金就)를 중시조로 하는 영순 태씨의 족보. 조선 중기의 문신인 태두남(太斗
　　 南. 1486~1536년)의 서문이 있지만, 실제 족보는 후기에 간행되었다.
22 《동국여지승람(東國輿地勝覽)》: 권3 〈지리고〉 각주 379 참조.
23 《전당시(全唐詩)》: 청나라 강희제(康熙帝)의 칙명에 따라 팽정구(彭定求. 1645~1719) 등이 당나라 및 오대의 시인
　　 2,200명의 시 49,900여 수를 집대성한 책.

오경도

奚丹界

거란
경계

遼水
요수

水遠小
소요수

西京
鴨淥府
서경
압록부

盬難水
염난수

江淥鴨
압록강

水薩
살수

汋浿水
패수

신라

五京圖

黑水
흑수

卒末江
속말강

京上龍泉府
상경
용천부

忽汗河
홀한하

京中顯德府
중경
현덕부

太白山
태백산

江門土
토문강

京東龍原府
동경
용원부

京南南海府
남경
남해부

羅新
경계

오경표

상경 용천부	
주나라	숙신씨 지역
한나라	읍루 지역
당나라	발해에 귀속
요나라	동란국의 관할이었다가 얼마 후 여진에 귀속
금나라	상경회령부
원나라	수달달로
명나라	모련위
청나라	영고탑
우리나라	

중경 현덕부	
주나라	숙신씨 지역
한나라	읍루 지역
당나라	발해에 귀속
요나라	동란국의 관할이었다가 얼마 후 여진에 귀속
금나라	회령부의 관할
원나라	수달달로
명나라	모련위
청나라	길림
우리나라	

동경 용원부	
주나라	
한나라	옥저 지역으로 현도군의 관할이었다가 나중에 고구려에 귀속되어 책성이라 호칭
당나라	발해에 귀속
요나라	여진에 귀속
금나라	야라로
원나라	훌품로
명나라	
청나라	
우리나라	경성부

남경 남해부	
주나라	
한나라	옥저 지역으로 원봉 2년(서기전 109)에 현도군을 설치하였으며 얼마 후 낙랑 동부도위의 관할이었다가, 나중에 고구려에 귀속되어 남해라 호칭
당나라	발해에 귀속
요나라	여진 갈라전 지역으로 고려가 9성을 축조하였다가 다시 여진에 귀속
금나라	야라로
원나라	합란부
명나라	
청나라	
우리나라	함흥부

서경 압록부	
주나라	기자조선 지역
한나라	위만조선 지역으로 현도군의 관할이었다가 나중에 고구려에 귀속되어 국내성을 설치
당나라	안동도호부의 관할이었다가 나중에 발해에 귀속
요나라	녹주 압록군의 관할이었다가 나중에 여진에 귀속
금나라	회령부의 관할
원나라	개원로
명나라	건주위
청나라	길림
우리나라	강계부의 폐사군 지역

군고

진국공

    진국공은 성이 대씨이고 이름은 걸걸중상으로 속말말갈[1] 사람이다. 속말말갈은 속말수[2] 부근에서 살았으며 고구려의 신하였던 자들이다. 당나라 고종[3] 총장 원년(668)에 고구려가 망하자 걸걸중상이 아들 대조영과 함께 집안 식솔을 이끌고 영주[4]로 옮겨 살며 사리[5]라고 칭하였다. 사리는 거란[6] 말로 부락의 관리이다.[7]

    측천무후[8] 만세통천 원년(696)에 거란족 출신의 송막도독[9] 이진충[10]과

---

1 속말말갈(粟末靺鞨) : 속말수 부근에서 반농반렵(半農半獵) 생활을 하며 사는 말갈족이다. 말갈은 6~9세기에 한반도 북부와 중국 동북지역에 거주하던 퉁구스계의 여러 종족들을 통틀어 이르는 말이다.

2 속말수(粟末水) : 백두산에서 발원하여 북쪽으로 중국 길림성 길림시(吉林市)를 거쳐 부여현(扶餘縣) 부근에서 눈강(嫩江)과 합류하기까지의 송화강(松花江)의 지류, 즉 제2송화강 또는 북류 송화강을 가리키는 옛날 명칭이다.

3 고종(高宗, 628~683) : 당나라 3대 황제. 동도(東都) 낙양(洛陽)을 건설하고, 백제와 고구려를 공략하여 안동 도호부를 두었다. 말년에 황후인 측천무후에게 실권을 빼앗겼다. 재위기간은 649~683년.

4 영주(營州) : 당나라 때 동북 방면의 요충지역으로 지금의 중국 요령성 조양시(朝陽市) 일대이다.

5 사리(舍利) : 거란의 군사지휘관.

6 거란(契丹) : 지금의 내몽골의 시라무렌(Siramuren) 강과 그 지류인 노합하(老哈河) 유역에서 유목생활을 하던 종족이다. 몽골계와 퉁구스계의 혼혈종으로, 10세기 초 야율아보기가 여러 부족을 통일하여 요나라를 건국하였다.

7 부락의 관리[帳官] : 여러 장막(帳幕)으로 이루어진 부락의 우두머리. 장막은 부락 생활을 하는 고대 유목민족의 생활 공간이자, 호구를 세는 단위이다.

8 측천무후(則天武后, 624~705) : 중국 당나라 고종의 황후로, 아들인 중종(中宗)과 예종(睿宗)을 즉위시켰다가 폐위시킨 후 700년에 스스로 제왕의 자리에 올라 국호를 주(周)나라로 고쳤다. 죽기 전에 중종에게 양위하였다.

9 송막도독(松漠都督) : 당나라가 거란족을 통치하기 위해 세운 송막도독부(松漠都督府)의 장관. 송막은 거란족의 거주지가 소나무 숲[松林]이 있는 고비 사막(沙漠) 지역인 데서 연유한 지명이다. 당나라가 이민족 지역에 명목상 당의 행정 기관을 설치한 기미부주(羈縻府州)이다.

10 이진충(李盡忠) : 거란의 추장으로 696년 5월에 기근이 들었음에도 불구하고 영주도독 조문홰(趙文翽, 또는 조홰(趙翽)라고도 한다)가 진휼하지 않은 데 불만을 품고 처남 손만영과 거병하여 하북지역까지 진격하였으나 9월에 전사하였다.

귀성주자사[11] 손만영[12]이 당나라에 반란을 일으켜 영주를 함락하고 도독 조문홰를 죽였다. 걸걸중상이 두려워하여 말갈 추장 걸사비우[13] 및 고구려 유민과 동쪽으로 달아나 요하[14]를 건너 태백산[15] 동북쪽을 차지한 후, 오루하[16]에 의지하여 성벽을 쌓아 견고히 지켰다.

측천무후가 걸걸중상을 진국공, 걸사비우를 허국공에 봉하였으나, 걸사비우가 명령을 받지 않았다. 측천무후가 우옥검위대장군[17] 이해고[18]와 중랑장[19] 색구에게 조서를 내리니, 이들이 걸사비우를 공격하여 목을 베었다. 이때 걸걸중상은 이미 죽은 뒤였다.

---

11 귀성주자사(歸誠州刺史) : 귀성주는 특정 지명이 아니라 손만영이 추장으로 있는 거란 부족에 설치한 기미주이다. 주의 장관인 자사는 도독보다 한 등급 낮다.

12 손만영(孫萬榮) : 이진충의 처남으로, 이진충이 죽자 대신 무리를 이끌다가 697년 6월에 전사하였다.

13 말갈 추장 걸사비우(乞四比羽) : 지금의 백두산 근처에 거주하던 백산말갈(白山靺鞨) 출신으로 추정된다.

14 요하(遼河) : 중국 동북지역 남쪽의 큰 강. 이 강을 경계로 동쪽을 요동(遼東), 서쪽을 요서(遼西)로 부른다. 당시 요동의 중심지역은 요동성(중국 요령성 요양시(遼陽市)), 요서의 중심지역은 영주였다.

15 태백산(太白山) : 지금의 백두산.

16 오루하(奧婁河) : 발해 초기의 중심지인 동모산(東牟山, 중국 길림성 돈화시 성산자 산성)의 북쪽을 끼고 목단강(牡丹江)으로 흘러들어가는 대석하(大石河)로 추정된다(宋基豪, 「渤海政治史硏究」, 一潮閣, 1995, 82쪽).

17 우옥검위대장군(右玉鈐衛大將軍) : 당나라의 중앙군인 16위(衛)의 하나인 우옥검위의 대장군으로 품계는 정3품이다. 《신당서》 발해전에는 '옥검위대장군'으로만 되어 있다. 한편 《자치통감》에는 '좌옥검위대장군'으로 나온다. 아마도 이해고는 우옥검위대장군으로 출정하였다가 개선해서 좌옥검위대장군으로 승진했던 것으로 보인다(송기호 옮김, 《발해고》, 홍익출판사, 2000, 50쪽).

18 이해고(李楷固) : 거란족 출신의 장군으로서 손만영이 전사한 후 당나라에 투항하였다.

19 중랑장(中郎將) : 16위 휘하의 좌우익중랑장부(左右翊中郎將府)의 무관으로 품계는 정4품하이다.

고왕

고왕은 이름이 조영이며 진국공의 아들이다. 일찍이 고구려의 장수로서 용맹스럽고, 말 타며 활 쏘는 데 능하였다. 진국공이 죽었을 때, 걸사비우도 패하여 죽자 대조영이 달아났다. 이해고가 끝까지 추격하여 천문령[20]을 넘자 대조영이 고구려와 말갈 병사를 이끌어 대파하니 이해고만 겨우 살아남았다.

대조영은 곧바로 걸사비우의 무리를 병합하여 읍루[21] 지역의 동모산[22]에 웅거하니, 말갈 및 고구려 유민이 모두 그에게 귀의하였다. 드디어 돌궐[23]에 사신을 보내어 교섭하였고, 부여·옥저·조선·변한[24] 등 바다 북쪽의 10여 나라를 정복하였다. 동쪽으로 바다에 다다르고, 서쪽으로 거란이 있으며, 남쪽으로 신라와 접하는 데 이하[25]를 경계로 삼았다. 영역

---

20 천문령(天門嶺) : 혼하(渾河)와 휘발하(揮發河)의 분수령인 현재의 길림합달령(吉林哈達嶺)으로 추정된다.

21 읍루(挹婁) : 3세기 무렵 중국 동북지역과 연해주 일대에 거주하던 종족으로 말갈의 조상으로 알려져 있다. 그런데 《구당서》 발해말갈에는 고구려 왕실의 소속 집단인 ’계루(桂婁)’로 되어 있다.

22 동모산(東牟山) : 중국 길림성 돈화시(敦化市) 성산자 산성(城山子山城)으로 추정된다.

23 돌궐(突厥) : 6세기 중엽 알타이 산맥 부근에서 일어나 약 2세기 동안 몽골 고원에서 중앙아시아에 걸친 광대한 지역에 제국을 건설한 터키계 유목 민족. 당나라의 요청으로 이진충의 난을 진압한 후에는 거란을 지배하였다.

24 부여(扶餘)·옥저(沃沮)·조선(朝鮮)·변한(弁韓) : 부여는 중국 길림성 농안(農安) 부근, 옥저는 함경도 일대, 조선은 평안도 평양 일대에 있었던 초기 국가들이다. 모두 나중에 고구려에 복속되었으므로, 고구려 고지에서 건국한 발해가 이 지역들을 정복한 것은 맞지만, 한반도 남부에 있던 변한까지 정복했다는 표현은 옳지 않다. 이 부분은 《신당서》 발해전을 인용한 것인데, 이는 《신당서》 백제전의 '(백제가 망한 후) 그 지역은 이미 신라와 발해말갈에 분점되었다[其地已爲 新羅·渤海靺鞨所分]'는 잘못된 서술에 의거한 것이다.

25 이하(泥河) : 함경남도 영흥(永興) 부근의 용흥강(龍興江)으로 추정된다. 권3 〈지리고〉 각주 354 참조.

은 사방 5천 리이며, 호구는 10여만, 정예병은 수만이었다. 중국의 문장을 익혔으며, 풍속은 고구려나 거란과 대략 비슷하였다.

성력(698~700) 연간에[26] 국호를 '진'이라 하고 또한 '진조'라고 칭하였으며 스스로 즉위하여 진국왕[27]이 되었다. 홀한성[28]을 쌓아 거주하였으니, 바로 영주에서 동쪽으로 2천 리[29] 떨어진 곳에 있었다. 이때 해[30]와 거란이 당나라에 반란을 일으켜 길이 가로막히니, 측천무후가 토벌할 수 없었다.

중종[31]이 즉위하여 시어사[32] 장행급을 보내 위무하니, 고왕도 왕자[33]를 당나라에 보내 궁궐에서 중종을 모시도록 하였다. 현종[34]이 개원 원

---

26 성력(聖曆, 698~700) 연간에 : 일본측 기록인 《유취국사(類聚國史)》의 '나중에 천지진종풍조부천황(天之眞宗豊祖父天皇=文武天皇) 2년(698)에 대조영이 비로소 발해국을 세웠다[後以天之眞宗豊祖父天皇二年 大祚榮始建渤海國]'는 기록에 따르면 성력 원년이다.

27 진국왕(震國王) : 《신당서》 발해전의 '진(震)'은 걸걸중상이 측천무후로부터 받은 진국공(震國公)에서 유래하여 《신당서》 찬자가 의도적으로 표기하였을 가능성이 높다. 반면 《구당서》 발해말갈전뿐만 아니라 《책부원귀(冊府元龜)》나 최치원(崔致遠)의 〈사불허북국거상표(謝不許北國居上表)〉 등의 1차 사료에는 진국왕(振國王)으로 나온다.

28 홀한성(忽汗城) : 대조영이 698년에 처음으로 동모산에 도읍한 후 발해는 8세기 초반 현주(顯州)로 천도했고, 756년 무렵 다시 상경(上京)으로 천도하였다. 785년 무렵 동경(東京)으로 천도하였다가 794년 무렵 다시 상경으로 환도하였다. 상경은 멸망할 때까지 발해의 수도였는데, 《요사》에는 이를 홀한성으로 표기하였다. 여기서는 상경이 아니라 홀한주의 도성이라는 의미로 쓰였다.

29 2천 리(里) : 중국 당나라 때의 1리는 529m이다.

30 해(奚) : 노합하(老哈河) 부근에서 유목 생활을 하던 종족. 고막해(庫莫奚)라고도 한다. 나중에 거란에 동화되었다.

31 중종(中宗, 656~710) : 당나라 4대 황제. 고종의 일곱째 아들으로 683년에 즉위하였다가 이듬해 폐위되었다. 측천무후 말년인 705년에 복위하였으나 710년에 황후 위씨(韋氏)에게 정권을 빼앗기고 독살당하였다. 재위 기간은 683~684년 및 705~710년.

32 시어사(侍御史) : 당나라 어사대(御史臺)에 속한 종6품하의 관직으로, 관리를 감찰·탄핵하고 중대 범죄의 심문을 담당하였다.

33 왕자 : 고왕의 아들이자 무왕의 동생 대문예(大門藝)가 개원 초기에 발해로 귀국하였다고 하므로, 이때의 왕자는 대문예로 추정된다.

34 현종(玄宗, 685~762) : 당나라 6대 황제. 재위 전반에는 '개원지치(開元之治)'라고 불리는 당나라 전성시대를 이루었으나, 742년에 천보(天寶)로 개원한 이후로 양귀비(楊貴妃)를 총애하고 정치에 싫증을 내어 756년에 안록산(安祿山)의 난을 초래하였다. 재위 기간은 712~756년.

년(713)에 낭장³⁵ 최흔³⁶을 보내 고왕을 좌효위대장군³⁷·발해군왕³⁸에 책봉하고, 그가 다스리는 곳을 홀한주³⁹로 삼아 홀한주도독⁴⁰을 겸직⁴¹하도록 하였다. 당나라는 비로소 말갈이란 칭호를 버리고 오로지 발해로만 불렀다.⁴²

이때 이후로 대대로 당나라에 조공하였으며, 유주절도부⁴³와도 서로 방문하였다. 굳센 병사를 부여부⁴⁴에 주둔시켜 거란을 방비하였다. 신라 효소왕⁴⁵ 9년(700)에 사신을 보내 신라를 방문하였다. 개원 7년(719)에 고왕이 죽었다.

---

35 낭장(郞將) : 16위 휘하의 좌우익중랑장부의 중랑장 아래의 좌우 낭장을 가리키며, 품계는 정5품상이다.

36 최흔(崔訢) : 713년 2월에 출발한 그는 이듬해 5월 18일 돌아오는 길에 지금의 요령성 여순구(旅順口) 황금산(黃金山)에 우물을 파고 "칙명을 받고 지절을 가지고(勅持節) 황제를 대신하여(宣) 말갈을 위로하는 사신(勞靺羯使)인 홍려경(鴻臚卿) 최흔(崔忻)이 우물의 양쪽 입구에(井兩口) 영원하도록 기록하여 증거로 삼는다(永爲記驗). 개원 2년 5월 18일(開元二年五月十八日)"라는 글을 새겼다. 이에 따르면 낭장이었던 최흔은 사신으로 파견될 때 홍려경에 임명되었던 것이다. 홍려경은 당나라의 외교 업무를 담당하는 홍려시(鴻臚寺)의 장관으로 품계는 종3품이다.

37 좌효위대장군(左驍衛大將軍) : 당나라의 중앙군인 16위의 하나인 좌효위의 대장군으로 품계는 정3품이다.

38 발해군왕(渤海郡王) : 당나라의 봉작제도에서 군왕(종1품)은 국왕(國王, 정1품) 다음의 두 번째 등급이다.

39 홀한주(忽汗州) : 홀한하(忽汗河, 지금의 목단강) 지역에 당나라가 명목상 설치한 기미주.

40 홀한주도독(忽汗州都督) : 홀한주의 최고 행정관인 도독. 도독은 대·중·하의 3등급이 있는데, 각각의 품계는 종2품·정3품·종3품이다. 홀한주도독의 경우 좌효위대장군과 품계가 일치하는 중도독일 가능성이 높다.

41 겸직[領] : 원문의 '령(領)'은 높은 품계의 관리가 낮은 직무를 겸직할 때, 그 관직명 앞에 놓는 말이다. 발해군왕은 종1품의 작위(爵位)이지만, 좌효위대장군과 홀한주도독이 정3품의 직사관(職事官)이다.

42 비로소 ~ 발해로만 불렀다 : 당나라는 대조영의 진국을 '말갈', '동번말갈(東蕃靺鞨)', '발해말갈', '발해' 등으로 부르다가 741년 이후에야 비로소 '발해'로 통칭하였다.

43 유주절도부(幽州節度府) : 유주는 지금의 북경 일대이며, 절도부는 당나라 현종 대에 변경 수비를 담당하는 절도사(節度使)가 설치된 관아이다. 발해와 유주절도부 사이에 사신이 왕래한 것은 고왕 대가 아니라 발해 후기의 일이다.

44 부여부(夫餘府) : 지금의 길림성 농안 부근에 발해가 설치한 15부의 하나. 발해의 지방 관청인 부가 설치된 것은 고왕 대가 아니라 8세기 중반 문왕 대이며, 9세기 선왕 대에 15부가 완비되었다.

45 효소왕(孝昭王) : 신라의 32대 왕으로 재위 기간은 692~702이다.

무왕

무왕은 이름이 무예이며 고왕의 아들이다. 일찍이 계루군왕[46]에 봉해졌다. 개원 7년(719) 6월 정묘일(10)에 당나라가 좌감문솔[47] 오사겸을 홍려경[48]에 임시로 임명한 후 사신으로 보내어 조문하고 왕을 좌효위대장군·홀한주도독·발해군왕에 책봉하였다. 무왕이 드디어 인안[49]으로 연호를 고치고 영토를 개척하여 주와 군을 설치하였다. 큰 주에는 도독을 두었고 그 다음에는 자사를 두었다. 동북의 오랑캐들이 모두 두려워하여 신하가 되었다.

개원 14년(726)에 흑수말갈[50]의 사자가 당나라에 입조하자, 당나라 현종이 그 땅에 흑수주[51]를 설치하고 장사[52]를 파견하여 감독하였다. 무왕이 신하들을 불러 의논하며 "흑수말갈이 처음 우리에게 길을 빌려 당나라와 통하였고, 예전에 돌궐에 토둔[53]을 요청할 때에도 모두 먼저 우리에

---

46 계루군왕(桂婁郡王) : 계루는 초기 고구려의 핵심집단인 5부 가운데 왕실을 배출하던 집단인 계루부(桂婁部)에서 연유한 명칭으로, 고구려 멸망 이후에는 고구려의 별칭으로도 사용되었다.

47 좌감문솔(左監門率) : 당나라 태자의 거처인 동궁(東宮)의 출입문을 관장하던 좌감문솔부(左監門率府)의 책임자로 품계는 정4품상이다.

48 홍려경(鴻臚卿) : 각주 36 참조.

49 인안(仁安) : 주변을 어질게[仁] 대하여 안정시킨다[安]는 뜻.

50 흑수말갈(黑水靺鞨) : 지금의 송화강과 흑룡강의 합류지점에서 흑룡강 하류에 이르는 지역에 거주한 말갈족.

51 흑수주(黑水州) : 당나라가 흑수말갈 지역에 설치한 기미주.

52 장사(長史) : 부의 장관인 도독이나 주의 장관인 자사를 보좌하는 막료의 우두머리.

53 토둔(吐屯) : 돌궐(突厥)의 관직으로 이민족 지역의 감찰과 공납 징수를 담당하였다.

게 알리고 우리 사신과 함께 갔다. 지금 당나라 관리를 요청하면서 우리에게 알리지 않으니, 이것은 필시 당나라와 모의하여 우리를 앞뒤에서 공격하려는 것이다"라고 말하였다. 그래서 동생 대문예 및 외숙 임아상에게 군사를 동원하여 흑수말갈을 공격하도록 하였다. 문예가 간하였으나 무왕이 따르지 않자 당나라로 달아났다. 이로 인해 당나라와 사이가 벌어졌다.

개원 20년(732)에 무왕은 대장 장문휴를 보내어 바다 건너 등주[54]를 공격하고 등주 자사 위준을 죽였으며, 마도산[55]까지 진격하여 성읍을 함락시켰다. 이를 두고 선왕의 수치를 씻었다고 하지만, 사실은 문예를 증오해서 일어난 일이었다. 현종이 대노하여 우령군장군[56] 갈복순[57]에게 명령을 내려 병사를 일으켜 토벌하였다.

개원 21년(733)에 다시 문예를 보내어 유주[58]의 군사를 동원하여 발해를 공격하였다. 또 내사[59]의 고관인 하행성과 태복원외경[60] 김사란을 신라에 보내어 신라왕 김흥광[61]에게 개부의동삼사[62] · 사지절[63]을 제수하고

---

54 등주(登州) : 지금의 중국 산동성 봉래시(蓬萊市).

55 마도산(馬都山) : 지금의 중국 하북성 진황도시(秦皇島市)와 승덕시(承德市) 경계에 있는 도산(都山).

56 우령군장군(右領軍將軍) : 당나라의 중앙군인 16위(衛)의 하나인 우령군위(右領軍衛)의 최고직인 대장군 다음의 무관으로 품계는 종3품이다.

57 갈복순(葛福順) : 《자치통감》의 표기이며, 《구당서》와 《신당서》 본기에는 개복순(蓋福順)으로 나온다.

58 유주(幽州) : 지금의 중국 북경(北京) 일대.

59 내사(內使) : 황제의 특명을 받은 환관.

60 태복원외경(太僕員外卿) : '태복경'은 나라의 마구간과 수레를 관장하는 태복시(太僕寺)의 장관이며, '원외'는 '정원 외'를 의미하는 명예직으로서 주로 외국 사신에게 주어졌다.

61 김흥광(金興光) : 신라 33대 왕인 성덕왕(聖德王)의 이름. 본명은 융기(隆基)인데, 712년 당나라 현종과 이름이 같다는 이유로 개명을 요구받아 흥광으로 고쳤다. 재위 기간은 702~737년.

62 개부의동삼사(開府儀同三司) : 당나라 문산계(文散階 : 문신을 대상으로 수여된, 실제 직무는 없는 벼슬)에서 가장 높은 벼슬로, 품계는 종1품이다.

63 사지절(使持節) : 군사 작전시에 중급 이하의 관리를 처벌할 수 있는 독자적인 권한을 의미하는 칭호.

영해군사[64] · 계림주대도독[65]에 임명하며, 지시하기를 "발해는 밖으로 제후국이라고 칭하면서 안으로는 교활함을 품고 있다. 지금 군사를 보내어 죄를 묻고자 하니, 경도 군사를 동원하여 그 남쪽 변경을 공격하라"고 하였다. 또 칙서를 내려 신라 명장 김유신의 손자 김윤중을 장군으로 삼고 황금과 비단을 하사하였다. 신라왕은 윤중 등 네 장군을 보내 군사를 이끌고 가서 당나라 군사와 만나 함께 공격하였다. 마침 큰 눈이 10척 남짓 내리고 산길도 좁고 험하여, 군사 가운데 얼어 죽은 자가 반이나 넘자 모두 포기하고 돌아왔다.

이듬해(734)에 신라인 김충신이 당나라에 글을 올려 "황제의 뜻을 받들어 귀국하여 발해를 토벌하겠습니다"라고 하였다. 현종이 허락하였지만 끝내 아무런 전공이 없었고, 흑수말갈의 땅은 모두 발해에 복속되었다. 무왕이 처음으로 일본과 국교를 맺으니 일본도 조신충마려[66]를 보내왔다. 개원 25년(737)에 무왕이 죽었다.

---

64 영해군사(寧海軍使) : '사(使)'는 임시직의 의미로, 당 현종은 성덕왕에게 해동을 평안히 하기 위한 군사 활동을 임시로 인정한다는 의미에서 이 관직을 수여하였던 것이다.

65 계림주대도독(鷄林州大都督) : 계림주의 최고 행정관인 도독. 당나라는 이미 663년에 신라를 명목상 계림주(鷄林州)로 편제하고 문무왕을 계림주대도독에 임명한 바 있다. 한편 당나라 현종은 이미 713년에 성덕왕을 책봉할 때 사시절 · 계림주대도독을 수여하였고, 이때에는 개부의동삼사와 영해군사를 추가로 수여하였다.

66 조신충마려(朝臣蟲麻呂) : 일본의 사신으로 정식 성명은 인전조신충마려(引田朝臣蟲麻呂). 인전[히케타]는 의제적 혈연집단을 나타내는 씨(氏, 우지). 조신[아소미]은 가문이나 직역에 따른 사회적 지위를 나타내는 성(姓, 가바네). 충마려[무시마로]가 이름이다. 그는 727년 9월에 일본을 방문한 발해 사신 고제덕(高齊德)의 송사(送使)로서 이듬해 6월에 발해에 파견되었다.

문왕

　문왕은 이름이 흠무이며 무왕의 아들이다. 대흥[67]으로 연호를 고쳤다. 개원 26년에 당나라가 내시[68] 단수간을 보내 문왕을 좌효위대장군·홀한주도독·발해군왕에 책봉하였다. 문왕은 조서를 받들어 국내에 사면을 내리는 한편 사신을 보내 단수간을 따라 입조하여, 《당례》[69] 및 《삼국지》[70]·《진서》[71]·《삼십육국춘추》[72] 등의 필사를 요청하였다. 현종이 허락하고, 이로 인하여 왕에게 좌금오대장군[73]을 제수하였다. 천보(742~756) 연간에 여러 차례에 걸쳐 특진[74], 태자첨사빈객[75] 등을 더하여 주었다.

67　대흥(大興) : 문왕이 즉위하였을 때 사용한 연호로 '크게 일으킨다'는 의미이다. 그는 774년에 보력(寶曆)으로 개원하였다가 말년에 다시 대흥으로 복구하였다.

68　내시(內侍) : 궁중에서 황제의 시중을 들거나 숙직 등을 관장하는 내시성(內侍省)의 책임자로 품계는 종4품상이다. 당나라 때에는 황제의 측근인 환관들이 외국에 사신으로 파견되는 경우가 많았다.

69　당례(唐禮) : 당나라의 각종 의례를 서술한 책으로 여기서는 732년에 완성된 《대당개원례(大唐開元禮)》를 가리킨다.

70　삼국지(三國志) : 중국 진(晉)나라 때에, 진수(陳壽)가 지은 위(魏)·오(吳)·촉(蜀) 삼국의 역사를 기록한 책.

71　진서(晉書) : 진나라(265~420)의 역사를 기록한 책으로 당나라 때 편찬되었다.

72　삼십육국춘추(三十六國春秋) : 《삼십육국춘추》라는 책은 없다. 5호 16국 시대에 대해 양(梁)나라의 소방(蕭方) 등이 편찬한 《삼십국춘추(三十國春秋)》(30권)과 북위(北魏)의 최홍(崔鴻)이 편찬한 《십육국춘추(十六國春秋)》(120권)가 혼재되어 기록된 것 같다.

73　좌금오대장군(左金吾大將軍) : 당나라의 중앙군인 16위의 하나인 좌금오위(左金吾衛)의 대장군으로 품계는 정3품이다. 《구당서》 발해말갈전 및 《당회요》 발해전과 《속일본기》 권32 보귀(寶龜) 3년에는 문왕이 즉위시에 좌효위대장군이 아니라 좌금오대장군을 제수받았다고 전한다. 유득공은 서로 다른 기록을 정합적으로 이해하기 위하여 문왕의 관직을 좌효위대장군에서 좌금오대장군으로 바뀐 것으로 보았던 것이다.

74　특진(特進) : 당나라 문산계(文散階)에서 두 번째 높은 벼슬로, 품계는 정2품이다.

75　태자첨사빈객(太子詹事賓客)은 동궁과 관련된 직사관이 분명한데 당의 관제에 이런 관직은 없다. 아마 동궁(東宮)의 태자빈객(太子賓客)과 태자첨사부(太子詹事府)의 첨사(詹事)가 혼재되어 기록된 것 같다. 한편 《당회요》에는 태자첨

천보 말년에 상경[76]으로 천도하였다. 현종의 치세 기간(712~756)에 모두 29회 입조하였다.

숙종[77] 지덕 원년(756)에 평로유후사[78] 서귀도가 과의도위[79]·행유성현사부경략판관[80] 장원간을 보내어 "올해 10월 안록산[81]을 공격할 것이니 왕도 모름지기 기마병 4만을 동원하여 도우러 오라"고 하였다. 문왕은 그가 다른 마음을 품고 있다고 의심하여 억류시켰다. 12월 병오일(27)에 서귀도가 과연 유정신을 북평[82]에서 독살하였고, 몰래 안록산 및 유주절도사 사사명[83] 등과 통모하여 당나라를 공격하려고 하였다. 안동도호[84] 왕

사(太子詹事)로만 기록되어 있다. 태자빈객과 첨사는 모두 정3품이다.

76　상경(上京) : 지금의 흑룡강성 영안시(寧安市) 발해진(渤海鎭). 발해는 처음 동모산에서 건국하였다가 732년 무렵 현주(顯州, 지금의 길림성 화룡시(和龍市) 서고성(西古城))로 천도하였으며, 다시 756년 무렵 상경으로 천도하였다(김종복, 《발해정치외교사》, 일지사, 2009, 128~131쪽).

77　숙종(肅宗, 711~762) : 당나라 7대 황제. 안록산의 난이 일어나 현종이 촉(蜀) 지방으로 달아나자 황제에 즉위하여 수도를 수복하였다. 재위 기간은 756~762년이다.

78　평로유후사(平盧留後事) : '유후'는 '유수(留守)'와 같은 뜻으로 원래는 임금이 수도를 떠났을 때 수도를 총괄하는 관직이다. 당나라 때에는 절도사의 직무를 대행하는 관직을 가리키는데, 반란군의 장수가 자칭하는 경우도 종종 있었다. 여기서는 평로·범양(范陽)·하동(河東) 절도사를 겸한 안록산이 반란을 일으켜 장안으로 향할 때 평로절도사를 서귀도에게 맡겼던 것을 가리키는 듯하다.

79　과의도위(果毅都尉) : 당나라 군사제도의 기초를 이루는 절충부(折衝府)의 차관으로, 품계는 상부(上府)의 경우 종5품하, 중부(中府)는 정6품상, 하부(下府)는 종6품상이다.

80　행유성현사부경략판관(行柳城縣四府經略判官) : '행'은 품계가 관직보다 높은 경우에 붙이는 칭호. 유성현은 평로절도사가 있던 영주(營州)에 속한 현으로, 지금의 조양시(朝陽市) 부근. 사부는 평로절도사가 관할하던 해·거란·발해·흑수. 경략판관은 변경 지역에 설치한 무관인 경략사(經略使)의 속관.

81　안록산(安祿山) : 이란계 돌궐족 출신으로 당나라 현종 때의 무장. 755년 11월에 반란을 일으켜 이듬해 6월에 장안을 함락하였으나 757년에 아들 안경서(安慶緖)에게 피살되었다.

82　북평(北平) : 하북도의 북평군으로 평주(平州)라고도 한다. 평로절도사 관할하에 있던 노룡군(盧龍軍)이 주둔하던 지역으로, 지금의 하북성 노룡현이다.

83　사사명(史思明) : 안록산과 함께 난을 일으켰다가 그가 죽은 후 당나라에 투항하였다. 그후 다시 반란군에 가담하여 안경서를 죽이고 그 우두머리가 되었다. 761년에 아들 사조의(史朝義)에게 피살되었다.

84　안동도호(安東都護) : 고구려를 멸망시킨 후 당나라가 동북 변방을 통치하기 위해 설치한 안동도호부(安東都護府)의 장관. 원래 평양성에 있던 안동도호부는 요동성(遼東城, 676), 신성(新城, 677)으로 옮겼다가 발해 건국을 전후한 698년에 안동도독부(安東都督府)로 강등되었다. 안동도호부는 705년에 요서 지역에서 복치되었는데, 이 당시에는 요서고군성(遼西故郡城)으로 이전하였다.

현지가 그 모의를 알아채고 정예병 6천여 명을 이끌고 유성을 공격하여 함락시키고 서귀도를 참수하였다. 그리고 스스로 권지[85]평로절도라 칭하고 북평까지 진격하여 주둔하였다.

지덕 3년(758) 4월에 왕현지가 장군 왕진의를 보내어 "천자가 이미 서경[86]으로 돌아갔고 태상천황[87]을 촉 지방에서 맞이하여 별궁에 모시었으며, 도적떼를 모두 소탕하였으므로 저를 보내어 알리게 하였습니다"라고 하였다. 문왕이 그 일을 믿기 어려워 왕진의를 억류하고 별도로 사신을 보내어 자세히 문의하니, 숙종이 문왕에게 칙서를 하사하였다.

보응 원년(762)에 조서를 내려 발해군에서 발해국으로 승격시킨 까닭에 문왕을 발해국왕[88]으로 승진 책봉하는 한편 검교태위[89]를 제수하였다. 대종[90] 대력 2년(767)에서 10년(775)까지 때로는 격년으로 때로는 한 해에 두세 차례 사신을 보내 입조하며, 마노궤[91]와 자자분[92]을 바쳤다. 12년(777) 정월 다시 일본 여자 무용수 11명과 토산물을 바쳤다. 대종이 여러 차례에 걸쳐 사공[93]과 태위 등을 더하여 주었다. 덕종[94] 정원

---

85 권지(權知) : 임시로 맡는다는 뜻으로, 조정으로부터 평로절도사에 정식으로 임명되지 않았음을 나타낸다.

86 서경(西京) : 당나라 수도 장안(長安)을 가리킨다. 참고로 낙양(洛陽)은 동경(東京)으로 불렀다.

87 태상천황(太上天皇) : 숙종에게 황위를 선양한 현종을 가리킨다. 제위를 선양한 황제를 중국은 '태상황', 일본은 '태상천황'으로 표기하였다.

88 발해국왕(渤海國王) : 당나라의 봉작제도에서 국왕은 군왕(종1품)보다 높은 정1품이다.

89 검교태위(檢校太尉) : 검교는 임시 또는 대리의 기능을 표시하는 호칭이다. 태위는 원래 군사(軍事)를 담당하는 정1품의 최고 명예직으로, 사도(司徒)·사공(司空)과 함께 삼공(三公)으로 불렸다.

90 대종(代宗, 727~779) : 당나라 8대 황제로, 안사의 난을 평정하고 사회 안정에 힘썼다. 재위 기간은 762~779년.

91 마노궤(瑪瑙橫) : 석영(石英)의 일종으로 흰색 또는 적갈색을 띄는 마노로 만든 네모난 그릇.

92 자자분(紫瓷盆) : 자줏빛 자기로 만든 단지. 한편 마노궤와 자자분을 바쳤다는 기사는 원사료(《杜陽雜編》)에 당나라 무종(武宗) 회창(會昌) 원년(841)이라고 하였으므로, 대이진(大彝震) 함화(咸和) 11년에 수록되어야 옳다.

93 사공(司空) : 원래는 토지의 관리와 백성의 교화를 담당하는 정1품의 최고 명예직.

94 덕종(德宗, 742~805) : 당나라 9대 황제. 문무관료를 중용하고 환관의 정치 개입을 금지하였으며, 조용조(租庸調)를 폐지하고 양세법(兩稅法)을 실시하였다. 재위 기간은 779~805년.

(785~805) 연간에 동경^{95}으로 천도하였다. 일본 사신 조신전수,^{96} 기촌전성,^{97} 양후사령구,^{98} 연익마려,^{99} 무생조수,^{100} 조신전계^{101} 등이 방문하였다. 정원 10년(794) 3월 4일에 문왕이 죽으니, 바로 대흥 57년이다.

95 동경(東京) : 지금의 중국 길림성 훈춘시(琿春市) 팔련성(八連城)으로 비정되며, 천도 시점은 정원 초반 즉 785년 무렵으로 추정된다.

96 조신전수(朝臣田守) : 일본의 사신으로 정식 성명은 소야조신전수(小野朝臣田守). 그는 758년 2월에 발해를 방문하였다가 9월에 발해 사신 양승경(楊承慶)과 함께 귀국하였다.

97 기촌전성(忌村全成) : 내장기촌전성(內藏忌村全成). 그는 양승경의 송사로서 759년 2월에 발해를 방문하였다가 10월에 발해 사신 고남신(高南申)과 함께 귀국하였다.

98 양후사령구(陽侯史玲璆) : 고남신의 송사(送使)로서 760년 2월에 발해를 방문하였다가 11월에 귀국하였다.

99 연익마려(連益麻呂) : 정식 성명은 이길연익마려(伊吉連益麻呂). 그는 762년 4월에 발해를 방문하였다가 10월에 발해 사신 왕신복(王新福)과 함께 귀국하였다.

100 무생조수(武生鳥守) : 발해 사신 일만복(壹萬福)의 송사로서 773년 3월에 발해를 방문하였다가 10월에 귀국하였다.

101 조신전계(朝臣殿繼) : 정식 성명은 고려조신전계(高麗朝臣殿繼). '계(繼)'는 다른 곳에 '사(嗣)'로 되어 있다. 그는 발해 사신 사도몽(史都蒙)의 송사로서 777년 5월에 발해를 방문하였다가 9월에 귀국하였다.

폐왕[102]

폐왕은 이름이 원의이며 문왕의 족제[103]이다. 문왕의 아들 굉림이 일찍 죽어 원의가 즉위하였다. 의심 많고 포악해서 일 년 만에 그 나라 사람들이 그를 시해하였다.

---

102 폐왕(廢王) : 폐왕은 정식 시호가 아니라 폐위된 왕을 뜻하는 후대 사가들의 표현이다.

103 족제(族弟) : 사전적 의미는 고조를 같이하는 8촌 동생이지만, 6촌·10촌 간에도 쓰였다. 원사료인 《신당서》 발해전이 걸걸중상부터 언급하고 있으므로, 문왕과 대원의는 그를 증조부로 하는 6촌 간일 가능성이 높다(김종복, 앞의 책, 182쪽).

성왕

　성왕은 이름이 화여이며 대핑림의 아들이다. 그 나라 사람들이 대원의를 시해하고 왕으로 추대하였다. 중흥[104]으로 연호를 고치고 상경으로 환도하였다.

104　중흥(中興) : 대원의에 의해 단절된 왕통을 다시 일으킨다는 뜻.

강왕

　강왕은 이름이 숭린이며 문왕의 손자이다. 정력[105]으로 연호를 고쳤다. 정원 11년(795) 2월 을사일(7)에 당나라가 내상시[106] 은지섬을 보내어 강왕을 좌효위대장군 · 홀한주도독 · 발해군왕에 책봉하였다. 14년(798)에 강왕이 사신을 보내 할아버지 문왕의 사례를 들어 이치를 따지자, 당나라는 은청광록대부[107] · 검교사공을 더하여 주고 발해국왕으로 승진 책봉하였다. 정원(785~805) 연간에 모두 네 차례 입조하였다. 순종[108] 때 금자광록대부[109]를 더하여 주고, 헌종[110]은 원화 원년(806) 10월에 검교태위를 더하여 주었다. 일본 사신 진인광악,[111] 숙녜하무,[112] 숙녜선백[113] 등이 방문하였다. 원화 4년(809)에 강왕이 죽었다.

105　정력(正曆) : 제왕의 권한인 역법(曆法)을 개정한다는 뜻.

106　내상시(內常侍) : 내시(內侍)보다 한 등급 낮은 환관으로 품계는 정5품하이다.

107　은청광록대부(銀靑光祿大夫) : 당나라 문산계(文散階)의 하나로 품계는 종3품이다.

108　순종(順宗, 761~806) : 당나라 10대 황제로, 805년에 즉위하였으나 질병 때문에 8개월 후 양위하였다.

109　금자광록대부(金紫光祿大夫) : 당나라 문산계(文散階)의 하나로 품계는 정3품이다.

110　헌종(憲宗, 778~820) : 당나라 11대 황제. 중앙재정을 확충하고 번진(藩鎭) 세력을 평정하였다. 재위 기간은 805~820년.

111　진인광악(眞人廣岳) : 정식 성명은 어장진인광악(御長眞人廣岳). 그는 발해 사신 여정림(呂定琳)의 송사로서 796년 5월에 발해를 방문하였다가 10월에 귀국하였다.

112　숙녜하무(宿禰賀茂) : 정식 성명은 내장숙녜하무(內藏宿禰賀茂). 그는 798년 5월에 발해를 방문하였다가 12월에 발해 사신 대창태(大昌泰)와 함께 귀국하였다.

113　숙녜선백(宿禰船白) : 정식 성명은 자야숙녜선백(滋野宿禰船白). 그는 대창태의 송사로서 799년 4월에 발해를 방문하였다가 9월에 귀국하였다.

정왕

정왕은 이름이 원유이며 강왕의 아들이다. 영덕[114]으로 연호를 고쳤다.
원화 4년(809)에 당나라가 정왕을 은청광록대부·검교비서감[115]·홀한주
도독·발해국왕에 책봉하였다. 원화 8년(813)에 정왕이 죽었다.

---

114 영덕(永德) : 오래도록 덕행을 펴겠다는 뜻.
115 검교비서감(檢校秘書監) : 검교는 명예, 임시의 기능을 표시하는 호칭. 비서감은 당나라에서 경전과 도서를 관장하는
　　　벼슬로 품계는 종3품이다.

희왕

희왕은 이름이 언의이며 정왕의 동생이다. 정왕이 죽자 희왕이 임시로 나라의 업무를 맡으며[116] 주작[117]으로 연호를 고쳤다. 원화 8년(813) 정월 경오일(16)에 당나라가 내시 이중민을 보내어 정왕을 은청광록대부·검교비서감·홀한주도독·발해국왕에 책봉하였다.

---

116 임시로[權知] 나라의 업무를 맡으며 : 원문의 '權知'는 당나라 황제의 정식 책봉을 받기 이전에 나라를 다스린다는 뜻이다.

117 주작(朱雀) : 주작을 도성의 남쪽 방위를 지키는 붉은 봉황을 가리키는데, 여기서는 북쪽에 앉은 제왕이 남쪽을 향해 통치한다는 뜻.

간왕

간왕은 이름이 명충이며 희왕의 동생이다. 태시[118]로 연호를 고쳤다. 즉
위한 지 일 년 만에 죽었다.

118　태시(太始) : 천지가 개벽하여 만물이 형성되기 시작하는 때.

선왕

선왕은 이름이 인수이며, 간왕의 아버지뻘[119]이니, 고왕의 동생 대야발의 4세손이다. 간왕이 죽자, 선왕이 임시로 나라의 업무를 맡으며 건흥[120]으로 연호를 고쳤다. 원화 13년(818) 정월 을사일(21)에 사신을 보내 당나라에 부고를 알렸다. 5월에 당나라가 선왕을 은청광록대부·검교비서감·홀한주도독·발해국왕에 책봉하였다. 선왕은 남쪽으로 신라를 평정하고 북쪽으로 여러 부락을 공략하여 영토를 크게 넓혔다. 원화 15년(820) 윤정월에 당나라가 선왕에게 금자광록대부·검교사공을 더해 주었다. 원화(806~820) 연간에 모두 16회나 입조하였다. 목종[121] 장경 (821~824) 연간에 네 번 입조하였다. 경종[122] 보력(825~827) 연간에 두 번 입조하였다. 문종[123] 태화 4년(830)에 왕이 죽었다.

---

119 아버지뻘[從父] : 원문의 '종부(從父)'는 아버지의 형제를 가리키는데, 고왕과 그 동생인 대야발의 4대손들인 강왕과 선왕은 10촌 간이다.

120 건흥(建興) : 왕계의 교체에 따라 나라를 새로 건립하여 중흥한다는 뜻.

121 목종(穆宗, 795~824) : 당나라 12대 황제. 연회와 외유를 일삼아 조정에서는 당쟁이 일어나고, 이미 귀순한 번진(藩 鎭)이 다시 반란을 일으켰다. 재위 기간은 820~824년.

122 경종(敬宗, 809~826) : 당나라 13대 황제. 환관을 총애하여 연회와 격구(擊毬)에 빠져 정치를 돌보지 않았다. 재위 기간은 824~826년.

123 문종(文宗, 809~840) : 당나라 14대 황제. 부패한 관리를 파직시키며 개혁정치를 추진했으나 환관에 의해 좌절되었다. 재위 기간은 826~840년.

왕 이진

　선왕의 손자이다. 아버지 대신덕이 일찍 죽어서 왕에 즉위하였다. 함
화[124]로 연호를 고쳤다. 태화 5년(831)에 당나라가 왕을 은청광록대부·
검교비서감·홀한주도독·발해국왕에 책봉하였다. 문종의 치세 기간
(826~836)에 모두 12회 입조하였다. 무종[125] 회창(841~846) 연간에 네 번
입조하였다. 선종[126] 대중 12년(858)에 왕이 죽었다.

124　함화(咸和) : 모두 화목하게 한다는 뜻. 한편 발해는 무왕 때부터 즉위한 해부터 연호를 사용하는 즉위년칭원법(卽位
　　年 稱元法)을 사용했는데, 대이진 때부터 즉위한 다음 해부터 연호를 사용하는 유년칭원법(踰年稱元法)으로 고쳤다.
125　무종(武宗, 814~846) : 당나라 15대 황제. 환관 세력을 배제하고 이덕유(李德裕)를 중용하였으며, 도교를 신봉하여
　　대대적으로 불교를 탄압하였다. 재위 기간은 840~846년.
126　선종(宣宗, 810~859) : 당나라 16대 황제. 우승유(牛僧孺)를 중용하고 불교 탄압 정책을 폐기하였다. 재위 기간은
　　846~859년.

왕 건황

이진의 동생이다. 대중 12년 2월 계미일(20)에 당나라가 조서를 내려
왕위를 잇도록 하였다.

왕 현석[127]

건황의 아들이다. 의종[128] 함통(860~873) 연간에 3회 입조하였다.

---

127 현석(玄錫) : 대현석은 《일본삼대실록(日本三代實錄)》 정관(貞觀) 14년(872) 5월 18일에 자신이 즉위하였음을 일본
에 알리는 국서를 보냈기 때문에, 871년에 즉위한 것으로 추정된다. 한편 《당회요(唐會要)》 권57, 한림원(翰林院)에
는 건녕(乾寧) 2년(895) 10월에 발해왕 대위해(大瑋瑎)에게 칙서를 내렸다는 기록이 있다. 이를 근거로 13대왕 대현
석의 사망과 14대왕 대위해의 즉위가 895년이었을 것으로 추정된다.

128 의종(懿宗, 833~873) : 당나라 17대 황제. 환관이 농단하고 당쟁이 격심하였으며, 번진이 발호하고 농민 반란도 빈번
하였다. 재위 기간은 859~873년.

왕 인선

역사서에 그 계보가 전하지 않는다. 후량 태조 주전충[129] 개평 원년 (907)에 왕이 왕자를 보내 입조하고 토산물을 바쳤다. 2년(908)과 3년 (909) 및 건화 2년(912)에 다시 사신을 보내 입조하였다. 후당 장종[130] 동광 2년(924)에 왕자를 보내 입조하였고, 다시 왕족을 보내었다. 명종[131] 천성 원년(926)에 사신을 보내 입조하며, 아이와 여자를 바쳤다.

발해의 풍속에서는 왕을 '가독부'[132]라고 불렀는데, 나중에 점차 중국을 본받아서 '성주',[133] '기하'[134]라 불렀다. 왕의 명령을 '교'라 하였다. 왕의 아버지를 '노왕', 어머니를 '태비', 처를 '귀비', 맏아들을 '부왕',[135] 다른 아들들을 '왕자'라 불렀다.

---

129 후량(後梁) 태조 주전충(朱全忠, 852~912) : 907년에 당나라의 절도사 주전충이 당나라를 멸하고 대량(大梁)에 도읍하여 후량을 세웠다.

130 후당(後唐) 장종(莊宗, 885~926) : 923년에 이존욱(李存勖, 莊宗)이 후량(後梁)을 멸하고 낙양(洛陽)에 도읍하여 후당을 세웠다. 936년에 후진(後晉)의 석경당(石敬瑭)에게 망하였다.

131 명종(明宗, 867~933) : 장종의 부하로 926년에 반란을 일으킨 이사원(李嗣源). 그는 장종의 아버지인 이극용(李克用)의 양자이므로, 국호를 바꾸지 않았다.

132 가독부(可毒夫) : 발해의 고유어인데 그 뜻은 알 수 없다. 다만 '가'는 북방 유목민족에서 군주를 부르는 가한(可汗, 칸)과 비슷할 것으로 추정된다.

133 성주(聖主) : 어질고 덕이 뛰어난 임금이라는 뜻. 원사료인 《신당서》 발해전의 급고각본(汲古閣本)·무영전본(武英殿本)과 달리 백납본(百衲本)에는 '성왕(聖王)'으로 되어 있다.

134 기하(基下) : 폐하(陛下)·전하(殿下)와 같이, 궁전의 기단[基] 아래[下]에서 그 위에 있는 왕에 대해 높여 부르는 말.

135 부왕(副王) : 왕에 버금가는 왕이란 뜻.

발해의 물산으로는 태백산[136]의 토끼, 남해부[137]의 다시마, 책성부[138]의 된장, 부여부[139]의 사슴, 막힐부[140]의 돼지, 솔빈부[141]의 말, 현주[142]의 베, 옥주[143]의 솜, 용주[144]의 명주, 위성[145]의 철, 노성[146]의 벼, 환도[147]의 오 얏, 낙유[148]의 배, 미타호[149]의 붕어 등이 있는데, 동북지역의 이익을 독점 하였다.

당나라 때부터 자주 학생들을 수도의 태학[150]에 파견하여 고금의 제도 를 익히고 습득하게 하니, 해동성국[151]이라 불리었다. 주전충의 후량 및 후당 30년간에 이르기까지 제후국의 학생[152]으로서 중국의 과거시험에

---

136 태백산(太白山) : 지금의 백두산.

137 남해부(南海府) : 발해 15부의 하나로 지금의 함경도 일대에 설치되었다. 그 중심지에 5경의 하나인 남경(南京, 함경 남도 신창군 청해토성)이 있었다.

138 책성부(柵城府) : 발해 15부의 하나로 용원부(龍原府)라고도 한다. 지금의 중국 길림성 훈춘시와 러시아 연해주 크라 스키노 일대에 설치되었다. 그 중심지에 동경(東京: 훈춘시 팔련성)이 있었다.

139 부여부(扶餘府) : 각주 44 참조.

140 막힐부(鄭頡府) : 발해 15부의 하나로 부여부 근처(길림성 長春 또는 흑룡강성 阿城)에 설치되었다.

141 솔빈부(率賓府) : 발해 15부의 하나로 지금의 러시아 연해주 우스리스크[雙城子]에 설치되었다.

142 현주(顯州) : 중경 현덕부(中京顯德府)가 관할하는 6주 중의 하나로 지금의 길림성 화룡(和龍)에 설치되었다. 발해의 두 번째 도읍지였다.

143 옥주(沃州) : 남경 남해부가 관할하는 3주 중의 하나로 남경 주변에 설치되었다.

144 용주(龍州) : 상경 용천부(上京龍泉府)가 관할하는 3주 중 하나로 상경(지금의 흑룡강성 영안시 발해진) 주변에 설치 되었다.

145 위성(位城) : 중경 현덕부가 관할하는 6주 중 하나인 철주(鐵州)에 속한 위성현(位城縣)인데, 구체적인 위치는 미상.

146 노성(盧城) : 중경 현덕부가 관할하는 6주 중 하나인 노주(盧州)에 설치되었다는 견해가 일반적인데, '노성'이 벼의 산 지라는 점과 함께 언급된 '위성'과 '환도'가 모두 현이라는 점에서 '현주'의 속현인 '노성현'으로 보는 견해도 있다(송기 호, 《발해 사회문화사 연구》, 서울대학교 출판문화원, 2011, 117~118쪽).

147 환도(丸都) : 서경 압록부(西京鴨淥府) 관할 하의 4주 중 하나인 환주(桓州)에 속한 환도현(桓都縣)으로 지금의 길림 성 집안시 국내성에 설치되었다. 초고본의 '구도(九都)'를 '환도(丸都)'의 오기로 보고, 후자를 '환도(桓都)'에 비정한 것 은 유득공의 탁견이다.

148 낙유(樂游) : 《만주원류고(滿洲源流考)》 권19는 '낙랑(樂浪)'의 오기라고 하였지만, 특별한 근거가 있는 것은 아니다.

149 미타호(湄沱湖) : 중국 흑룡강성과 러시아 연해주에 걸쳐 있는 흥개호(興凱湖)로 추정된다.

150 태학(太學) : 당나라 때의 관립 학교의 하나. 국자학(國子學)의 입학 자격이 문무관 3품 이상과 국공(國公)의 자손 및 종2품의 증손인 데 반해, 태학은 5품 이상과 군공(郡公)·현공(縣公)의 자손 및 종3품의 증손이었다. 그 정원은 각각 300명과 500명이었다.

151 해동성국(海東盛國) : 바다 동쪽의 문화가 융성한 나라라는 뜻.

152 제후국의 학생[貢士] : 원문의 '공사(貢士)'는 지방에서 조정에 천거한 인재라는 뜻으로, 여기서는 발해 출신으로 당나

합격한 사람이 십수 명이 되었으며 뛰어난 학생들이 많았다.

요나라 태조 야율아보기[153] 신책 3년(918)에 왕이 사신을 보내 요나라를 방문했다. 4년(919)에 요나라가 옛 요양성[154]을 수리하고, 발해 사람들을 사로잡아 그곳에 이주시켰다. 천찬 3년(924)에 왕이 군사를 보내 요나라를 공격하여, 요주 자사[155] 장수실을 죽이고 그 백성을 사로잡아 돌아왔다.

4년(925) 12월 을해일(16)에 요나라 임금이 국내에 조서를 내려 "이른바 두 가지 일 가운데 한 가지는 이미 마쳤다.[156] 발해는 대대로 원수인데도[157] 아직 갚지 못하였으니 어찌 편안히 있을 수 있겠는가?"라고 하고, 드디어 군사를 일으켜 침략해 왔다. 황후[158] 및 태자 야율배[159]와 대원수 야율요골[160]이 종군하였다. 윤12월 임진일(4)에 요나라 임금이 목

라에 유학을 가서 외국인 대상의 과거시험인 빈공과(賓貢科)에 응시한 학생을 가리킨다.

153 요(遼)나라 태조 야율아보기(耶律阿保機, 872~926) : 요나라를 세운 황제로 묘호는 태조(太祖). 907년에 거란 부족 연맹의 최고 수령인 가한(可汗, Khan)이 되었으며 916년에 중국식 제도를 채용하여 황제라 칭하였다. 재위 기간은 907~926년.

154 옛 요양성[遼陽故城] : 고구려 때의 요동성(遼東城). 676년에 안동도호부가 이곳으로 옮겼으며, 758년에 안동도호부가 폐지된 후에 오랫동안 방치되었다. 현재의 요령성 요양시.

155 요주 자사(遼州刺史) : 요주는 지금의 요령성 신민시(新民市) 일대에 있던 요나라의 행정 구역이며, 주의 장관이 자사이다.

156 이른바 ~ 마쳤다 : 야율아보기는 일찍이 중원으로 진출하려고 하였지만, 배후의 발해를 염려하였다. 그런데 발해를 공격하려면 그에 앞서 서쪽 방면을 안정시킬 필요가 있었다. 그래서 924~925년 사이에 토혼(吐渾)·당항(党項)·조복(阻卜) 등을 정벌하였다. '두 가지 일'은 동쪽의 발해와 서쪽의 당항 등을 정벌하는 일을 가리킨다(宋基豪,《渤海政治史研究》, 214~217쪽).

157 발해는 대대로 원수인데도 : 발해가 부여부에 군사를 주둔시켜 거란을 방비한 것을 가리키는 것 같다.

158 황후 : 태조 야율아보기의 부인으로 성은 술률(述律), 이름은 평(平), 시호는 순흠황후(淳欽皇后). 태조가 사망한 후 섭정하다가 장자 야율배 대신 차자 야율덕광(耶律德光)을 태종(太宗)으로 즉위시켰다.

159 야율배(耶律倍, 899~937) : 요나라 태조의 장자이자 태자. 거란 이름은 돌욕(突欲)·도욕(圖欲), 한자 이름은 배(倍). 태조가 발해를 멸망시킨 뒤에 세운 동란국(東丹國)의 왕이 되어 인황왕(人皇王)으로 불리었다. 태조 사망 이후 동생에게 황위를 양보하였고, 나중에 의심을 받아 후당으로 망명하였다.

160 야율요골(耶律堯骨, 902~947) : 요나라 태조의 차자. 거란 이름은 요골, 한자 이름은 덕광(德光). 922년 천하병마대원수(天下兵馬大元帥)에 임명되어 각종 전투에서 큰 공을 세웠다. 927년에 황제에 올랐으며 947년에 후진(後晋)을 멸망시키고 국호를 대요(大遼)로 바꾸었다. 묘호는 태종(太宗).

엽산[161]에 제사지냈다. 임인일(14)에 푸른 소와 흰 말로 천지에 제사지냈다. 기유일(21)에 살갈산[162]에 머물며 귀전을 쏘는 의식[163]을 치렀다. 정사일(29)에 상령[164]에 머물렀는데, 이날 밤 요나라 군사가 부여부를 포위하였다.

천현 원년(926) 정월 기미일(2)에 흰 기운이 해를 관통하였다. 경신일(3)에 부여성이 함락되니 지키던 장수가 전사하였다. 요나라가 또 별도로 동평부[165]를 공격하여 격파하였다. 병인일(9)에 왕이 노상[166]에게 군사 3만을 통솔하게 하여 요나라 군대를 막았으나 패하여 항복하였다. 이날 밤에 요나라 태자 야율배, 대원수 야율요골, 남부 재상[167] 야율소,[168] 북원 이리근[169] 야율사열적, 남원 이리근 야율질리 등이 홀한성[170]을 포위

---

161 목엽산(木葉山) : 요나라 상경도(上京道) 영주(永州)에 있는 산. 이곳에 시조의 사당이 있어 거란은 출정할 때와 봄·가을에 제사를 지냈다. 지금의 내몽고자치구(內蒙古自治區) 적봉시(赤峰市) 옹우특기(翁牛特旗) 동북쪽의 해금산 종우장(海金山種牛場)으로 추정된다.

162 살갈산(撒葛山) : 지금의 내몽고자치구 통료시(通遼市) 과이심좌익중기(科爾沁左翼中旗)와 길림성 공주령(公主嶺) 사이에 있는 산.

163 귀전을 쏘는 의식[射鬼箭] : 요나라에서 황제가 출정할 때 갑옷과 투구를 입고 조상에게 지내는 제사. 출전할 때는 사형수를 잡아다가 진격 방향에 두고 어지럽게 화살을 쏘고, 회군할 때는 포로에게 화살을 쏘았다. 이때 쏘는 화살은 우는살[鳴鏑 : 화살 끝에 속이 빈 깍지를 달아 붙여, 쏘면 공기에 부딪혀 소리가 난다]로 그 소리가 귀신 우는 소리와 같아서 귀전(鬼箭)이라고 한다.

164 상령(商嶺) : 지금의 길림성 사평(四平) 서쪽에 있는 산맥.

165 동평부(東平府) : 발해 15부의 하나로, 9세기 선왕 무렵에 발해의 동쪽 지역을 평정하고 설치하였다. 그 위치에 대해서는 지금의 흑룡강성 밀산(密山) 흥개호 부근 또는 송화강의 지류인 호란하(呼蘭河)나 납림하(拉林河) 등으로 비정하는 견해들이 있다.

166 노상(老相) : 928년 9월에 고려로 망명한 발해 유민 중에 '균로사정(均老司政) 대원균(大元鈞)'으로 볼 때, 이때의 '노'는 존칭의 의미인 것 같다. '상'은 발해 3성 즉 정당성(政堂省)·선조성(宣詔省)·중대성(中臺省)의 장관인 대내상(大內相)·좌상(左相)·우상(右相)의 하나일 것이다.

167 남부 재상(南府宰相) : 북중국으로 진출한 요나라는 기존의 거란족과 새로 편입된 한인(漢人)을 통치하기 위해 각각 북면관(北面官)과 남면관(南面官)을 설치하였다. 북면관은 기존의 거란 8부를 북부(北府)와 남부(南府)로 나누어 각 재상들이 통치하였다.

168 야율소(耶律蘇, ?~926) : 야율아보기의 배다른 동생.

169 북원 이리근(北院 夷離菫) : 이리근은 원래 거란 부족의 군사 최고직인데, 태조가 건국 후에 핵심 부족인 질랄부(迭剌部)를 남원과 북원으로 나누어 각각 이리근을 두었다.

170 홀한성(忽汗城) : 발해 수도인 상경성을 가리키는데, 발해의 자칭이라기보다 홀한주(忽汗州)에서 유래한 별칭인 것

하였다. 기사일(12)에 왕이 항복을 청하였다. 경오일(13)에 요나라 임금이 군대를 홀한성 남쪽에 주둔시켰다. 신미일(14)에 왕이 소복에 새끼줄을 두르고 양을 끈 채로 신하 300여 명을 이끌고 나와 항복하였다. 요나라 임금이 예우하고 돌려보냈다.

병자일(19)에 요나라 임금이 측근 강말달 등 13인을 성에 들여보내 무기를 수색하였는데, 발해의 순찰병에게 살해되었다. 정축일(20)에 왕이 성을 수복하여 지키니 야율사열적 등이 다시 공격하여 격파하였다. 요나라 임금이 성에 들어가자 왕이 말 앞에서 죄를 청하였다. 요나라 임금이 왕 및 왕족을 군사로 에워싸서 나왔다.

2월 경인일(3)에 안변부[171]·막힐부·남해부·정리부[172] 등 4부의 절도사가[173] 모두 요나라에 항복하였다. 병오일(19)에 요나라가 발해국을 동란국[174]으로 바꾸고 홀한성을 천복성[175]으로 바꾸었다. 태자 야율배를 인황왕[176]에 봉하여 다스리게 하고, 노상을 동란국 우대상[177]으로 삼았다. 3월 을유일(29)에 요나라 임금이 왕과 왕족을 데리고 귀환하여 상경 임

같다.

171 안변부(安邊府) : 《신당서》 발해전에 의하면 정리부와 함께 옛 읍루(挹婁) 지역에 설치되었다고 하므로, 러시아 연해주 우수리강 하류의 하바로프스크 부근으로 비정된다.

172 정리부(定理府) : 러시아 연해주 우수리강 하류로 비정된다.

173 안변부·막힐부·남해부·정리부 등 4부의 절도사(節度使) : 원사료에 의하면 "안변부·막힐부·남해부·정리부 및 여러 도의 절도사와 (그 아래 주의 행정 장관인) 자사들(等府及諸道節度刺史)"로 해석된다. 당나라에서 감찰 구역을 의미하던 '도(道)'가 안사의 난 이후에 행정 구역 명칭으로 바뀌었던 점을 감안하면, 발해도 일본도(日本道)·신라도(新羅道)·조공도(朝貢道)·영주도(營州道)·거란도(契丹道) 등 5개의 교통로를 중심으로 절도사 제도를 운영했을 가능성이 있다. 다만 유득공은 절도사를 부(府)의 장관인 도독(都督)의 별칭으로 보아 원사료를 축약하여 본문과 같이 해석한 것 같다.

174 동란국(東丹國) : 동쪽의 거란국이라는 의미이다.

175 천복성(天福城) : 하늘이 내려준 복이라는 의미이다.

176 인황왕(人皇王) : 중국 고대 전설상의 세 명의 임금인 삼황(三皇 : 天皇氏·地皇氏·人皇氏)의 하나인 인황씨(人皇氏)에서 따온 책봉호.

177 우대상(右大相) : 동란국 중대성에 설치된 관직(左大相·右大相·左次相·右次相) 중 두 번째 관직.

황부[178]의 서쪽에 성을 쌓고 여기에 거주시키며, 왕에게 '오로고', 왕후에게 '아리지'라는 이름을 내렸다. 오로고와 아리지는 요나라 임금과 황후가 왕에게 항복받을 때 탔던 두 마리 말 이름인데, 그 말 이름을 따서 왕과 왕후에게 내린 것이다.

이해 3월 안변부·막힐부·정리부 등 3부가 성을 수복하여 지키니, 요나라 척은[179] 안단이 와서 공격하였다. 정축일(21)에 3부가 모두 패하여 안변부의 장수 2인이 전사하였다. 5월 남해부와 정리부가 성을 수복하여 지키니, 요나라 대원수 야율요골이 와서 공격하였다. 6월 정유일(12)에 2부가 모두 패하였다. 장령부는 홀한성이 격파되었을 때부터 성을 지켜 항복하지 않았다. 요나라 이리필,[180] 강묵기,[181] 좌복야,[182] 한연휘[183] 등이 와서 공격하였다. 7월 신사일(27)에 요나라 임금이 죽으니 술률 황후가 군사와 정무를 처리하였다. 8월 신묘일(7)에 장령부가 함락되었다. 이로부터 발해 땅은 모두 요나라에 귀속되었다.

---

178 상경 임황부(上京 臨潢府) : 요나라의 수도로 지금의 내몽고자치구 적봉시 파림좌기(巴林左旗) 임동진(林東鎭).

179 척은(惕隱) : 요나라에서 거란인을 대상으로 설치된 북면관의 하나로 종실을 관리하였다.

180 이리필(夷离畢) : 요나라 북면관으로 정사에 참여하였으며, 나중에 이리필원(夷离畢院)이 설치된 후에는 그 장관으로서 형벌과 사법을 관장하였다.

181 강묵기(康黙記, ?~927) : 원래는 당나라 계주(薊州 : 지금의 천진(天津) 계현(薊縣))의 하급 장교로서 거란의 포로가 되었는데, 거란인과 한인들의 교섭을 잘 처리하여 나중에 좌상서(左尙書)까지 승진하였다. 요나라 태조의 좌명공신(佐命功臣)의 한 명.

182 좌복야(左僕射) : 요나라에서 한인을 대상으로 설치된 남면관의 하나로 당나라의 제도에서 따왔다. 정식 명칭은 상서(尙書) 좌복야로 상서 우복야와 함께 행정 실무를 담당하는 상서성의 장관이다.

183 한연휘(韓延徽, 882~959) : 당나라 유주절도사의 막료로 거란에 사신으로 갔다가 억류되었으나, 요나라 태조에 발탁되어 제도를 정비하고 성곽을 건설하며 한인을 안치하는 데 큰 공을 세웠다. 요나라 태조의 좌명공신(佐命功臣)의 한 명으로 태종·세종(世宗)·목종(穆宗)까지 섬겼다.

염부왕

오사성[184] 부유부[185]에 거주하였다. 송나라 태종[186]이 태평흥국 6년 (981)에 왕에게 다음과 같은 조서를 내렸다.

"짐은 황제의 자리를 이어받아 사방을 다 차지하였으니, 넓은 하늘 아래 따르지 않는 자가 없다. 하물며 태원[187] 지역은 나라의 요충지인데도 근래 도적들이 차지하여 마침내 서로 이어 받았으며, 요나라의 후원에 의지하여 대대로 토벌에서도 벗어났다. 짐은 지난해 정예병들을 직접 이끌고 장수들을 모두 통솔하여, 병문[188]의 외딴 보루를 함락하여 흉노[189]의 오른팔을 끊어버렸다. 돌아보건대, 이는 죄없는 사람을 위로하고 포악한 임금을 징벌함으로써 백성을 다시 살려내는 것이기도 하다.

그런데도 꿈틀거리는 서 북쪽 오랑캐는 도리에 어긋나게 원한을 품고, 함부로 잠식해 오며 짐의 영토를 침범하였다. 지난번 군사를 내어 맞아

---

184 오사성(烏舍城) : 발해 멸망 이후 그 수도가 있던 흑룡강성 영안시 발해진 또는 그 부근에서 등장한 올야부(兀惹部)가 있던 근거지. '올야'와 '오사'는 같은 부족 또는 지명에 대한 표기상의 차이에 불과하다.

185 부유부(浮渝府) : '부여부(扶餘府)'의 다른 표기로 추정된다.

186 송나라 태종(太宗, 939~997) : 중국 북송(北宋)의 2대 황제. 태조(太祖) 조광윤(趙匡胤)의 동생으로 979년에 북한(北漢)을 멸망시키고 전국을 통일하였다. 재위 기간은 976~997년.

187 태원(太原) : 5대 10국 시대에 북한의 수도가 있던 곳으로 지금의 산서성(山西省) 태원시.

188 병문(幷門) : 지금의 산서성 일대의 옛 명칭이 병주(幷州)이므로, 여기서는 그 중심지인 태원을 병주로 들어가는 문으로 표현하였다.

189 흉노(匈奴) : 서기전 3세기~서기 1세기 무렵에 몽골 고원에서 출현하여 북아시아 유목 제국을 세운 종족인데, 여기서는 거란, 즉 요나라를 가리킨다.

싸워 목 베고 사로잡은 것이 매우 많았으니, 지금 북을 울리며 적진 깊숙이 행군하며 돗자리를 말듯이 계속 달려가고자 한다. 그래서 저들의 근거지[190]를 불사르고 추악한 무리를 크게 섬멸하련다.

평소 너희 나라는 원수인 거란과 가까이 있어 거의 병탄될 지경인데도 국력이 이를 제어할 수 없었고, 그로 인해 복속되어 계속된 수탈에 시달린다고 들었다. 짐의 깃발[191]이 적을 격파할 때를 만났으니, 이는 너희 같은 주변국이 울분을 씻는 날이다. 마땅히 부족[192]을 모두 동원하여 짐의 날랜 군사를 돕도록 하라. 저들이 섬멸되기를 기다려 풍성하게 관작과 재물을 내려 주겠다. 또 유주와 계주 지역은 다시 중원에 귀속시키되 북방의 사막 바깥 지역은 모두 주겠다. 힘써 협력하라, 짐은 식언하지 않는다."

이때 송나라가 크게 군사를 일으켜 요나라를 정벌하려고 했기 때문에 이런 조서를 내렸던 것이다. 염부왕도 대체로 발해의 부족이었다.

---

190 근거지[龍庭] : 원문의 '용정'은 흉노의 최고 지배자인 가한이 천지의 귀신에게 제사지내는 곳으로, 여기서는 거란 근거지를 의미한다.

191 깃발[靈旗] : 원문의 '영기'는 전쟁에 사용하는 깃발로 해와 달, 북두칠성, 용 등을 그려 넣었다. 출정 전에 제사 지내어 승리를 기원한 데서 그 이름이 연유하였다.

192 부족[族帳] : 원문의 '족장'은 장막을 주거 공간으로 생활하는 유목 부족을 가리킨다.

흥료왕

이름은 연림으로 고왕 대조영의 7대손이다. 요나라에 벼슬하여 동경[193] 사리군[194] 상온[195]이 되었다. 처음 요동 지역이 신책(916~921) 연간에 요나라에 복속되었으나, 아직 술과 소금, 누룩을 조정이 전매하는 법도 없었고 변경 시장에서의 세금도 가벼웠다. 풍연휴와 한소훈 등이 연이어 호부사[196]가 되어 연 지역의 평산[197]에서 시행하던 법으로 단속하니, 백성들이 그 명령을 견딜 수 없었다. 연 지역이 또 해마다 크게 기근이 들었다. 부사[198] 왕가가 계책을 세웠는데, 배를 만들어 항해에 익숙한 요동 지역민들로 하여금 곡식을 운반하여 연 지역을 진휼하도록 하였다. 바닷길이 험난하여 침몰하는 배가 많았다. 어려움을 호소해도 관리들이 믿지 않고 채찍과 회초리를 휘두르니 백성들이 원망하며 반란을 꿈꾸었다.

193　동경(東京) : 요나라가 설치한 5경의 하나인 동경 요양부(遼陽府)로 지금의 요령성 요양시. 발해 유민들이 강제 이주되어 이곳에 많이 살았다.

194　사리군(舍利軍) : 군사지휘관인 사리(舍利)가 이끄는 군대란 의미로 거란족 군대에 대한 총칭.

195　상온(詳穩) : 각 관서의 최고 책임자를 가리키는 거란말로 군대의 경우 장군을 가리킨다.

196　호부사(戶部使) : 동경 방면의 세금 징수를 담당하는 동경 호부사사(東京戶部使司)의 장관.

197　연(燕) 지역의 평산(平山) : 연 지역은 전국시대 연나라에서 연유한 지명으로 지금의 북경을 중심으로 하북성 일대를 가리키며, 평산은 지금의 하북성 노룡현(盧龍縣)에 있던 평주(平州)를 가리키는 것 같다. 이 지역에 거주하며 농경에 종사하던 한인들에게 부과하던 세금을 요동지역에 적용하였다는 것이다.

198　부사(副使) : 호부사 아래의 관직.

요나라 성종[199] 태평 9년(1029)년 8월 기축일(3)에 대연림이 한소훈과 왕가를 죽여 그 무리를 기쁘게 하였다. 다시 사첩군 도지휘사[200] 소파덕을 죽이고 동경유수[201] · 부마도위[202] 소효선[203]을 구금하였다. 나라 이름을 흥료[204]라 하고 벼슬의 작위와 명칭을 수립하였으며, 연호를 천경[205] 《고려사》에는 천흥[206]〉이라 하였다. 영리하고 용감한 병사를 뽑아 좌우에 두었다. 이에 여러 부락들이 호응하여 남북 여진[207]이 모두 귀부하였고, 고려도 요나라와 단교하였다.

이에 앞서 대연림이 부유수[208] 왕도평과 거사를 모의할 때, 또 황편을 황룡부[209]에서 불러들였다. 왕도평이 밤에 성을 넘어 달아나 황편과 함께 변란을 고하였다. 요나라 임금이 여러 방면의 군사들을 징발하여 공격하였다.

---

199 성종(聖宗, 972~1031) : 요나라 6대 황제. 영역을 크게 확장하여 요나라의 전성기를 열었다. 986년에 발해 유민이 세운 정안국(定安國)을 멸망시켰고, 1004년에는 송나라로부터 매년 막대한 공물을 받는 전연지맹(澶淵之盟)을 맺었다. 또한 세 차례에 걸쳐 고려를 침공하기도 하였다. 재위기간은 982~1031년.

200 사첩군 도지휘사(四捷軍都指揮使) : '사첩군'은 송나라 출신 포로병으로 이루어진 군대이며, '도지휘사'는 그 부대의 최고 책임자이다.

201 동경유수(東京留守) : 5경의 하나인 동경 요양부의 군사와 행정을 총괄하는 유수사(留守司)의 장관.

202 부마도위(駙馬都尉) : 한나라 무제(武帝) 때 처음 설치되어 황제의 행차시의 보조 수레를 끄는 말을 관장하는 벼슬이었는데, 위진(魏晉) 이후로 주로 황제의 사위에게 제수되면서 황제의 사위를 가리키는 별칭이 되었다.

203 소효선(蕭孝先, ?~1037) : 성종의 딸 남양공주(南陽公主)에 장가 들어 부마도위가 되었다. 상경 유수를 거쳐 동경 유수로 재임 중에 대연림에게 구금되었다. 나중에 상경 유수와 북원 추밀사(北院樞密使), 남경 유수 등을 역임하였다.

204 흥료(興遼) : 요양 또는 요하 일대에서 일어난 나라라는 뜻.

205 천경(天慶) : 하늘이 내린 경사로운 일이라는 뜻.

206 천흥(天興) : 하늘이 일으켜 세웠다는 뜻.

207 남북 여진(女眞) : 발해 멸망 이후에 그 고지에서 살던 퉁구스계의 종족으로 숙신—읍루—물길—말갈의 후예이다. 요나라는 발해 멸망 이후 자신의 통제하에 있던 여진을 숙여진(熟女眞), 통제권 밖의 여진을 생여진(生女眞)으로 구분하였는데, 남북 여진은 각각 이들을 통칭하는 것 같다.

208 부유수(副留守) : 동경 유수 아래의 관직.

209 황룡부(黃龍府) : 거란 태조가 발해를 멸망시키고 귀환 중에 발해의 부여부에서 머무를 때, 황룡(黃龍)이 나타났다고 하여 황룡부로 개명하였다.

발해태보[210] 하행미는 발해 사람인데, 이때 군사를 거느리고 보주[211]를 지키고 있었다. 대연림이 급히 편지를 보내어 통수[212] 야율포고[213]를 제거하라고 하였다. 그러나 하행미는 그 사실을 야율포고에게 보고하고, 발해 군사 800명을 죽여 그 동쪽 길을 차단하였다. 그래서 황룡부와 보주가 모두 따르지 않았다. 국구상온[214] 소필적[215]이 또 군사를 이끌고 서쪽 길을 차단하였다. 대연림이 드디어 병사를 나누어 심주[216]를 공격할 때, 절도부사[217] 장걸이 짐짓 항복하겠다고 말한 까닭에 서둘러 공격하지 않았다. 거짓인 줄 알았지만 이미 방비를 갖추어서 공격해도 이기지 못하고 돌아왔다.

요나라 군사가 크게 집결하니, 10월에 요나라는 남경유수·연왕[218] 소

---

210 발해태보(渤海太保) : 옛 발해 왕실의 후예를 관리하는 발해장사(渤海帳司)의 최고 관직.

211 보주(保州) : 1014년에 요나라가 고려로부터 빼앗은 지역으로 동경 통군사(東京統軍司)에 예속되었다. 지금의 평안북도 의주 부근이다.

212 통수(統帥) : 동경 통군사의 장관인 동경 통군사(東京統軍使)를 가리키는 것 같다.

213 야율포고(耶律蒲古, ?~1031) : 요나라의 종실로 광덕군 절도사(廣德軍節度使), 동경통군사 등을 역임했다. 대연림을 토벌한 공로로 척은(惕隱)으로 승진했다.

214 국구상온(國舅詳穩) : '국구'는 임금의 장인으로, 요나라 태종은 어머니 순흠황후의 아버지의 친족집단[帳]인 을실이(乙室已)와 그 어머니의 전 남편의 친족집단인 발리(拔里)를 관장하는 대국구사(大國舅司)를 설치하였다. '국구상온'은 그 하위 관사인 국구을실이대옹장상온사(國舅乙室已大翁帳詳穩司)의 장관이다.

215 소필적(蕭匹敵, 996~1041) : 경종(景宗)의 넷째 아들 진진국왕(秦晉國王)의 사위로 대연림을 토벌한 공로로 난릉군왕(蘭陵郡王)에 봉해졌다.

216 심주(瀋州) : 지금의 요령성 심양시 일대.

217 절도부사(節度副使) : 요나라의 주요 주(州)에서 행정과 군사를 담당한 절도사(節度使) 아래의 관직. 여기서는 심주의 절도부사를 가리킨다.

218 남경유수(南京留守)·연왕(燕王) : 5경의 하나인 남경 석진부(析津府)의 군사와 행정을 총괄하는 유수사(留守司)의 장관. 요나라의 남경은 전국시대의 연나라(지금의 북경)에 설치되었으므로, 연경(燕京)으로도 불렸다. 연왕은 여기서 비롯된 봉호이다.

효목[219]을 도통,[220] 소필적을 부부서,[221] 해 육부 대왕[222] 소포노[223]를 도 감[224]으로 삼아 포수[225]에서 싸웠다. 중앙의 요나라 군대가 퇴각하고, 소 필적과 소포노가 좌우에서 진영을 펼쳐 협공하니, 대연림 군대가 무너 졌다. 다시 수산[226]에서 싸웠으나 패주하여 성에 들어가 굳게 지켰다. 소 효목이 바깥에 성을 쌓고 망루를 세우니, 안팎이 서로 통하지 못하였다. 성 안에서는 집을 헐어 불을 땠다. 소포노가 먼저 고려와 여진의 요충지 를 점거하였으므로 구원병도 없었다.

태평 10년(1030) 8월 병오일(25)에 대연림의 장수 양상세가 몰래 요나 라에 투항할 뜻을 전하고 밤에 성문을 열어 요나라 군대를 맞이하니 대연 림이 붙잡혔다. 이때 여러 부락의 호걸과 후산 지역의 군사들이 벌떼처럼 일어났으나 얼마 후 모두 패망하였다. 오직 남해성[227] 성주만이 굳게 지 키다가 해를 넘겨 비로소 항복하였다.

219 소효목(蕭孝穆, ?~1043) : 소효선의 형. 요나라 성종(聖宗)·성종(成宗)·흥종(興宗) 대에 '국보신(國寶臣)'으로 불릴 정도로 명망이 높았다.

220 도통(都統) : 유사시에 동원되는 군대의 책임자. 행군도통(行軍都統)이라고도 한다. 한편 《요사》 권20, 흥종3, 중희(重 熙) 17년 8월 무자에는 행군도부서(行軍都部署)와 행군부부서(行軍副部署)라는 무관직이 등장하는데, 전자는 행군 도통과 같은 것 같다.

221 부부서(副部署) : 행군부부서를 가리키는 것 같다. 이는 《요사》 권87, 열전17, 소효목에 나오는 표기이다. 그런데 다른 곳(《요사》 권17, 본기17, 聖宗8, 9년 10월 병술조)에는 그의 관직이 부통(副統)으로 나온다. 부통은 행군도통 아래의 부도통(副都統)일 것이다.

222 해 육부 대왕(奚六部大王) : 노합하(老哈河) 부근에서 유목 생활을 하다가 거란에 동화된 해의 6부족을 관장하는 해 왕부(奚王府)의 장관.

223 소포노(蕭蒲奴) : 해 왕족의 후손으로 여러 차례 해 육부 대왕을 역임하였다.

224 도감(都監) : 유사시의 군사 책임자인 행군도통을 보좌하는 장수.

225 포수(蒲水) : 지금의 요령성 심양시 북쪽으로 흐르는 요하의 동쪽 지류로 포하(浦河)라고도 한다.

226 수산(手山) : 지금의 요령성 요양시 서남쪽에 있는 산으로 수산(首山), 또는 당 태종이 고구려 공격시에 머무른 주필산 (駐蹕山)이라고도 한다.

227 남해성(南海城) : 지금의 요령성 해성시(海城市)에 있던 해주(海州) 남해군(南海軍)이 있던 성.

살펴보건대, 홀한성이 함락된 때는 요나라 태조 천현 원년이자 후당 명종 천성 원년(926)이다. 대인선이 요나라 상경 임황부로 끌려가자 세자 대광현은 고려로 달아났다. 그러나 《요사》[228]는 태조가 임금의 덕을 갖추어서 발해 부족을 멸망시키지 않았다고 한다.

흥종[229] 중희 4년(1035)에 소한가노[230]가 "발해와 고려, 여진이 합종연횡하고 있습니다"라고 아뢰었다.[231] 통화 21년(1003)에 발해가 조공하러 왔다. 개태(1012~1021) 연간에 남부재상 대강예[232]가 "포로모타[233] 지역에 발해인이 많으니 취하십시오"라고 건의하였다. 조서를 내려 허락하니 대강예가 군사를 이끌고 대석하 타준성[234]에 이르러 수백 호를 사로잡아 돌아왔다. 또 성종이 발해 황피실군을 친히 정벌하였다.[235]

---

228 《요사(遼史)》: 요나라(916~1125)의 역사를 원나라 때의 재상 탈탈(脫脫, 1314~1355) 등이 기전체로 편찬한 역사책. 116권.

229 흥종(興宗, 1016~1055): 요나라 7대 황제. 처음에는 어머니 흠애황후(欽哀皇后)가 섭정하였으나 3년째부터 직접 통치하였다. 1042년에 송나라를 침략하여 막대한 공물을 받았으며, 여러차례 서하(西夏)를 공격하였다. 그의 이름이 진종(眞宗)이므로, 당시에 여진(女眞)을 여직(女直)으로 표기하였다. 재위 기간은 1031~1055년.

230 소한가노(蕭韓家奴, 975~1046): 요나라의 대신으로 거란 문자와 한문에 능통하였다. 요나라 역대 황제의 실록(實錄) 20권을 편찬하고 《정관정요(貞觀政要)》 등의 중국 서적을 거란어로 번역하였다.

231 흥종 중희 4년(1035)에 ~ 아뢰었다: 시간 순서상 이 기사는 성종이 황피실피군을 정벌한 기사 다음에 배치되어야 한다. 군고 원문 각주 143 참조.

232 대강예(大康乂): 발해 유민 출신의 요나라 대신. 남부재상을 역임한 뒤 외직으로 황룡부를 다스릴 때 주변 부족들을 안정시켰다.

233 포로모타(蒲盧毛朶): 지금의 길림성 연길시(延吉市) 해란강(海蘭江) 일대에 거주하던 여진 부락.

234 대석하(大石河) 타준성(駝準城): 해란강 부근으로 추정된다.

235 성종이 ~ 정벌하였다: 원사료(《요사》 권92, 야율고욱)에 의하면, 성종이 발해를 정벌할 때에 야율고욱(耶律古昱)이 황피실군(黃皮室軍)을 인솔한 것이지, 발해 유민들로 구성된 황피실군이 따로 있었던 것은 아니다. 황피실군은 대흥안령(大興安嶺)과 눈강(嫩江) 유역에서 수렵과 유목 생활을 하던 실위(室韋) 중 일찍이 야율아보기에 복속한 대황(大黃) 실위와 소황(小黃) 실위로 구성된 황제 친위부대를 가리킨다.

《오대사》[236]에 "후주 세종[237] 현덕(954~959) 연간까지 항상 발해 사신이 왔다"라고 하였다.

《송사》[238] 〈송기〉 열전에 송기[239]가 변방 문제를 논하면서 "발해의 군사와 말, 토지는 해 부족보다 번성하다. 비록 마지못해 거란을 섬기지만 모두 임금을 죽이고 나라를 멸망시킨 원한을 품고 있다"라고 하였다.

《문헌통고》[240]에 "야율아보기가 부여성을 공격하여 함락시키고 동란부[241]로 삼았다. 야율아보기가 죽자 대인선이 그 동생에게 명하여 군사를 이끌고 부여성을 공격하였으나 이기지 못하고 돌아왔다. 후당 천성 4년(929), 장흥 2년(931), 3년, 4년, 청태 2년(935), 3년 모두 사신을 보내 토산물을 바쳤다. 송나라 태종 순화 2년(991) 겨울에 발해가 조공하지 않자 여진에게 공격하도록 조서를 내렸다"라고 하였다. 호삼성[242]이 말하기를 "발해를 다시 오대에서 송나라 때까지 야율씨가 자주 공격하였으나 항복시키지 못하였다"고 하였다.

이로써 보건대, 발해가 비록 망하였지만 여전히 남은 부족이 있었으니, 오사성 염부왕 같은 무리가 이들이다. 능적지의 《만성통보》[243]에 "동이족

---

236 《오대사(五代史)》: 당나라가 망한 뒤부터 송나라가 건국되기 이전까지의 다섯 왕조 즉 후량(後梁), 후당(後唐), 후진(後晉), 후한(後漢), 후주(後周)의 역사를 기전체로 편찬한 역사서. 974년에 설거정(薛居正)이 150권으로 편찬하였는데, 1053년에 구양수(歐陽修)가 다시 74권으로 편찬하였다. 전자를 《구오대사(舊五代史)》, 후자를 《신오대사(新五代史)》로 구분하는데, 《오대사》는 보통 《신오대사》를 가리킨다.

237 후주(後周) 세종(世宗, 921~959): 후주의 2대 황제. 본명은 시영(柴榮)인데, 후주 태조 곽위(郭威)의 처조카로서 일찍이 그의 양자가 되었다. 재위 기간은 954~959년에 불과하지만 오대 제일의 명군으로 일컬어진다.

238 《송사(宋史)》: 송나라(960~1279)의 역사를 원나라 때에 탈탈(脫脫) 등이 기전체로 편찬한 역사서. 496권.

239 송기(宋琪, 916~996): 송나라 태종 때 평장사(平章事), 이부상서(吏部尙書) 등을 역임하였다.

240 《문헌통고(文獻通考)》: 중국 상고에서 남송 영종(寧宗) 때까지의 문물 제도에 관한 일종의 백과사전. 1319년에 원나라의 마단림(馬端臨, 1254~1323)이 모두 348권으로 편찬하였다.

241 동란부(東丹府): 발해 고지에 설치한 동란국(東丹國)의 오기이다.

242 호삼성(胡三省, 1230~1320): 송나라 및 원나라 때의 역사가로 《자치통감》에 주석을 단 《자치통감음주(資治通鑑音注)》 294권을 편찬하였다.

243 능적지(凌迪知)의 《만성통보(萬姓統譜)》: 능적지(1529~1600)는 명나라 때의 문학가이자 출판인이며, 중국의 역대

에 대씨가 있는 것은 대련[244]에서 시작되었다"고 하였으니, 발해가 대씨 성을 얻은 것은 아마도 대련에서 나왔을 것이다. 그리고 고려로 달아난 이후 대씨가 태씨로 바뀌었다.

성씨의 본성(本姓)과 역대 명인들의 사적을 집대성한 《만성통보》(150권)를 비롯하여 많은 저술을 편찬하고 출판하였다.

244 대련(大連) : 《예기(禮記)》 제21, 잡기(雜記) 하에서 공자(孔子)가 그를 동이(東夷) 출신으로 부모의 3년상을 잘 치렀다고 칭찬하였다.

신고

대문예, 대일하, 마문궤, 총물아

대문예는 무왕의 동생이다. 무왕이 대문예에게 흑수말갈을 공격하게 하였다. 대문예는 일찍이 당나라에 인질로 갔었기에 이해관계를 잘 알았다. 그래서 무왕에게 다음과 같이 말하였다.

"흑수말갈이 당나라에 관리를 요청하였다고 해서 우리가 공격한다면, 이것은 당나라와 등지는 것입니다. 당나라는 대국이며 군사가 우리보다 만 배가 많으니, 그와 원한을 맺으면 우리는 장차 망할 것입니다. 옛날 고구려도 전성기에 병사가 삼십만으로 당나라에 맞서 대적하였으니 강성하다고 할 만했습니다. 그러나 당나라 군대가 한 번 와서는 그 땅을 다 쓸어 버렸습니다. 지금 우리 무리는 고구려에 비해 삼분의 일에 불과하니, 임금께서 당나라를 거스르는 것은 불가합니다."

무왕이 따르지 않고 억지로 그를 파견하였다. 군대가 흑수말갈의 경계에 이르러, 대문예가 다시 글을 보내 거듭 간하였다. 무왕이 노하여 사촌형 대일하를 보내어 장수로 교체하고 대문예를 소환하여 죽이려고 하였다. 대문예가 두려워하여 무리를 버리고 지름길로 당나라로 도망가니, 현종이 좌효위장군[1]을 제수하였다.

---

1 좌효위 장군(左驍衛將軍) : 당나라의 중앙군인 16위의 하나인 좌효위의 장군으로 품계는 종3품이다.

무왕이 마문궤와 총물아를 보내어 편지를 올리며 대문예의 죄상을 낱낱이 아뢰고 그를 죽이도록 요청하였다. 당나라는 대문예를 안서[2]에 두고 좋은 말로 "대문예가 곤궁하여 우리에게 귀순하였으니, 의리상 죽일 수가 없어 이미 영남[3]에 유배보냈다"라고 대답하였다. 아울러 마문궤와 총물아를 붙잡아 두고, 별도로 홍려소경[4] 이도수와 원복에게 뜻을 전하게 하였다.

무왕이 사정을 알아채고 편지를 올려 "대국은 사람에게 신의를 보여야 하는데, 어떻게 거짓으로 속일 수 있습니까? 지금 들으니 대문예가 영남에 가지 않았다고 합니다. 엎드려 바라건대 예전의 요청대로 죽여 없애주십시오"라고 하였다.

현종이 노하였다. 이도수와 원복이 관리들을 단속하지 못하여 일이 누설되었다고 하여 이도수를 조주[5] 자사, 원복을 택주[6] 자사로 좌천시켰다. 잠시 대문예를 영남 지방으로 보낸 후 그 사실을 발해에 통보하였다. 무왕이 계속 대문예를 원망하여 몰래 사람을 동도[7]에 보내 자객을 고용하였다. 자객이 천진교[8] 남쪽에서 대문예를 찔렀다. 대문예가 그들과 맞서 싸워 죽지 않았다. 현종이 하남부[9]에 칙명을 내려 자객들을 모두 잡아 죽였다.

---

2 안서(安西) : 안서도호부(安西都護府)의 관할 지역으로, 그 중심지는 지금의 신강성(新疆省) 토로번(吐魯番, 투르판) 일대이다.

3 영남(嶺南) : 오령(五嶺)의 남쪽으로 영표(嶺表), 영외(嶺外)라고도 하는데, 지금의 광서장족자치구(廣西壯族自治區)와 광동성(廣東省) 일대를 가리킨다. 당나라 때 중죄인의 유배지였다.

4 홍려소경(鴻臚少卿) : 당나라의 외교 업무를 담당하는 홍려시(鴻臚寺)의 차관으로 품계는 종4품상이다.

5 조주(曹州) : 지금의 산동성(山東省) 조현(曹縣) 일대로 당시에 하남도(河南道)에 속해 있었다.

6 택주(澤州) : 지금의 산서성(山西省) 진성(晉城) 일대로 당시에 하동도(河東道)에 속해 있었다.

7 동도(東都) : 동쪽의 도성이라는 의미로 낙양(洛陽)을 가리킨다.

8 천진교(天津橋) : 낙양성 서남쪽에 있던 다리. 이 다리를 통해 황성의 남문과 외성의 서북쪽 시가지가 연결된다.

9 하남부(河南府) : 당나라는 장안(長安)을 수도, 낙양을 동도, 태원(太原)을 북도(北都)로 삼고, 이 세 지역에 각각 주(州)보다 높은 경조부(京兆府), 하남부, 태원부(太原府)를 설치하였다.

대야발, 대굉림, 대신덕

대야발은 고왕 대조영의 동생이다.

대굉림은 문왕 대흠무의 세자이다.

대신덕은 선왕 대인수의 세자이다.

임아상, 장문휴, 대낭아

임아상은 무왕의 외삼촌이다.

장문휴는 무왕 때의 대장군이다.

대낭아는 무왕 때에 당에 사신으로 가서 귀양 갔다가 나중에 귀국하였다.[10]

---

10 대낭아는 ~ 귀국하였다 : 대낭아는 730년 정월에 숙위로 입당하였다. 숙위의 임기는 2년인데, 당나라 현종이 무왕에게 보낸 칙서 제3수에 의하면 국법을 어긴 죄로 귀양갔다가 735년 4월에 귀국하였다. 국법을 어긴 죄는 홍려시의 관원과 접촉하여 대문예의 영남 유배가 거짓이라는 정보를 입수한 것과 관련이 있는 것으로 추정된다(김종복, 〈발해와 당의 사신 파견을 통해 본 大門藝 亡命 사건의 추이〉, 《역사와 경계》 76, 2010, 참조).

대상정, 대정한, 대청윤

정원 7년(791) 정월에 문왕이 대상정을 보내 당나라에 조공하니, 당나라는 위위경[11] 동정[12]을 제수하고 귀국시켰다.

대정한과 대청윤은 모두 문왕 때의 왕자이다. 대정한은 정원 7년 8월에 당나라에 조공가서 숙위[13]로 머물도록 요청하였다. 대청윤은 정원 10년(794) 정월에 당나라에 조공하니, 당나라는 우위장군[14] 동정을 제수하고 그 휘하 30여 명에게 차등 있게 관직을 내렸다.

---

11 위위경(衛尉卿) : 궁중의 무기를 관장하는 위위시(衛尉寺)의 장관으로 품계는 종3품이다.
12 동정(同正) : '동정원(同正員)'의 줄임말로, 율령에 규정된 정식 관원이 아닌 원외관(員外官)이지만 정식 관원[正員]과 같이[同] 녹봉을 받는다는 의미이다.
13 숙위(宿衛) : 궁중에서 숙직하며 경비를 맡는 일. 당나라 때에는 주변국의 왕족들이 당나라 황제를 호위한다는 명목으로 파견되어 장기간 체류하였다.
14 우위 장군(右衛將軍) : 당나라의 중앙군인 16위의 하나인 우위의 장군으로 품계는 종3품이다.

대능신, 여부구

    대능신은 강왕의 조카이며, 여부구는 관직이 우후루번장 도독[15]이다. 정원 14년(798)에 강왕이 이들을 보내 당나라에 조공하였다. 이해 11월에 당나라는 대능신에게 좌효위 중랑장,[16] 여부구에게 우무위장군[17]을 제수하고, 모두 귀국시켰다.

---

15 우후루번장 도독(虞候婁番長都督) : '우후루'의 '후'를 잘못 들어간 글자로 보고 발해의 동북쪽, 즉 러시아 연해주 남부에 거주하던 말갈부족의 하나인 '우루(虞婁)'를 관장하는 도독으로 보기도 한다. 그러나 '우후'가 당나라 때 군법을 집행하는 무관이라는 점에서 달리 해석될 여지가 있다.

16 좌효위 중랑장(左驍衛中郞將) : 16위의 하나인 좌효위 휘하의 좌익중랑장부(左翊中郞將府)를 관장하는 무관으로 품계는 정4품이다.

17 우무위 장군(右武衛將軍) : 16위의 하나인 우무위의 장군으로 품계는 종3품이다.

대총예

장경 4년(824) 2월에 선왕이 대총예 등 50명을 보내 당나라에 조공하러 가서, 숙위로 머물도록 요청하였다.

대명준, 고보영, 대선성

　대명준은 대이진 때의 왕자이다. 태화 6년(832)에 왕이 대명준 등을 보내어 당나라에 조공하였다.

　고보영은 관직이 동중서우평장사[18]이다. 태화 7년(833) 정월에 왕이 그를 보내어 당나라에 조공하며 책봉을 내려준 데 대해 감사의 뜻을 알렸다. 아울러 학생 3명을 보내어 당나라 수도 장안에서 공부하도록 요청하는 한편, 앞서 보낸 학생 3명은 학업을 마쳤으니 본국으로 귀국하도록 요청하였다. 당나라가 이를 허락하였다.

　대선성도 대이진 때의 왕자이다. 같은 해 2월 왕이 대선성 등 6명을 보내어 당나라에 조공하였다. 당나라 시인 온정균[19]이 본국으로 돌아가는 발해 왕자를 송별하며 시를 지었다.

　강역은 바다가 거듭 가로막고 있지만　　　　疆理雖重海
　수레와 문자는 본래 한 집안 문물이라네　　車書本一家

18　동중서 우평장사(同中書右平章事) : 당나라에서 재상보다 낮은 관원이 재상들과 정사를 논할 때 붙는 호칭인 '동중서 문하 평장사(同中書門下平章事)'를 본뜬 관직. 권4 〈직관고〉 각주 9 참조.

19　온정균(溫庭筠, 812?~866?) : 당나라 후기의 대표적인 시인. 본명은 명기(名岐), 자는 비경(飛卿). 재주가 뛰어나고 당시의 권신을 풍자하기를 좋아하여, 끝내 과거에 합격하지 못하였다.

큰 공훈 이루고 고국으로 돌아가지만 盛勳歸舊國

아름다운 시구를 중화에 남겼네 佳句在中華

우리의 경계는 가을의 물결로 갈리는데 定界分秋漲

돛을 펴 떠나려니 동트는 새벽일세 開帆到曙霞

구중궁궐의 풍월 좋은 시절에 九門風月好

고개 돌리면 그대는 먼 하늘 끝에 있겠지 回首是天涯

고원고

대인선 때 당나라 빈공과에 합격하였다. 일찍이 당나라 진사[20] 서인[21] 을 만나러 민중[22] 지방에 가서 '우리나라 사람들은 그대의 〈참사검〉,[23] 〈어 구수〉,[24] 〈인생기하〉[25] 세 편의 부[26]를 금니[27]로 써서 병풍으로 늘어놓는 다'고 말하였다. 서인이 기뻐서 시를 지어 주었는데, 다음과 같다.

계수나무 가지 꺾어[28] 언제 달에서 내려왔나　　折桂何年下月中

20　진사(進士) : 당나라 때의 과거 시험 중 시무책(時務策)과 유교 경전 중 한 과목에 능통한 자를 뽑는 진사과(進士科)에 합격한 자.

21　서인(徐寅, 849~?) : 복건성 출신으로 당말 오대의 시인. 인(夤)으로도 쓰며, 자는 소몽(昭夢). 894년에 과거에 합격하 여 비서성 정자(秘书省正字)에 임명되었다.

22　민중(閩中) : 지금의 복건성(福建省) 일대.

23　〈참사검(斬蛇劒)〉: 한나라 고조(高祖) 유방(劉邦)이 젊어서 백제(白帝)의 아들이라는 뱀을 베어 죽인 고사를 소재로 하 여, 국가의 흥망은 사치를 배격하고 검소함을 덕으로 삼는 하늘의 뜻에 따라 이루어진다고 노래하였다.

24　〈어구수(御溝水)〉: 수도 장안성 안팎을 흐르는 배수로의 물길을 따라 도성의 화려하고 사치스러운 모습을 묘사하는 한 편 그 이면에는 백성의 원성이 높아가고 있음을 노래하였다.

25　〈인생기하(人生幾何)〉: 인생은 고단하고 미래를 알 수 없으니 부귀공명을 추구하지 말고 음주가무로 짧은 인생을 지내 자고 노래하였다. 당시 사람들이 이 노래를 서로 필사하려고 하여 장안의 종이값이 3일간 올랐다고 한다.

26　부(賦) : 글귀 끝에 운을 달고 흔히 대구(對句)를 맞추어 짓는 운문.

27　금니(金泥) : 아교에 개어 만든 금박 가루. 그림을 그리거나 글씨를 쓸 때 사용하며, 특히 어두운 바탕의 종이에서 독특 한 효과를 낸다.

28　계수나무의 가지를 꺾어[折桂] : 과거에 급제함을 가리킨다.

민산²⁹으로 찾아와 내 못난 글³⁰을 묻네 　　閩山來問我雕蟲

기꺼이 금을 녹여 병풍 위에 썼다 하니 　　肯銷金翠書屏上

누가 땔감거리를 해 뜨는 동쪽으로 가져갔나 　　誰把蕘蕘過日東

담자³¹는 옛날에 성인 공자를 만났고 　　郯子昔時遭孔聖

유여³²는 옛적에 진나라 궁궐을 풍자했었지 　　由余往代諷秦宮

아아, 대국의 조정³³ 선비들 　　嗟嗟大國金門士

몇 사람이나 순박한 감정 떨칠 수 있을까 　　幾箇人能振素風

---

29 민산(閩山) : 지금의 복건성 복주시(福州市)에 있는 산. 원래 이름은 오석산(烏石山)이었는데, 현종의 칙명으로 민산으로 고쳤다.

30 내 못난 글[雕蟲] : 원문의 '조충'은 조충소기(雕蟲小技)의 줄임말로, 시나 문장을 수식하는 하찮은 기예를 가리킨다.

31 담자(郯子) : 주(周)나라 때의 24명의 효자 가운데 한 사람으로, 공자가 그를 스승으로 삼았다.

32 유여(由余) : 본래 진(晉)나라 사람으로 서융(西戎)에 살았는데, 진(秦)나라에 사신 가서 화려한 궁실을 자랑하는 목공(穆公)을 풍자하였다. 이에 감탄한 목공은 나중에 그를 정승으로 발탁하였다.

33 조정[金門] : 원문의 '금문'은 '금마문(金馬門)'의 줄임말로, 한나라 때 동으로 만든 말을 세운 대궐 문의 이름이다. 여기서 학사(學士)들이 왕명을 대기하였다.

대원겸

대인선의 조카이다. 관직이 학당친위[34]이다. 후당 동광 2년(924)에 왕이
그를 보내 당나라에 조공하니, 당나라는 시국자감승[35]을 제수하였다.

---

34 학당친위(學堂親衛) : 발해의 교육기관인 주자감(冑子鑑)에 속한 관직으로 추정된다.
35 시국자감승(試國子監丞) : '국자감승'은 당나라의 최고 교육기관인 국자감의 일상 업무를 관장하는 관직으로 품계는 종
   6품이다. '시'는 정식 임명이 아닌 대리하는 경우에 붙이는 호칭.

위균

관직이 철주[36] 자사이다. 요나라 천현 원년(926) 정월에 홀한성이 함락되었는데, 7월까지 위균이 성을 지키고 있었다. 요나라 대원수 야율요골이 군대를 이끌고 와서 공격하였다. 을축일(11)에 성이 함락되었다.

---

36 철주(鐵州) : 중경 현덕부가 관할하는 6주 중 하나이다.

대소현

관직이 사도[37]이다. 흘한성이 함락되어 대소현이 요나라에 항복하니,
요나라가 동란국 좌차상[38]을 제수하였다. 태종 회동 3년(940)에 동경재
상[39] 야율우지[40]가 그의 탐욕스러움을 말하니 쫓겨났다.

---

37 사도(司徒) : 중국에서 원래 토지와 인민을 담당하는 정1품 최고 명예직으로, 사공(司空)·태위(太尉)와 함께 삼공(三
公)으로 불렸다. 발해도 이를 본떠 설치하였다.

38 좌차상(左次相) : 동란국 중대성에 설치된 관직(左大相·右大相·左次相·右次相) 중 세 번째 관직.

39 동경재상(東京宰相) : 요나라는 5경의 하나인 동경에 재상부(宰相府)를 설치하고 좌우상(左右相)과 좌우평장사(左右
平章事) 등 4명의 재상을 두었다.

40 야율우지(耶律羽之, 890~941) : 태조의 군사 참모로 활동하였으며 926년에 동란국의 중대성 우차상이 되었다. 이듬해
태종이 즉위하자 동란국을 폐지하고 발해 유민을 요동으로 이주시키도록 건의하였다.

고모한

다른 이름은 '송'이다. 힘이 세고, 말 타며 활 쏘는 데 능하였으며 병법을 논하기를 좋아하였다. 홀한성이 함락되자 고려로 망명하였다. 고려 국왕이 딸을 그에게 시집보냈지만 죄를 지어 요나라로 다시 도망갔다.[41] 여러 차례 전공을 세워 관직이 중대성 좌상[42]에 이르렀고 철군개국공[43]에 봉해졌다. 《요사》에 열전이 실려 있다.

---

41 죄를 지어 ~ 도망갔다 : 《요사》 권76, 열전6, 고모한에 의하면, 그는 태조가 발해를 평정하자 고려로 망명하였다가 다시 돌아온 후 취중에 살인을 하였지만 태조가 그의 재주를 높이 사 용서하였다고 한다. 그런데 태조의 발해 공격은 926년 1월이며 그는 같은 해 7월에 부여성에서 사망하였다. 따라서 고모한은 6개월 사이에 고려로의 망명, 혼인, 다시 요나라로 도망 등을 겪은 셈인데 다소 납득하기 어렵다. 어쩌면 그의 살인죄를 용서한 것은 태조가 아니라 태종이 아닌지 모르겠다.

42 좌상(左相) : 동란국 중대성의 장관인 좌대상(左大相)의 약칭인 듯하다.

43 철군개국공(怒郡開國公) : 당나라의 봉작제도에서 세 번째 등급으로 정2품에 해당하는 개국군공(開國郡公)이 있다. 요나라의 작제도 이를 따랐다면, 여기에 해당될 것이다. 다만 '철군'의 구체적인 위치는 알 수 없다.

최오사

후주 세종 현덕(954~959) 초년에[44] 최오사가 무리들과 함께 후주에 귀순하였으니, 아마도 발해의 추장일 것이다. '오사라'라고도 불렀다.

---

44 《오대회요》 권30, 발해에 의하면, 원년(954) 7월이다.

대난하, 이훈

송나라 태종이 태평흥국 4년(979)에 진양[45]을 평정하고 유주[46]로 군대를 이동하자, 대난하가 하급 장교 이훈 등 16인과 그 휘하의 부족 300 기병을 이끌고 투항하였다. 태종이 그를 발해도 지휘사[47]로 삼았다.

9년(984) 봄에 태종이 대명전[48]에서 연회를 베풀 때 대난하를 불러 오랫동안 위로하였다. 전전도교[49] 유연한에게 "대난하는 발해의 용감한 장수인데 스스로 자신의 몸을 묶어 나에게 귀순하여 왔으니 그 충직하고 온순함이 가상하다. 저 오랑캐 부락의 습속은 말 타고 질주하는 것을 즐거워한다. 가을 하늘이 높을 때 날씨를 살펴, 마땅히 준마 수십 필을 주어 교외로 나가 사냥하도록 하여 그 본성을 따르게 하라"고 말하였다. 아울러 엽전 10만 꿰미와 술을 하사하였다.

---

45 진양(晉陽) : 지금의 산서성(山西省) 태원시(太原市) 서남쪽.

46 유주(幽州) : 지금의 북경시(北京市) 일대. 936년 요나라 태종이 후진(後晉)의 석경당(石敬瑭)을 후원한 대가로 이곳을 포함한 연운(燕雲) 16주를 차지하였다.

47 발해도 지휘사(渤海都指揮使) : 발해인으로 구성된 부대의 지휘관.

48 대명전(大明殿) : 북송의 수도인 동경성(東京城, 지금의 하남성(河南省) 개봉시(開封市)) 안에 있던 전각의 하나로, 주로 연회가 열렸다.

49 전전도교(殿前都校) : 궁궐 앞에서 황제를 호위하는 전전사(殿前司)에 속한 하급 무관인 것 같다. 참고로 《송사(宋史)》 권260, 열전19에 실린 유정한(劉廷翰)은 유연한(劉延翰)과 동일인인 것 같은데, 여기에는 그의 관직이 전전도지휘사(殿前都指揮使)로 되어 있다. 전전도지휘사는 전전사의 세 번째 직급이다.

고인의, 덕주, 사나루, 고제덕

　　고인의의 관직은 영원장군[50]·낭장[51]이고, 덕주는 유장군[52]·과의도위[53]이며, 사나루는 별장[54] 고제덕은 수령[55]이다. 무왕 때[56] 모두 일본에 사신으로 갔는데 하이[57] 경내에 도착하여 고인의 이하 16인이 모두 살해되었고, 고제덕과 8인만이 출우국[58]으로 도망쳐 겨우 살아났다. 국서를 왜황[59]에게 전하고, 일본 사신 조신충마려[60]와 함께 돌아왔다. 이때 일

50　영원장군(寧遠將軍) : 발해의 무산계(武散階). 당나라의 경우 무산계에서 11번째로 품계는 정5품하. 발해도 이를 따랐을 것이다. 무산계는 무신을 대상으로 수여된, 실제 직무는 없는 벼슬.

51　낭장(郞將) : 발해의 무관. 당나라에서는 중앙군인 16위 휘하의 좌우익중랑장부(左右翊中郞將府)에 속한 좌우 낭장을 가리키며, 품계는 정5품상이다.

52　유장군(游將軍) : 발해의 무산계. 당나라 무산계에서 12번째로 유기장군(游騎將軍, 종5품상), 13번째로 유격장군(游擊將軍, 종5품하)이 있다. 《속일본기(續日本紀)》의 편찬 과정에서 '유' 다음에 '기'나 '격'이 누락되었을 것이다.

53　과의도위(果毅都尉) : 발해의 무관. 당나라 군사제도의 기초를 이루는 절충부(折衝府)의 차관으로, 품계는 상부(上府)의 경우 종5품하, 중부(中府)는 정6품상, 하부(下府)는 종6품상이다.

54　별장(別將) : 발해의 무관. 당나라에서는 과의도위 아래의 관직이다.

55　수령(首領) : 발해에서 중앙관제에 포함되지 않은 지방 세력자를 가리킨다.

56　무왕 때 : 고제덕 등은 727년(무왕 10) 9월에 일본의 출우국에 도착하였다가 이듬해 1월에 국서를 전달하였다. 6월에 조신충마려와 함께 발해로 출국하였다.

57　하이(蝦夷 : 에미시, 에조) : 일본 고대에 북륙(北陸)·관동(関東) 북부에서 북해도(北海道)에 걸쳐 거주하던 종족. 사할린과 북해도에 사는 아이누족의 조상으로 추정된다.

58　출우국(出羽國) : 지금의 일본 동북지방의 산형(山形, 야마가타)과 추전(秋田, 아키타) 지역.

59　왜황(倭皇) : 일본 천황을 가리킨다.

60　조신충마려(朝臣蟲麻呂) : 권1 《군고》 각주 66 참조.

본이 채백[61] 10필[62], 능[63] 10필, 시[64] 20필, 명주실[65] 100타래[66], 명주솜[67] 200둔[68]을 보냈다.

---

61 채백(采帛) : 다양한 색으로 염색한 비단.

62 필(疋) : 1필은 너비가 1척 8촌(≒54cm), 길이가 4장(≒12m)이다.

63 능(綾) : 날실[經絲]과 씨실[緯絲]을 둘이나 그 이상으로 건너뛰어 무늬가 비스듬한 방향으로 도드라지게 짠 비단. 견·
명주·시와 직조 방식이 다른 능직물(綾織物)이다.

64 시(絁) : 굵고 거친 명주실로 성기게 짠 무늬 없는 비단.

65 명주실[絲] : 누에고치에서 뽑은 가늘고 고운 실.

66 타래[絇] : 사리어 뭉쳐 놓은 명주실을 세는 단위.

67 명주솜[綿] : 실을 켤 수 없는 허드레 고치를 삶아서 늘여 만든 솜. 빛깔이 하얗고 광택이 나며 가볍고 따뜻하다. 풀솜.

68 둔(屯) : 짐의 단위. 고대 일본에서는 1면(綿)≒1근소(斤小)≒224g이라 한다.

서요덕, 기진몽, 기알기몽

　서요덕의 관직은 약홀주도독[69]·충무장군[70]이고, 기진몽은 운휘장군[71]이며, 기알기몽은 수령이다. 문왕 때[72] 모두 일본에 사신으로 갔는데, 서요덕이 탄 배가 전복되어 기알기몽 등 40인이 모두 죽었다. 왜황이 태극전[73]에 행차하여 기진몽의 활쏘기를 보았고, 또 중궁[74]에 행차하여 기진몽에게 본국의 음악을 연주하도록 하였다. 기진몽이 귀국할 때 미농시[75] 30필, 견[76] 30필, 명주실 150타래, 조면[77] 300둔을 보냈다.

　처음에 일본인 조신광성[78] 등이 당나라에 조공갔다 돌아올 때, 소주[79]

69　약홀주도독(若忽州都督) : 약홀주는 고구려식 지명인데, 그 위치는 알 수 없다.

70　충무장군(忠武將軍) : 발해의 무산계. 당나라 무산계에서 6번째로 품계는 정4품상.

71　운휘장군(雲麾將軍) : 발해의 무산계. 당나라 무산계에서 5번째로 품계는 종3품. 부사인 기진몽의 관직이 정사인 서요덕보다 높은 점은 잘못 기록되었거나 발해가 당나라의 제도를 그대로 따르지 않았음을 의미한다.

72　문왕 때 : 서요덕 등은 739년(문왕3) 7월에 일본에 도착하여 12월에 국서를 전달하였으며, 이듬해 2월에 발해로 출국하였다.

73　태극전(太極殿) : 당시 일본의 궁궐인 평성궁(平城宮)의 정전(正殿).

74　중궁(中宮) : 평성궁 내에 있는 천황과 황후의 일상 거주 공간.

75　미농시(美濃絁) : 지금의 일본 기부(岐阜, 기후) 남부 지역의 옛날 명칭인 미농에서 나는 거친 비단.

76　견(絹) : 누에고치에서 바로 뽑은 실[生絲]로 짠 비단으로, 정련한 명주보다 상급이다. 견·명주·시는 능과 달리 날실과 씨실을 한 올씩 엇바꾸어 짠 평직물(平織物)이다.

77　조면(調綿) : 고대 일본의 율령제에서 일종의 현물세인 조(調)의 한 품목으로 징수한 명주솜.

78　조신광성(朝臣廣成) : 일본의 견당사(遣唐使)의 한 사람. 732년 8월에 견당판관(遣唐判官)에 임명되었으며, 738년 5월에 발해사신과 함께 귀국 도중에 출우 지방에 표착하였다가 739년 10월에 입경(入京)하였다. 발해 국서에는 '조신광업(朝臣廣業)'으로 나온다.

79　소주(蘇州) : 지금의 중국 강소성(江蘇省) 소주시.

에서 바다로 출발하였다가 표류하여 곤륜국[80]에 도착하니 대부분이 죽거
나 사로잡혔다. 조신광성과 8인만이 살아남아 당나라로 돌아왔다. 등주[81]
에서 바다로 출발하여 발해 영역에 이르니, 문왕이 서요덕 등을 따라 귀
국하도록 하였다.

---

80 곤륜국(崑崙國) : 지금의 동남아시아 미얀마 지역에 있던 나라.
81 등주(登州) : 지금의 중국 산동성 봉래시(蓬萊市).

모시몽

관직이 보국대장군[82]이다. 문왕 때[83] 75인을 이끌고 일본에 사신으로 가서 왕의 뜻에 따라 일본이 10여년간 사신을 보내지 않은 이유를 물었다. 왜황이 답서에서 《고려구기》[84]를 인용하며 발해 국서가 전례에 어긋났다고 질책하였다.[85]

---

82 보국대장군(輔國大將軍) : 발해의 무산계. 당나라 무산계에서 2번째로 품계는 정2품.

83 문왕 때 : 모시몽은 752년(문왕 16) 9월에 월후국(越後國)에 도착하였다가 이듬해 5월에 왕의 뜻을 구두로 전달하였으며, 6월에 일본의 국서를 받고 발해로 떠났다.

84 《고려구기(高麗舊記)》 : 왜국이 고려(=고구려)와 교섭한 사실들에 대한 기록.

85 발해 국서가 ~ 질책하였다 : 일본은 예전에 고구려도 신하로서 표문(表文)을 올렸는데 그 후손인 발해가 그러지 않은데 대해 불만을 표출한 것이다. 그러나 이때의 고구려는 668년에 멸망한 고구려가 아니라, 안승(安勝)의 고구려 즉 보덕국(報德國)을 가리킨다.

양승경, 양태사, 풍방례

양승경의 관직은 보국대장군, 양태사는 귀덕장군[86], 풍방례는 판관[87]
이다. 문왕 때[88] 모두 일본에 사신으로 갔다.

이에 앞서 일본 사신 조신전수[89] 등이 발해에 와서 당나라 소식을 묻고
난 후, 돌아가서 왜황에게 다음과 같이 보고하였다.

"천보 14년(755) 즉 을미년 11월 9일에 어사대부[90] 겸 범양절도사[91] 안
록산[92]이 군사를 동원하여 난을 일으켜 스스로 대연성무 황제[93]라고 칭
하고 범양을 영무군[94]으로 바꾸었으며, 자기 집을 잠룡궁[95]이라 부르고
연호를 성무라 하였습니다. 그 아들 안경서[96]를 남겨두어 범양군의 일을

---

86 귀덕장군(歸德將軍) : 발해의 무산계. 당나라 무산계에서 5번째로 품계는 종3품인데, 주로 이민족에게 수여하였다.

87 판관(判官) : 원래는 당나라 절도사(節度使) 아래의 속관으로, 여기서는 발해 사신단에서 대사와 부사 밑에 있는 세 번
     째 직급이다.

88 문왕 때 : 이들은 조신전수의 송사로서 758년(문왕 22) 9월에 일본에 도착하였다. 이듬해 1월에 왕의 뜻을 구두로 전달
     한 후, 2월에 일본의 국서를 받고 발해로 떠났다.

89 조신전수(朝臣田守) : 권1 〈군고〉 각주 96 참조.

90 어사대부(御史大夫) : 당나라에서 관료의 비리를 감찰하는 어사대(御史臺)의 장관으로 품계는 종3품. 안록산은 747년
     (천보 6)에 임명되었다.

91 범양절도사(范陽節度使) : 유주(幽州)의 범양진(范陽鎭, 지금의 북경시 서남쪽)에 설치된 절도사.

92 안록산(安祿山, 703~757) : 이민족 출신의 무장. 현종의 신임을 받고, 양국충(楊國忠)과 대립하여, 755년에 반란을 일
     으켜 낙양(洛陽)에서 대연 황제(大燕皇帝)라 칭하였으나, 둘째 아들 경서(慶緖)에게 피살되었다.

93 대연성무 황제(大燕聖武皇帝) : '연'은 안록산의 근거지인 범양, 즉 유주의 옛 이름. '성무'는 지덕(智德)을 겸비한 무용
     (武勇)이라는 의미로 안록산이 새로 정한 연호.

94 영무군(靈武郡) : 뛰어난 무용(武勇)이 있는 군이라는 의미.

95 잠룡궁(潛龍宮) : 승천하기 전에 물속에 숨어 있는 용이 살던 집이라는 의미.

96 안경서(安慶緖) : 안록산(安祿山)의 아들. 757년에 중병에 걸려 광폭해진 안록산을 죽이고 반란군을 지휘했으나. 그 역

맡기고, 스스로 정예 기병 20여만을 이끌고 남하하여 곧바로 낙양을 차지하고 관료들을 새로 임명하였습니다. 천자는 안서절도사 가서한[97]에게 30만 군사를 거느려 동진관[98]을 지키게 하였고, 대장 봉상청[99]에게 15만 군사를 거느려 별도로 낙양을 포위하도록 하였습니다.

천보 15년(756)에 안록산이 장수 손효철[100] 등에게 기병 2만을 이끌고 동진관을 공격시켰는데, 가서한이 동진관의 언덕을 무너뜨려 황하로 떨어지게 해서 통로를 끊고 돌아왔습니다. 손효철이 산을 뚫고 길을 열어 군사를 이끌고 신풍[101]에 도달하니 6월 6일에 천자가 검남[102] 지방으로 피신하였습니다. 7월 갑자일(12)에 황태자 여[103]가 영무군 도독부[104]에서 황제 자리에 오르고, 연호를 지덕[105]으로 고쳤습니다."

왜황이 태재부[106]에 다음과 같이 명령을 내렸다.

시 759년에 사사명(史思明)에게 피살되었다.

97 안서절도사(安西節度使) 가서한(哥舒翰) : 안서절도사는 서역의 변경 수비를 위하여 구자(龜玆, 지금의 신강성 고차(庫車))에 설치된 절도사인데, 가서한은 이때 안서절도사가 아니라 하서(河西)·농우(隴右) 절도사였다. 그는 이민족 출신의 무장으로 동관(潼關)을 지켰으나 이듬해 6월 현종의 명으로 동관을 나가 싸우다 전사하였다.

98 동진관(潼津關) : 지금의 섬서성(陝西省) 동관현(潼關縣)에 설치된 관문으로, 황하(黃河)가 남하하다가 동쪽으로 크게 꺾이는 요충지이다. 이곳에 나룻터가 있어 동진관이라고도 불렀다.

99 봉상청(封常淸) : 고선지(高仙芝)의 부하로 서역 원정에 나섰으며, 752년에 안서절도사 등을 역임하였다. 755년에 범양·평로 절도사에 임명되어 안록산군을 막다가 패전하였다. 이로 인해 낙양이 함락되어 그 책임으로 처형되었다.

100 손효철(孫孝哲) : 거란인으로 어머니가 안록산의 총애를 받아 중용되었다. 안록산이 황제를 칭하자 왕에 봉해졌다. 나중에 안경서와 함께 사사명에게 피살되었다.

101 신풍(新豊) : 장안 동쪽에 있는 지금의 산서성 임동현(臨潼縣) 동북쪽.

102 검남(劍南) : 지금의 사천성(四川省) 검각(劍閣) 남쪽 지방.

103 여(璵) : 당나라 7대 황제인 숙종(肅宗, 재위 756~762)으로 현종의 셋째 아들.

104 영무군 도독부(靈武郡都督府) : 돌궐에 대비하여 삭방(朔方) 절도사가 설치된 곳으로 지금의 영하(寧夏) 회족(回族) 자치구 영무현.

105 지덕(至德) : 가장 높은 덕으로써 난을 극복한다는 의미.

106 태재부(太宰府) : 고대 일본에서 구주(九州, 큐슈) 및 일기(壱岐, 잇키)·대마(對馬, 쓰시마)를 관할하고 외교와 해방(海防)을 담당한 관청. 지금의 구주 복강(福岡, 후쿠오카)에 설치되었다.

"안록산이란 자는 사나운 오랑캐이자 교활한 놈이다. 하늘의 뜻을 어기고 반역을 일으켰으니, 형세가 반드시 그에게 불리할 것이다. 아마도 그가 서쪽에서 마음대로 못하면 반드시 다시 바다 동쪽 지역을 약탈할 것이다. 대이[107] 길비조신진비[108]는 석학이니 중대한 임무를 맡긴다. 마땅히 이러한 상황을 파악하여 미리 기묘한 계획을 세우도록 하라. 비록 저들이 오지 않는다 하더라도 대비해 놓는다면 후회가 없을 것이다. 가장 좋은 대책과 기타 대비할 일들은 일일이 기록하여 보고하도록 하라."

양승경 등이 일본에 도착하자, 왜황이 양승경에게 정3위, 양태사에게 종3위, 풍방례에게 종5위하를 제수하였고, 녹사[109] 이하 19인에게 녹봉을 내려주었다. 아울러 사신 기촌전성[110]을 양승경을 따라 발해로 보냈으니, 그에게 발해에 가서 일본의 입당대사[111] 조신하청[112]을 맞이하도록 하였던 것이다. 이때 견 30필, 미농시 30필, 명주실 200타래, 명주솜 300둔, 금[113] 4필, 양면[114] 2필, 힐라[115] 4필, 백라[116] 10필, 채백 40필, 백면[117] 100첩[118]을 보냈다.

---

107 대이(大貳) : 대재부의 장관인 수(帥) 밑에 있는 차관 가운데 최상위 관직.

108 길비조신진비(吉備朝臣眞備, 695~775) : 고대 일본의 학자·관료. 717~735년까지 당나라에 유학하였다. 길비[키비]는 씨, 조신[아소미]은 성, 진비[마키비]는 이름이다.

109 녹사(錄事) : 사신단에서 판관(判官) 아래의 직책으로 문서를 담당하였다.

110 기촌전성(忌村全成) : 권1 〈군고〉 각주 97 참조.

111 입당대사(入唐大使) : 일본에서 파견하여 당나라에 입국하는 대사.

112 조신하청(朝臣河淸) : 정식 성명은 등원조신청하(藤原朝臣河淸)로, '하청'은 당에서 사용한 이름. 752년에 입당한 그는 이듬해 귀향하던 도중에 조난 당하여 당에 체류하였다. 그후 안록산의 난으로 인해 끝내 귀국하지 못하였다.

113 금(錦) : 염색한 각종 명주실로 무늬를 넣어 짠 비단.

114 양면(兩面) : 양면금(兩面錦)의 줄임말. 두 가지 이상의 색실을 써서 안팎 양면으로 무늬를 짠 질이 좋은 비단.

115 힐라(纈羅) : 세로 방향의 날실 2~4올을 서로 교차시켜 짠 얇은 비단으로 그 일부분을 묶어 염색한 것. 이러한 직직물(搦織物)은 니트처럼 직물의 투공 효과를 낸다.

116 백라(白羅) : 세로 방향의 날실 2~4올을 서로 교차시켜 짠 얇은 비단으로 염색하지 않은 것.

117 백면(白綿) : 상급의 명주솜인 것 같다.

118 첩(帖) : 일본에서 백면의 단위는 근(斤)과 둔(屯)이 사용되었다. 1둔=2근인데, 1첩이 몇 둔인지는 알려지지 않았다.

고남신, 고흥복, 이능본, 해비응, 안귀종

고남신의 관직은 보국대장군 겸 장군[119] 현도주 자사[120] 겸 압아관[121] 개국공[122]이고, 고흥복은 부사이며, 이능본·해비응·안귀종은 판관이다. 문왕 때[123] 모두 일본에 사신으로 갔는데, 가지고 간 중대성[124] 첩문[125]으로 다음과 같이 알렸다.

"귀국에서 등원하청[126]을 맞이하러 보낸 사신은 모두 99인입니다. 당나라에서 안록산과 사사명이 연달아 난을 일으켜 안팎이 소란스럽고 황폐해져서 피해를 입을까 걱정됩니다. 그래서 두수[127] 고원도[128] 등 11인만

---

119 보국대장군 겸 장군(輔國大將軍兼將軍) : 보국대장군이 무산계이므로, 뒤의 장군은 좌맹분위(左猛賁衛) 등 발해의 중앙군인 8위의 장군을 가리키지만 직책이 누락된 것 같다.

120 현도주 자사(玄菟州刺史) : 고구려 때의 현도성에 발해가 설치한 주의 장관. 현도주의 치소는 지금의 중국 요령성 무순시(撫順市) 노동공원 고성(勞動公園古城)으로 추정된다.

121 압아관(押衙官) : 당나라에서 천자의 호위와 의장을 담당하는 집금오(執金吾)의 별칭인 압아(押衙)를 본뜬 관직인 것 같다.

122 개국공(開國公) : 당나라의 봉작제도에서 세번째 등급으로 정2품에 해당하는 개국군공(開國郡公)과 네 번째 등급으로 종2품에 해당하는 개국현공(開國縣公)이 있다.

123 문왕 때 : 고남신 등은 일본 사신 기촌전성(忌寸全成)의 송사로서 759년(문왕 23) 10월에 대마도에 도착하였다가 이듬해 1월에 왕의 뜻을 구두로 전달하였으며, 2월에 발해로 떠났다.

124 중대성 : 발해 3성의 하나로 왕의 명령을 받들어 문서화하는 관청으로, 당나라의 중서성(中書省)에 해당한다.

125 첩문(牒文) : 하급 관청에서 상급 관청에 올리는 공문서.

126 등원하청(藤原河淸) : 각주 112 참조.

127 두수(頭首) : 사신단의 대표 즉 대사.

128 고원도(高元度) : 당에 체류 중인 등원하청을 맞이하기 위해 파견된 일본 사신. 그는 759년 2월에 양승경을 따라 발해에 갔다가 이듬해 다시 양방경을 따라 입당하였다. 그리고 761년 8월에 당에서 귀국하였다.

당나라에 가서 등원하청을 맞이하되, 곧바로 이쪽 사신도 보내어 함께 출발하였습니다."

고남신 등은 일본 사신 양후사영구[129]와 함께 돌아왔다. 이때 일본은 시 30필, 미농시 30필, 명주실 200타래, 명주솜 300둔을 보냈다. 이능본은 나중에 왕신복의 부사로서 다시 일본에 사신으로 갔다.

---

129 양후사영구(陽侯史玲璆) : 양후[야코]는 씨, 사[후비토]는 성, 영구[레이큐]는 이름이다. '사'는 문서 기록을 담당한 '문인(文人, 후미히토)'에서 유래하였다. 그는 760년 2월에 고남신 등의 송사로서 발해로 떠났다가 11월에 귀국하였다.

양방경

문왕 때 하정사[130]로 당나라에 조공갔다. 등원하청을 맞이하기 위해 파견된 일본 사신 고원도가 그를 따라갔다.

---

130 하정사(賀正使) : 새해의 정월을 축하하기 위해 파견되는 사신.

왕신복, 양회진, 달능신

왕신복의 관직은 자수대부[131]·행정당성좌윤[132]·개국남[133]이고, 양회진은 판관, 달능신은 주홍색 관복을 입은 품관[134]이다. 문왕 때[135] 23인을 거느리고 모두 일본에 사신으로 갔다. 왕신복이 왜황에게 당나라의 사정을 전하였다.

"이씨 가문의 태상황[136]과 소제[137]가 모두 붕어하고 광평왕[138]이 섭정하는데, 곡식이 여물지 않아 백성들이 서로 잡아먹고 있습니다. 사씨 조의[139]가 성무황제[140]라 칭하니 사람과 재물이 대부분 그에게 붙었고, 군대

---

131 자수대부(紫綬大夫) : 발해의 문산계(文散階)인데 정확한 품계는 알 수 없다. 혹시 당나라의 정3품 금자광록대부(金紫光祿大夫)를 본뜬 것인지 모른다.

132 행 정당성 좌윤(行政堂省左允) : 발해 정당성의 세 번째 직급인 좌윤은 당나라 상서성의 좌승(左丞, 정4품상)에 비견된다. '행'은 품계가 관직보다 높은 경우에 붙이는 칭호.

133 개국남(開國男) : 당나라의 봉작제도에서 여덟 번째 등급으로 종5품상에 해당하는 개국현남(開國縣男)이 있다.

134 주홍색 관복을 입은 품관 : 발해에서 4·5품의 관리는 주홍색 관복을 입었다. 권4 〈직관고〉 참조.

135 문왕 때 : 왕신복은 일본 사신 이길연익마려(伊吉連益麻呂)의 송사로서 762년(문왕 26) 10월에 월전국(越前)에 도착하였다가 윤12월에 입경하였다. 이듬해 2월에 발해로 떠났다.

136 태상황(太上皇) : 756년 7월에 숙종에게 양위한 현종을 가리킨다. 그는 762년에 사망하였다.

137 소제(少帝) : 숙종(肅宗, 756~762)을 가리킨다.

138 광평왕(廣平王) : 762년 4월에 즉위한 대종(代宗, 762~779)을 가리킨다.

139 사씨 조의[史家朝義] : 사사명(史思明)의 아들로 761년 아버지를 죽이고 황제가 되었다. 이듬해 회골(回鶻, 위구르)의 지원을 받은 당나라 군대에 격파되어 세력이 약화되자 763년에 자살하였다. 이로써 안사의 난이 종식되었다.

140 성무황제(聖武皇帝) : 안록산이 자칭한 대연성무 황제(大燕聖武皇帝)의 약칭.

의 기세도 매우 강하여 감히 당할 자가 없습니다. 등주[141]와 양양[142]은 이미 사씨에게 속하였고, 이씨는 소주[143]만 차지하고 있어, 조공하러 가는 길이 참으로 통행하기 쉽지 않습니다."

---

141 등주(鄧州) : 지금의 하남성(河南省) 등현(鄧縣).
142 양양(襄陽) : 양주(襄州)의 별칭으로 지금의 호북성(湖北省) 양번시(襄樊市) 일대.
143 소주(蘇州) : 지금의 강소성(江蘇省) 소주시.

일만복, 모창록

일만복의 관직은 청수대부이고,[144] 모창록은 부사이다. 문왕 때[145] 325인을 이끌고 배 17척에 나누어 타고 모두 일본에 사신으로 가서 출우국에 도착하였다. 왜황이 발해 국서가 전례에 어긋난다는 이유로 선물도 받지 않았다. 일만복이 다시 절하고 땅에 엎드려 울면서 "임금은 이쪽이나 저쪽이나 서로 같습니다. 저희들은 귀국하면 틀림없이 죄를 받을 것입니다"라고 말하고, 드디어 국서를 고쳐 왕을 대신하여 사과하였다.

왜황이 일만복에게 종3위를 제수하고, 발해 국왕에게 보내는 국서에서 다음과 같이 말하였다.

"지금 보내온 국서를 보니 갑자기 부왕[146]의 도리를 고쳐, 날짜 아래 관품과 성명을 적지 않고 국서 말미에 헛되이 천손과 참람된 칭호를[147] 늘

---

144 청수대부(靑綬大夫) : 발해의 문산계. 혹시 당나라의 종3품 은청광록대부(銀靑光祿大夫)를 본뜬 것인지 모른다.

145 문왕 때 : 일만복은 771년(문왕 35) 6월에 출우국에 도착하였다가 12월에 40명만 입경하였다. 이듬해 2월에 일본의 국서를 받고 발해로 떠났으나, 중간에 폭풍을 만나 능등국에 표류하였다. 모창록은 773년 2월에 사망하였는데, 아마도 그 직후에 일만복은 귀국한 듯하다.

146 부왕(父王) : 문왕의 아버지인 무왕을 가리킨다. 원사료에는 "신귀4년(727)에 왕의 선고 금오위대장군 · 발해군왕이 사신을 보내 조공하였다(爰洎神龜四年 王之先考左金吾衛大將軍 · 渤海郡王遣使來朝)"라는 부분이 있다.

147 천손과 참람된 칭호 : 보통 '천손이라는 참람된 칭호'로 해석되지만, 앞의 '관품과 성명'과 대구를 이루므로 '천손과 참람된 칭호'가 옳은 듯하다. '참람된 칭호'는 어쩌면 대흥보력효감금륜성법(大興寶曆孝感金輪聖法大王) 같은 문왕의 존호(尊號)로 추정된다.

어놓았다. 또 고씨의 시대[148]에는 전란이 그치지 않아 조정의 위세를 빌리기 위해, 그쪽이 일본과 자신을 형과 동생으로 불렀다. 그런데 지금 왕은 아무런 이유 없이 망령되이 일본과 자신을 아저씨와 조카로 부르니,[149] 예의에 어긋난다. 나중에 오는 사신들은 다시는 그러지 말라"

그리고 미농시 30필, 견 30필, 명주실 200타래, 조면 300둔을 보냈다. 모창록은 일본에서 죽었다. 일만복은 일본 사신 무생조수[150]와 함께 귀국하다가 폭풍을 만나 표류한 끝에 능등국[151]에 도착하니, 발해 사신과 일본 사신만이 겨우 살아남았다.

일본이 발해에 보낸 배의 이름이 능등이었다.[152] 배의 신에게 빌었던 것이 효험이 있었기 때문에 배에 종5위하를 제수하고 비단으로 만든 관을 하사하였다. 그 관의 겉감은 금, 안감은 시[153]로 꾸미고 끈을 자주색 실로 만들었다.

148 고씨의 시대[高氏之世] : 고씨는 고구려를 가리킨다.

149 아저씨와 조카[舅甥] : 원사료의 '구생(舅甥)'에 대해서는 장인과 사위로 보는 견해도 있지만, 외숙 즉 아저씨와 조카로 보는 것이 타당하다(김종복, 《발해정치외교사》, 일지사, 2009, 158~159쪽).

150 무생조수(武生鳥守) : 권1 〈군고〉 각주 100 참조.

151 능등국(能登國) : 지금의 일본 본주(本州, 혼슈)의 석천(石川, 이시카와) 현 북부의 능등(能登, 노토) 반도 지역.

152 배의 이름이 능등(能登)이었다 : 능등국에서 건조하여 출발하였기 때문에 붙인 이름이다. 원문 각주 93에서 밝혔듯이 이 기사는 763년의 일로 왕신복 뒤에 배치되어야 한다.

153 겉감은 금(錦), 안감은 시(絁) : 금(錦)은 염색한 각종 명주실로 무늬를 넣어 짠 비단, 시(絁)는 굵고 거친 명주실로 성기게 짠 무늬 없는 비단.

오수불

문왕 때[154] 일본에 사신으로 가서 능등국에 도착하니 그곳 관리[155]가 온 이유를 물었다. 오수불이 문서로 다음과 같이 알렸다.

"발해와 일본은 오랫동안 좋은 이웃으로 지내며 서로 왕래하고 방문하기를 형제처럼 하였습니다. 근래 일본 사신 내웅[156] 등이 발해에 거주하며 음악을 배우다가 본국으로 돌아간 지 벌써 10년이 지났는데도 안부를 듣지 못하였습니다. 이로 인해 대사 일만복 등을 귀국에 보내어 조정에 참석하도록 한 지 4년이 지났는데도 아직 돌아오지 않았습니다. 그래서 다시 직책이 낮은 저희들을 보내어 직접 천황의 뜻을 받들도록 한 것이지 다른 일은 없습니다. 진상할 물품과 가져온 국서는 모두 배에 있습니다."

태정관[157]에서는 국서가 전례와 다르다는 이유로 받지 않았다. 또 "발해 사신이 이 길을 따라 왔는데, 전부터 금지하였던 것이다. 앞으로는 전

---

154 문왕 때 : 오수불은 773년(문왕 37) 6월에 능등국에 도착하였으나, 입경하지 못하고 귀국하였다.

155 그곳 관리[国司, 고쿠시] : 중앙에서 파견되어 제국(諸國)의 정무를 담당한 지방관으로, 그 관청은 국아(国衙, 고쿠가)라고 부른다.

156 내웅(内雄, 우치오) : 763년 10월에 귀국하는 왕신복을 따라 발해로 간 학생 고내궁(高内弓, 가나이치)과 동일인으로 추정되는데, 그는 발해악(渤海樂)을 배우기 위한 유학생이었다(酒寄雅志, 《渤海と古代の日本》, 校倉書房, 2001, 326쪽).

157 태정관(太政官) : 일본 고대 율령제에서 국무를 총괄하는 관청. 장관은 태정대신(太政大臣)이지만 상설직이 아니고, 좌대신(左大臣)과 우대신(右大臣)이 대신하였다.

례에 따라 축자도[158]를 따라 오도록 하라"고 하였다.

158 축자도(筑紫道) : 축자(筑紫, 츠쿠시)는 태재부가 있는 지금의 일본 구주지방의 별칭이다.

사도몽, 고녹사, 고울림, 고숙원,
사통선, 고진선

   사도몽의 관직은 헌가대부[159] · 사빈소령[160] · 개국남이고, 고녹사는 대
판관,[161] 고울림은 소판관, 고숙원은 판관이며, 사통선은 대녹사,[162] 고진
선은 소녹사이다. 문왕 때[163] 187인을 이끌고 함께 일본에 사신으로 갔으
니, 그 목적은 왕비[164]의 부고를 알리고 아울러 왜황의 즉위를 축하[165]하
는 것이었다. 그러나 폭풍을 만나 표류하거나 익사하여 겨우 46인만 살
아남았으니, 이때 고숙원과 소녹사 1인도 죽었다.

   일본인이 "오수불이 귀국할 때 태정관에서는 발해 사신이 전례에 따
라 태재부로 향해 오고 이 길로는 오지 말라고 처분하였다. 지금 약속을
어기니 어찌된 일인가?"하고 묻자, 사도몽 등이 대답하였다. "실제로 그
뜻을 받아들였기 때문에 저희 나라의 남해부 토호포[166]에서 출발하여 서

---

159 헌가대부(獻可大夫) : 발해의 문산계인데 정확한 품계는 알 수 없다.

160 사빈소령(司賓少令) : 외국 사신에 대한 접대를 포함하여 외교 업무를 담당하는 사빈시(司賓寺)의 차관.

161 대판관(大判官) : 판관 중의 우두머리.

162 대녹사(大錄事) : 녹사 중의 우두머리.

163 문왕 때 : 사도몽 등은 776년(문왕 40) 12월에 월전국(越前國)에 도착하였다가 이듬해 4월에 입경하였다.

164 왕비 : 최근 중국에서 문왕의 비인 효의황후(孝懿皇后) 묘지명이 발견되었으나 전문은 아직 공개되지 않고 있다.

165 왜황의 즉위를 축하 : 776년은 일본 광인(光仁) 천황 보귀(寶龜) 8년으로, 광인천황이 즉위한 해는 770년이다. 앞서
     771년 6월에 출우국에 도착한 일만복 일행은 광인천황의 즉위를 모르고 입국하였다.

166 남해부 토호포(南海府吐號浦) : 남해부의 위치에 대해서는 지금의 함경북도 경성(鏡城), 함경남도 함흥, 함경남도 북
     청군 신창토성(북청토성) 등 여러 견해가 있는데, 북청으로 보는 견해가 유력하다. 이에 따르면 토호포도 신창 항구로
     추정된다.

쪽으로 대마도 죽실진[167]을 향하여 갔지만, 바다에서 폭풍을 만나 금지 구역인 이곳에 도착하게 되었습니다. 약속을 어긴 죄는 피할 수가 없습니다."

일본이 다시 16인을 별도로 해안에 남겨 두려고 하였다. 사도몽이 "이것은 한 몸을 갈라 반으로 나누고 사지를 잘라 기어가게 하는 것과 같습니다"라고 하였다. 일본이 이에 함께 입경하도록 허락하였다. 왜황이 중합문[168]에 행차하여 사도몽이 말타며 활쏘는 것을 보았다.

사도몽은 일본 사신 조신전계[169]와 함께 돌아왔다. 일본이 견 50필, 명주실 200타래, 명주솜 300둔을 보냈는데, 사도몽이 더 요청하였다. 그래서 또 황금 100소량,[170] 수은 100대량,[171] 금칠[172] 1부,[173] 칠[174] 1부, 동백나무 기름 1부, 수정 염주 4꿰미, 빈랑 부채[175] 10매를 보내고, 문왕 왕후의 부의[176]로 견 20필, 시 20필, 명주솜 200둔을 보냈다.

---

167 대마도 죽실진(對馬島竹室津) : 지금의 장기현(長崎縣) 대마시(対馬市) 미진도정(美津島町) 죽부(竹敷, 다케시기)로 추정된다.

168 중합문(重閤門) : 중층으로 된 문을 의미하는데, 당시 일본의 도성인 평성궁(平城宮)의 대극전(大極殿)의 남문 또는 조당원(朝堂院)의 남문을 가리키는 것 같다.

169 조신전계(朝臣殿繼) : 권1 〈군고〉 각주 101 참조.

170 소량(小兩) : 대량(大兩)의 3분의 1로 약 13.5g.

171 대량(大兩) : 당시 일본에서는 은·동·곡물만 그 단위로 대량, 나머지는 소량을 사용하였다.

172 금칠(金漆) : 두릅나뭇과의 낙엽교목인 황칠(黃漆)나무 열매에서 채취한 황색의 광택이 나는 진액. 이를 여과시켜 정제하여 옻칠하는 데 이용한다.

173 부(缶) : 몸통은 둥글고 아가리는 작은 용기 즉 장군에 담긴 용량 단위로서, 약 21.6ℓ에 해당된다.

174 칠(漆) : 옻나무에서 나는 진액. 물건에 칠하는 원료나 약재로 쓴다.

175 빈랑 부채[檳榔扇] : 종려나뭇과의 상록 교목인 빈랑나무 잎사귀로 만든 부채.

176 부의(賻儀) : 상가(喪家)에 부조로 보내는 돈이나 물품.

장선수

　관직은 헌가대부·사빈소령으로 문왕 때[177] 일본에 사신으로 갔다. 왕의 명령을 구두로 왜황에게 전하기를 "조신전계 등이 항로를 이탈하여 변방 오랑캐 지역에 표류하였습니다. 배가 파손되어 두 척의 배를 만들어 돌려보냅니다"라고 하였다.

177　문왕 때 : 장선수는 일본 사신 조신전계의 송사로서 778년(문왕 42) 9월에 월전국에 도착하였다가, 이듬해 1월에 입경하였다. 그리고 2월에 일본의 국서를 받고 발해로 떠났다.

고양필, 고열창

    고양필은 압령,[178] 고열창은 통사[179]로 문왕 때[180] 함께 일본에 사신으로 갔다. 일본은 발해 국서가 전례에 어긋난다고 받지 않고, 또 축자도를 경유하여 오지 않았다고 질책하였다. 철리부[181] 관원이 고열창의 윗자리에 앉으려고 다투니, 태정관에서 그 자리를 서로 다르게 하였다. 고양필의 배가 파손되어 일본이 9척의 배를 주어 귀국시켰다.

---

178 압령(押領) : 지휘 감독한다는 의미인데, 발해 사신에 이러한 관직은 없다. 어쩌면 정식 외교 사절이 아닌 교역 집단의 대표이기 때문에 이런 표현을 쓴 것인지도 모른다.

179 통사(通事) : 통역관.

180 문왕 때 : 고양필 등은 779년(문왕 43) 9월에 출우국에 도착하였으나, 입경하지 못하고 12월에 발해로 돌아갔다.

181 철리부(鐵利府) : 발해가 철리말갈을 복속한 후 설치한 지방통치 기관. 철리말갈은 지금의 흑룡강성 의란(依蘭) 지역에 있었던 것으로 추정된다.

여정림

　관직은 광간대부[182]·공부낭중[183]으로 강왕 때[184] 68인을 이끌고 일본에 사신으로 갔다. 도중에 표류하여 하이 지역의 지리파촌[185]에 도착하였으나, 약탈을 당하여 대부분이 흩어졌다. 출우국이 상황을 보고하니, 왜황이 이들을 월후국[186]에 안치하고 물품을 공급하였다. 여정림이 당나라에 유학 간 일본 승려 영충[187]의 편지를 왜황에게 전하였고, 왜황이 답서의 전달을 부탁하였다.

---

182 광간대부(匡諫大夫) : 발해의 문산계인데 정확한 품계는 알 수 없다.

183 공부낭중(工部郎中) : 당나라의 공부에 해당하는 관청을 발해는 신부(信部)라 하였다. 신부의 소속 관사로는 신부와 수부(水部)가 있는데, 각 부의 책임자가 낭중이다. 신부 전체의 장관이 경(卿)이다. 권4 〈직관고〉 참조.

184 강왕 때 : 여정림은 795년(강왕 2) 11월에 일본에 도착하였다가 이듬해 4월에 입경하여 국서를 전달하였다. 5월에 일본의 국서를 받고 발해로 떠났다.

185 하이(蝦夷) 지역의 지파리촌(志理波村) : 일본 동북지역의 추전(秋田) 또는 북해도(北海道)의 남부 지역으로 추정된다.

186 월후국(越後國) : 지금의 일본 중부지방의 신석(新潟, 니이가타) 지역.

187 영충(永忠, 743~816) : 일본의 승려로 777년에 입당하여 장안 서명사(西明寺)에 머물다가 805년 무렵에 귀국하였다.

대창태

관직은 위군대장군[188] · 좌웅위도장[189] · 상주국[190] · 개국자[191]로서 강왕 때[192] 일본에 사신으로 갔다. 왜황이 태극전[193]에 행차하여 접견하였는데, 네 번 절하는 것을 줄여 두 번 절하고 박수를 치지 않도록 하였다.[194] 또 채색 비단으로 덮은 전각을 지어 이들을 대접하였다.

발해 사신의 배가 능등국에 도착하는 경우가 많아지자, 왜는 그들이 머무는 곳을 수리하고 꾸몄다.[195]

---

188 위군대장군(慰軍大將軍) : 발해의 무산계(武散階)인데 정확한 품계는 알 수 없다. 혹시 당나라의 정3품 관군대장군(冠軍大將軍)을 본뜬 것인지 모른다.

189 좌웅위 도장(左熊衛都將) : 좌웅위는 발해의 중앙군인 8위의 하나이며, 도장은 그 최고직인 대장군의 별칭인 것 같다.

190 상주국(上柱國) : 당나라의 훈관(勳官 : 무공에 대해 내리는 명예직) 중 최고직으로 정2품인데, 발해도 이를 따랐을 것이다.

191 개국자(開國子) : 당나라의 봉작제도에서 일곱째 등급으로 정5품상에 해당하는 개국현자(開國縣子)가 있다. 발해도 이를 따랐을 것이다.

192 강왕 때 : 대창태는 일본 사신 내장숙녜하무마려(內藏宿禰賀茂麻呂)의 송사로서 798년(강왕 5) 12월에 국서를 전달하고, 이듬해 4월에 발해로 떠났다.

193 태극전(太極殿) : 당시 일본의 도성인 평성궁(平城宮)의 정전. 단 원사료를 비롯하여 일본에서는 관행적으로 대극전(大極殿)이라고 표기한다.

194 네 번 ~ 하였다 : 4배와 박수를 치는 것은 일본의 전통적인 예법이며, 2배는 중국의 예법이다.

195 발해 사신의 ~ 꾸몄다 : 804년 6월에 내려진 일본의 조치이다.

고남용, 고다불

고남용은 두 번 일본에 사신으로 갔는데, 일본에서 한 번은[196] 홍려관 [197]에서 연회를 베풀어주고, 다른 한 번은[198] 조집원[199]에서 연회를 베풀 어 주었다. 그는 일본 사신 숙녜동인[200]과 함께 귀국했다. 숙녜동인은 발 해 국서가 전례에 어긋난다는 이유로 버리고 그냥 가버렸다.

고다불은 수령으로 고남용을 따라갔는데, 일행에서 벗어나 월전국[201] 에 머물렀다. 왜가 그를 월중국[202]에 안치시키고 음식을 주고, 외국어를 배우는 학생들에게 발해어를 가르치게 하였다.

---

196 한 번은 : 고남용은 810년(정왕 3) 4월에 홍려관에서 연회를 받은 후 발해로 떠났는데, 이때 그 일행인 고다불이 월전 국에 체류하였다.

197 홍려관(鴻臚館) : 고대 일본에서 외국 사절을 접대하기 위해 만든 관사(館舍). 당나라 홍려시(鴻臚寺)의 영빈관(迎賓 館)을 모방하여 만들었다.

198 다른 한 번은 : 고남용은 다시 810년 9월에 일본에 도착하여, 이듬해 1월에 조집원에서 연회를 받았다. 그리고 4월에 귀국하였다.

199 조집원(朝集院) : 평성궁(平城宮)에서 정무를 집행하는 조당원(朝堂院)의 남쪽 구역으로, 관리들의 대기 장소이다.

200 숙녜동인(宿禰東人) : 정식 성명은 임숙녜동인(林宿禰東人). 임[하야시]은 씨, 숙녜[스쿠네]는 성, 동인[아즈마히토]은 이름이다. 그는 812년 4월에 고남용의 송사(送使)로서 발해에 갔다가 10월에 귀국하였다.

201 월전국(越前國) : 지금의 일본 중부지방의 복정(福井, 후쿠이) 지역.

202 월중국(越中國) : 지금의 일본 중부지방의 부산(富山, 도야마) 지역.

오효신[203]

일본 정관 원년(859)에 서앙의 선명력[204]을 왜 청화천황[205]에게 바치니, 청화천황이 나라에 시행하게 하였다.

---

203 오효신(烏孝愼) : 정당성 좌윤으로서 859년(대건황 3) 5월에 일본에 국서 등과 함께 선명력을 전달하였다. 일본은 861~1684년까지 이 역법을 사용하였다.

204 서앙(徐昻)의 선명력(宣明曆) : 당나라 때의 천문학자인 서앙이 목종(穆宗) 장경(長慶) 2년(822)에 만든 달력으로 892년까지 사용되었다. 정식 명칭은 장경선명력(長慶宣明曆).

205 청화천황(淸和天皇) : 858년(대건황 3)에서 876년(대현석 6)까지 재위한 일본 천황.

왕효렴, 고경수, 고영선, 왕승기

왕효렴은 대사, 고경수는 부사, 고영선과 왕승기는 판관으로 함께 일본에 사신으로 갔다.[206] 일본 천황이 왕효렴에게 종3위, 고경수에게 정4위하, 고영선과 왕승기에게 정5위하를 제수하였다. 또 녹사 이하에게는 녹봉을 주었다.

당나라 월주[207] 사람 주광한과 언승칙 등이 일본에서 사신들을 따라 발해에 왔다.[208]

---

206 왕효렴은 ~ 갔다 : 왕효렴 등은 815년(희왕 4) 1월에 일본의 국서를 받고 발해로 떠났으나, 도중에 배가 난파되었다. 왕효렴은 사망하고 고경수 등은 이듬해 5월에 다시 발해로 떠났다.

207 월주(越州) : 지금의 중국 절강성(浙江省) 소흥시(紹興市) 일대.

208 당나라 ~ 발해로 왔다 : 이 부분은 819년(선왕 2) 11월에 일본에 도착했다가 이듬해 정월 귀국한 발해사신 이승영(李承英)과 관련된 기사(《日本後紀》 권28, 弘仁 11년 정월)이다.

왕문구

일본에 사신으로 갔다.[209] 일본 천황이 풍락전[210]에 행차하여 5위 이상
의 신하들에게 연회를 베풀 때, 왕문구가 격구[211]를 하니 왜황이 명주솜
200둔을 하사하였다.

209 일본에 ~ 갔다 : 왕문구는 821년(선왕 4) 11월에 발해 국서를 전달하고 이듬해 1월에 일본 국서를 받고 발해로 떠났
       다.
210 풍락전(豊樂殿) : 평성궁 조당원의 서쪽에 위치한 풍락원(豊樂院)의 중심 전각.
211 격구(擊毬) : 말을 타고 막대기로 공을 치는 놀이.

고정태, 장선

고정태는 대사, 장선은 부사로 함께 일본에 사신으로 갔다.[212] 이때 거란산 큰 개 2마리와 작은 개 2마리를 왜황에게 바쳤다.

---

212 고정태는 ~ 갔다 : 고정태 등은 824년(선왕 7) 4월에 선물을 전달하고 6월에 발해로 떠났다.

양성규, 배정, 배구

    모두 일본에 사신으로 갔는데[213] 대부분 북륙도의 가하주[214]에 도착하였다. 배정이 일본인 관승상[215]의 시를 보고 감탄하며 "백향산[216]과 비슷하다"고 하였다. 고남용에서 배구까지 13인이 일본에 사신으로 간 것은 차아천황[217] 이후이니, 발해로 치면 선왕 이후의 일이라고 하겠다.

---

213 모두 ~ 갔는데 : 양성규(楊成規)는 872년(대현석 2) 5월에 발해 국서를 전달하였다. 배정(裵頲)은 883년(대현석 13) 5월에 발해 국서를 전달하였고, 895년(대위해 1) 5월에 다시 일본을 방문하였다. 배구(裵璆)는 배정의 아들로 908년(대인선 3) 4월과 920년(대인선 15) 5월, 그리고 동란국의 사신으로서 930년 4월 모두 세 차례 일본을 방문하였다.

214 북륙도(北陸道)의 가하주(加賀州) : 북륙도는 기내(畿內)에서 동북쪽으로 동해 연안에 있던 나라들을 연결하는 도로, 여기에는 약협(若狭, 와가사)·월전(越前, 에치젠)·가하(加賀, 가가)·능등(能登, 노토)·월중(越中, 엣츄)·월후(越後, 에치고)·좌도(佐渡, 사도) 등이 있었다.

215 관승상(菅丞相) : 고대 일본의 학자 겸 정치가인 관원도진(菅原道眞, 스가와라노 미치사네, 845~903). 그는 898~900년에 우대신(右大臣)으로 재임하였다.

216 백향산(白香山) : 당대의 시인 백거이(白居易, 772~846). 그는 말년에 스스로 향산거사(香山居士)라고 자칭하였다.

217 차아천황(嵯峨天皇) : 809년(정왕 2)에서 823년(선왕 6)까지 재위한 일본 천황.

오소도, 아들 오광찬

　오소도는 대인선 때의 재상이다. 신라인 최언위[218]가 당나라에 유학 가서 예부시랑[219] 설정규[220]가 주관하는 빈공과에 급제하였다. 이때 오소도의 아들 오광찬의 이름이 최언위 아래 있었다.

　오소도가 이때 사신으로 당나라에 있으면서 이 일을 보고, 표문을 올려 "신이 예전에 입조하여 급제했을 때는 이동[221]보다 위에 있었습니다. 지금 신의 아들 오광찬도 최언위보다 위에 있어야 합니다"라고 요청하였다. 당나라 조정은 최언위의 재주와 학식이 낫다는 이유로 허락하지 않았다.

218　최언위(崔彦撝, 868~944) : 신라 말 고려 초의 문신. 885년(헌강왕 11)에서 909년(효공왕 13)까지 당나라 유학하였다. 최치원(崔致遠)의 사촌 동생으로 문장이 뛰어났다.

219　예부시랑(禮部侍郎) : 당나라에서 의례와 제사를 관장하는 예부의 차관. 736년에 과거 시험의 관할 부서가 이부(吏部)에서 예부로 바뀌면서 예부시랑이 이를 관장하였다.

220　설정규(薛庭珪) : 당나라 말기의 문신. 그가 과거시험의 책임관인 지공거(知貢擧)로 있을 때는 천우(天祐) 3년(906)이다.

221　이동(李同) : 869년(경문왕 9)에 당나라에 유학하여 872년에 빈공과에 합격하였다(宋基豪, 《渤海政治史硏究》, 一潮閣, 1995, 168쪽).

신덕

관직이 장군으로, 고려 태조[222] 8년(925) 9월 병신일(6)에 그를 따르는 500인과 함께 고려로 망명하였다. 이해에 요나라가 발해를 공격하였고, 이듬해 홀한성이 함락되었다.

---

222 고려 태조(太祖) : 고려를 건국하고 후삼국을 통일한 왕건(王建). 재위기간은 918~943년.

대화균, 대원균, 대복모, 대심리

대화균의 관직은 예부경,[223] 대원균은 사정,[224] 대복모는 공부경,[225] 대심리는 좌우위 장군[226]이었다. 고려 태조 8년 9월 경자일(10)에 백성 100호를 이끌고 고려로 망명하였다.

---

223 예부경(禮部卿) : 법률과 감옥 등을 관장하는 예부의 장관. 발해의 예부는 당나라의 형부(刑部)에 해당한다.

224 사정(司政) : 정당성의 장관인 대내상 밑에 있는 관직인 좌사정(左司政)이나 우사정(右司正)을 가리킨다. 이들은 당나라의 좌복야(左僕射)와 우복야(右僕射)에 해당한다.

225 공부경(工部卿) : 교통과 건축 등을 관장하는 공부의 장관. 다만 당나라의 공부에 해당하는 발해의 관청은 신부(信部)인데, 이 경우를 보면 발해에서는 신부와 공부를 혼용한 것 같다.

226 좌우위 장군(左右衛將軍) : 발해의 중앙군대인 8위(衛) 가운데 남좌우위(南左右衛)나 북좌우위(北左右衛)의 장군을 가리킨다. 장군은 8위의 최고직인 대장군(大將軍) 아래에 있다.

모두간, 박어

모두간의 관직은 좌수위 소장,[227] 박어는 검교[228] 개국남이었다. 고려 태조 8년 12월 무자일(29)에 백성 1,000호를 이끌고 고려로 망명하였다.

---

227 좌수위 소장(左首衛小將) : 발해의 8위에 좌수위는 없다. 8위 가운데 첫 번째인 좌맹분위(左猛賁衛)의 별칭인지도 모른다. 소장은 장군 아래의 관직으로 추정된다.

228 검교(檢校) : 검교는 어떤 관직 앞에 붙여 임시 또는 대리의 기능을 표시하는 호칭이므로, 해당 관직이 누락되었을 가능성이 높다.

오홍, 승려 재웅

오홍의 관직은 공부경이었다. 고려 태조 10년(927) 3월 갑인일(3)에 그를 따르는 50인과 함께 고려로 망명하였다. 재웅도 역시 무리 60인과 함께 오홍을 따라 고려로 망명하였다.

김신

    고려 태조 11년(928) 3월 무신일(2)에 6,000호를 이끌고 고려로 망명하였다.

대유범

고려 태조 11년 7월 신해일(8)에 백성을 이끌고 고려로 망명하였다.

은계종

고려 태조 11년 9월 정유일(25)에 그를 따르는 무리와 함께 고려로 망명하였다. 태조가 천덕전²²⁹에서 접견할 때 은계종 등이 세 번 절하였다. 사람들이 예법을 어겼다고 말하자, 대상²³⁰ 함홍²³¹이 "나라를 잃은 사람이 세 번 절하는 것은 오랜 예법이다"라고 하였다.

---

229 천덕전(天德殿) : 고려의 수도 개경(開京)에 있던 궁성의 정전. 성종 때에 건덕전(乾德殿)으로 이름을 바꾸었다.

230 대상(大相) : 고려 초기의 관계(官階)에서 일곱 번째 등급.

231 함홍(含弘) : 918년 3월에 중국 상인 왕창근(王昌瑾)이 도참설(圖讖說)에 의거한 주술적 예언이 새겨진 거울을 궁예에게 바쳤을 때, 왕건을 위해 거짓 보고한 송함홍(宋含弘).

홍견

고려 태조 12년(929) 6월 경신일(23)에 배 20척에 사람과 물건을 싣고
고려로 망명하였다.

정근

　고려 태조 12년 9월 병자일(10)에 300여 인을 이끌고 고려로 망명하였다.

대광현

대인선의 세자이다. 고려 태조 17년(934) 7월에 수만 명을 이끌고 고려로 망명하였다.[232] 이에 앞서 고려의 궁성에서 길이가 70척이나 되는 지렁이가 나오니, 사람들이 발해가 투항할 조짐이라고 여겼다. 태조가 광현에게 왕계[233]라는 성명을 하사하고 왕실 호적에 편입시켰으며, 특별히 원보[234]를 제수하고 백주[235] 지역을 지키며 제사를 받들게 하였다. 또 막료들에게 작위를, 군사들에게 밭과 집을 차등 있게 하사하였다.

그후 요나라가 사신을 보내[236] 고려 태조에게 낙타 50필을 주었다. 태조는 '거란이 발해와 화친을 맺었다가 갑자기 딴마음을 품고 옛 맹약을 돌아보지도 않은 채 하루 아침에 멸망시켰으니, 이것은 도리에 어긋남이 심하다. 화친을 맺어 이웃으로 삼기에 부족하다'는 이유로 국교를 단절하고, 사신 30인은 바닷가의 섬에 유배보내고, 낙타는 만부교[237] 아래 묶어

---

232 고려 태조 17년(934) 7월에 ~ 망명하였다 : 이 기사는 《고려사》 권1 세가에 의거한 것인데, 《고려사》 권86, 연표와 《고려사절요》 권1에는 대광현이 발해 멸망 직후인 태조 천수 8년(925)에 고려로 망명해왔다고 전하고 있다. 이를 신뢰한다면 934년은 고려 태조가 대광현을 고려 왕실에 편입하고 백주에 주둔케 하는 조치들이 행해진 때를 가리킨다.

233 왕계(王繼) : 고려 왕실의 왕씨에 편입하되 조상에 대한 제사를 받들어 발해 왕실을 계승하라는 의미.

234 원보(元甫) : 고려 초기의 관계에서 여덟 번째 등급.

235 백주(白州) : 지금의 황해도 배천[白川]으로 예성강 서쪽에서 있어 개경에서 가깝다.

236 요나라가 사신을 보내 : 고려 태조 25년(942) 10월의 일이다.

237 만부교(萬夫橋) : 개경 외성 동남쪽의 출입문인 보정문(保定門) 안에 있는 다리로 이 사건이 있은 후로 탁타교(橐駝橋)로 불렸다.

놓으니 모두 굶어 죽었다.

태조는 서역 승려 말라[238]를 통해 후진 고조[239]에게 "발해는 우리와 혼인한 나라입니다. 그 임금이 거란의 포로가 되었으니 함께 공격하기를 요청합니다"[240]라고 하였으나, 고조가 대답하지 않았다.[241]

대광현의 아들 대도수[242]는 현종[243] 때 대장이 되었다. 후손 대금취는 고종[244] 때 대장이 되어 몽고를 정벌하는 데 공을 세워[245] 영순군[246]에 봉해져, 마침내 영순 태씨[247]가 되었다.

---

238 말라(靺羅) : 후진 때 서역에서 온 승려로 화복(火卜, 불로 치는 점)에 능했다.

239 후진(後晉) 고조(高祖) : 중국 오대의 세 번째 왕조인 후진(936~946)을 세운 석경당(石敬瑭, 892~942).

240 "발해는 ~ 요청합니다" : 《자치통감》 권285, 개운 2년(945) 11월 무술조 세주에 인용된 송백(宋白, 936~1012)의 발언에 따르면, 이때 태조는 "발해는 본래 우리 친척의 나라인데, 그 임금이 거란에 포로가 되었습니다. 내가 조정을 위하여 공격하여 취하고 싶고, 또 오랜 원한을 갚고자 합니다. 스님이 돌아가시면 천자에게 말씀드려 정해진 날짜에 함께 습격합시다[勃海本吾親戚之國, 其王爲契丹所虜. 吾欲爲朝廷攻而取之, 且欲平其舊怨. 師迴, 爲言於天子, 當定期兩襲之]"라고 하였다.

241 고조가 대답하지 않았다 : 그후 후진이 거란과 교전하게 되자 말라가 다시 고려 태조의 제안을 건의하였다. 그래서 후진 고조는 고려로 하여금 거란의 동쪽 변경을 공격하도록 945년 11월에 곽인우(郭仁遇)를 파견하였다. 이때 고려는 태조가 사망하고 혜종(惠宗)을 거쳐 정종(定宗)이 막 즉위하여 정치적으로 불안정하였기 때문에 계획이 이루어지지 못하였다.

242 대도수(大道秀) : 993년(성종 12) 거란의 1차 침입 때 안융진(安戎鎭, 지금의 평안남도 안주)의 중랑장(中郞將, 정5품)으로서 거란군을 물리쳤으며, 1020년(현종 원년) 거란의 2차 침입 때 서경(西京)을 방어하는 장군(將軍, 정4품)으로서 동료의 배반으로 거란에 항복하였다. 그러나 대광현의 아들이라는 기록은 없다.

243 현종(顯宗, 992~1031) : 고려의 8대 왕. 거란의 침입으로 혼란을 겪었으나 강화 이후 대장경을 조판하고 실록을 찬수하는 등 문화를 발전시켰다. 재위기간은 1010~1031년.

244 고종(高宗, 1192~1259) : 고려의 23대 왕. 몽고의 침입을 받아 강화로 천도한 뒤 28년 동안 항쟁하였으나 결국 굴복하고 환도하였다. 재위기간은 1213~1259년.

245 대금취(大金就)는 ~ 공을 세워 : 대금취는 1253년(고종 40) 8월에 교위(校尉, 정9품)로서 우봉별초(牛峯別抄) 30여 인을 이끌고 황해도 일대에서 몽고군과 싸웠으며, 1259년(원종 즉위년) 12월에 별장(別將, 정7품)으로서 개경의 강안전(康安殿)을 약탈하는 몽고군을 격퇴하였다.

246 영순군(永順君) : 《영순태씨족보(永順太氏族譜)》에 의하면, 중시조인 대금취(1213~1274)는 몽고군을 격퇴한 공으로 대장군(大將軍)에 오르고 거주지인 상주(尙州) 북면(北面) 임하촌(林下村)이 영순현(永順縣)으로 승격되어 영순군에 봉해졌다. 영순현의 현재 지명은 경북 문경시 영순면이다.

247 태씨(太氏) : 유득공은 초고본에서 대씨가 태씨로 언제 바뀌었는지 모른다고 하였는데, 대체로 여말선초에 태씨로 바뀐 듯하다.

진림

고려 태조 17년(934) 12월에 휘하의 160명과 함께 고려로 망명하였다.

박승

고려 태조 21년(938)에 3천여 호를 이끌고 고려로 망명하였다.

고길덕

홍료국[248]의 대부 승[249]이다. 고려 현종 20년(1029) 9월 무오일(3)에 대연림이 고길덕을 보내 고려에 건국을 알리는 동시에 구원을 요청하였다. 21년(1030) 정월 병인일(13)에 고길덕이 다시 수부 원외랑[250]으로서 표문을 올리며 고려에 군사를 요청하였다.

---

248 홍료국(興遼國) : 발해 유민 대연림이 세운 나라. 권1 〈군고〉 홍료왕 참조.

249 대부 승(大府丞) : 홍료국의 관청의 하나인 대부의 차관인 것 같다.

250 수부(水部) 원외랑(員外郞) : 당나라 6부의 하나인 공부(工部)의 소속 관사인 수부(水部) 및 그 두 번째 직급인 원외랑(종6품)을 본딴 홍료국의 관청 및 관직.

대연정

    홍료국의 태사[251]이다. 고려 현종 20년 12월에 대연정이 동북 지방의 여진을 이끌고 거란과 서로 공격하다가 고려에 사신을 보내 구원을 요청하였으나, 고려가 허락하지 않았다. 이로부터 고려와 거란의 도로가 막혀 왕래하지 못했다.

---

251 태사(太師) : 당나라의 고위명예직인 삼사(三師 : 太師 · 太傅 · 太保)의 하나인 태사를 본딴 홍료국의 관직.

유충정, 대경한

유충정은 홍료국의 행영도부서,[252] 대경한은 영주[253] 자사였다. 고려 현종 21년 7월 을축일(14)에 유충정이 대경한에게 표문을 주어 고려에 구원을 요청하였다.

---

252 행영도부서(行營都部署) : 홍료국의 무관직. 요나라의 행궁도부서(行宮都部署)를 참조하여 만든 것 같다.

253 영주(寧州) : 지금의 중국 요령성 와방점(瓦房店) 서북쪽 영녕고성(永寧古城) 일대.

홍료국의 영주[254] 자사이다. 고려 현종 21년 9월 병진일(6)에 대연림이 이광록을 고려에 보내 급박한 사정을 알렸다. 이때 거란도 천우장군[255] 나한노[256]를 고려에 보내어 '대연림이 포위를 당해 이미 항복하였다'라고 알렸다. 이광록은 나라가 망했다는 소식을 듣고 드디어 고려에 머물며 돌아가지 않았다.

---

254 영주(郢州) : 지금의 중국 길림성 구태시(九台市) 일대.

255 천우장군(千牛將軍) : 당나라의 중앙군대인 16위(衛)를 본따 요나라에서 설치한 천우위(天牛衛)의 장군. 천우위는 소속 군사가 천우도(千牛刀)를 차고 있다는 데서 연유한 명칭.

256 나한노(羅漢奴) : 요나라 성종(聖宗) 태평(太平) 원년(1021) 10월에 좌피실상온(左皮室詳穩)에 임명된 야율나한노(耶律羅漢奴) 또는 흥종(興宗) 중희(重熙) 13년(1044) 4월에 서남면초토도감(西南面招討都監)이었던 나한노와 동일인인 것 같다.

대도행랑, 고진상, 왕광록

대도행랑은 홍료국의 감문군,[257] 고진상은 제군판관,[258] 왕광록은 공목[259]이었다. 고려 덕종[260]이 즉위한 해(1031) 7월 정묘일(22)에 대도행랑 등 14인이 고려로 망명하였다. 기사일(24)에 고진상과 왕광록이 거란으로부터 문서를 지니고 고려로 망명하였다.

이에 앞서 고려 경종[261] 4년(979)에 발해인 수만 명이 고려로 망명하였다. 현종 20년(1029) 8월 을미일(9)에 동여진[262]의 대상[263] 쾌발이 족속 300여 호를 이끌고 또 고려로 망명하니, 고려는 발해의 옛 성이 있던 지역을 내려주어 살게 하였다. 21년 10월에 거란의 해가와 발해인 500인이 또 고려로 망명하니, 강남[264]의 주군에 살게 하였다. 22년 3월에 거란과 발해 백성 40여인이 고려로 망명하였다. 덕종 때까지 발해인으로 고려에 귀부하는 자가 끊이지 않았다.

---

257 감문군(監門軍) : 궁궐 수비를 담당하는 감문위(監門衛)에 소속된 군인.

258 제군판관(諸軍判官) : '판관'은 원래 대사·부사 밑의 관직이므로, 여기서는 군대의 장군 밑에 있는 장교를 가리키는 것 같다.

259 공목(孔目) : 중앙 및 지방 관리 밑에서 문서를 담당하는 속관.

260 덕종(德宗, 1016~1034) : 고려의 9대 왕으로 1032년부터 천리장성(千里長城)을 쌓기 시작했다. 재위 기간은 1031~1034년.

261 경종(景宗, 955~981) : 고려의 5대 왕으로 즉위 초에 전시과(田柴科) 제도를 제정하였다. 재위 기간은 975~981년.

262 동여진(東女眞) : 고려의 동북 방면, 즉 함경도 방면에 있던 여진. 동번(東蕃).

263 대상(大相) : 여진족의 추장을 가리키는 것 같다.

264 강남(江南) : 995년(성종 14)에 전국에 설치한 10도(道) 중 강남도(江南道, 지금의 전라북도)를 가리킨다.

사지명동, 사통, 살오덕, 우음약기, 소을사, 고성, 이남송, 수을분, 가수, 기질화, 선송, 기질화

　모두 홍료국 사람들이다. 고려 덕종 원년(1032) 정월에 사지명동 등 29인이 고려로 망명하였다. 2월 무신일(7)에 사통 등 17인이 고려로 망명하였다. 5월 정축일(7)에 살오덕 등 15인이 고려로 망명하였다. 6월 신해일(12)에 우음약기 등 12인이 고려로 망명하였다. 6월 을묘일(16)에 소을사 등 17인이 고려로 망명하였다. 7월 병신일(27)에 고성 등 20인이 고려로 망명하였다. 이남송은 압사관265이었는데, 10월 병오일(8)에 10인과 함께 고려로 망명하였다.

　2년(1033) 4월 무술일(3)에 수을분 등 18인이 고려로 망명하였다. 무오일(23) 가수 등 3인이 고려로 망명하였다. 기질화는 감문대정266이었는데 5월 계사일(29)에 19인과 함께 고려로 망명하였다. 6월 신축일(8)에 선송 등 7인이 고려로 망명하였다. 12월 계축일(21)에 기질화 등 11인이 고려로 망명하자 남쪽 지역에 살게 하였다. 기질화는 두 사람인데 그 지역에서만 사용하는 말인 듯하니, 원나라의 백안과 배주267와 같은 것이다.

265　압사관(押司官) : 송나라의 제도를 본뜬 홍료국의 관직. 그 지위는 공목(孔目)보다 낮다.

266　감문대정(監門隊正) : 감문위(監門衛)에 소속된 부대의 장교.

267　백안(伯顔)과 배주(拜住) : 《고려사》 권31, 세가31, 충렬왕 26년(1300) 12월 갑오일에 원나라가 파견한 백안홀독불화(伯顔忽篤不花)를 비롯하여, 《고려사》 권36, 세가36, 충혜왕 2년(1332) 2월 갑자일에 원나라 태보(太保) 백안이 등장하는데, 이들은 동명이인이다. 또 《고려사》 권35, 세가35, 충숙왕 10년(1323) 1월 임자일에 이제현은 원나라 승상 배주에게 상왕의 소환을 요청하였다. 《고려사》 권42, 세가42, 공민왕 19년(1370) 2월 무인일에 이성계는 원나라 추밀부

개호

홍료국 사람으로 고려 문종[268] 4년(1050) 4월 계유일(17)에 휘하의 무리
와 함께 고려로 망명하였다.

살피건대, 《신당서》[269] 예문지[270]에 장건장[271]이 《발해국기》[272] 3권을
지었다고 한다. 《송사》에 다음과 같은 기사가 있다. "태조[273]가 조보[274]에
게 '절하는 예법에 어찌하여 남자는 무릎을 꿇고 부인은 꿇지 않는가?'
하고 물었다. 조보가 예부[275]의 관리에게 물었으나 대답하지 못하였다.

사(樞密副使) 배주 등 300호를 투항시켰는데 8월 임신일에 고려는 배주에게 사농시사(司農寺事)를 제수하고 한복(韓
復)이라는 성명을 하사하였다. 이들도 동명이인이다.

268 문종(文宗, 1019~1083) : 고려의 11대 왕. 전시과 제도를 개정하였고 학문과 서예를 좋아하였다. 재위 기간은
1046~1083년.

269 《신당서(新唐書)》 : 송나라 때 송기(宋祁, 998~1061)·구양수(歐陽修, 1007~1072) 등이 《구당서》의 오류와 누락을
보완하기 위해 새롭게 편찬한 당나라의 역사책. 225권. 원래 명칭은 《당서》지만, 《구당서》와 구별하여 《신당서》라고
부른다.

270 〈예문지(藝文志)〉 : 기전체 사서에서 해당 시대에 간행된 서적의 목록을 기록한 부분.

271 장건장(張建章, 806~866) : 당나라 유주절도사 휘하의 영주사마(瀛州司馬)로 834년(大彛震 咸和4) 9월에 발해에
사신으로 갔다가 이듬해 귀국하였다.

272 《발해국기(渤海國記)》 : 〈장건장묘지명(張建章墓誌銘)〉에는 '발해기(渤海記)'로 되어 있다.

273 태조(太祖, 927~976) : 송(宋)나라 태조 조광윤(趙匡胤). 후주(後周)의 절도사(節度使)로, 송나라를 세우고 문치주의
에 의한 군주 독재화를 꾀하였다. 재위 기간은 960~976년.

274 조보(趙普, 922~992) : 북송 초기의 재상. 무장세력을 억제하고 문치주의에 입각한 중앙집권적 관료제를 확립하는 데
큰 역할을 하였다.

275 예부(禮部) : 국가의 의례·제사·학교·과거 등을 담당하는 중앙 관청.

왕부[276]의 아들 왕이손[277]은 고사에 능통하여 '당나라 태후[278] 시절부터 부인이 절만 하고 무릎을 꿇지 않았습니다. 태화(827~835) 연간에 유주 종사[279]였던 장건장이 지은 《발해국기》에 그 일에 대해 설명하고 있습니다'라고 하니, 조보가 크게 칭찬하였다."

《발해국기》는 지금 전하지 않는다. 그러나 발해가 서쪽으로 중국과 교유하고 동쪽으로 일본에 사신을 보내고 남쪽으로 고려로 망명한 사실들은 여러 역사서에 여기저기 매우 많이 보인다. 300년의 역사를 문헌으로 증명할 수 있기 때문에 해동성국이라고 불렸던 것이다.

---

276 왕부(王溥, 922~982) : 오대 주나라와 북송 초기의 재상. 또한 역사가로 《당회요(唐會要)》·《오대회요(五代會要)》 등을 편찬하였다.

277 왕이손(王貽孫) : 송나라 초기의 문신. 아버지 왕부가 모은 만여권의 장서를 모두 읽어 전고에 밝았으며, 글씨와 그림도 많이 소장하였다.

278 태후(太后) : 당나라 고종의 비이자 주나라를 세운 측천무후(則天武后, 재위기간 685~704).

279 유주 종사(幽州從事) : 유주절도사의 보좌관. 종사는 지방관의 보좌관에 대한 통칭인데, 〈장건장묘지명〉에는 영주 사마(瀛州司馬)로 되어 있다. 사마는 지방행정 장관인 자사(刺史)의 막료 중 별가(別駕)·장사(長史)보다 낮다.

지리고

5경 15부의 설치

《신당서》〈발해전〉[1]에 다음과 같이 기록되어 있다.

발해 영역에는 5경 15부 62주가 있다. 옛 숙신[2] 지역을 상경으로 삼고 용천부[3]라 하였는데, 용주[4]·호주[5]·발주 등 3주를 관할하였다. 그 남쪽을 중경으로 삼고 현덕부[6]라 하였는데, 노주·현주[7]·철주·탕주·영주[8]·홍주 등 6주를 관할하였다.

예맥[9]의 옛 지역을 동경으로 삼고 용원부[10]라 하였으며, 또 책성부[11]라

---

1 《신당서》〈발해전〉:《신당서》권219, 열전149하, 발해. 이중 5경 15부 62주에 대한 기사는 《구당서》〈발해전〉에 없는 내용으로, 834년(대이진 함화 4)에 발해를 방문한 장건장의 《발해국기》에서 인용한 것이다.

2 숙신(肅愼): 고대 중국의 동북지방에 살던 퉁구스계 종족. 식신(息愼)·직신(稷愼)이라고도 하며, 호시(楛矢)와 석노(石砮)를 사용한다. 그 후예가 시대에 따라 읍루(挹婁), 물길(勿吉), 말갈(靺鞨), 여진(女眞) 등으로 불렸다.

3 상경(上京) 용천부(龍泉府): 지금의 중국 흑룡강성(黑龍江省) 영안시(寧安市) 발해진(渤海鎭)에 비정된다.

4 용주(龍州): 용천부의 '용'은 용주에서 유래한 이름이므로, 용주는 상경 또는 그 부근에 설치되었을 것이다. 부 아래 주들 가운데 맨 처음에 기록된 주를 수주(首州)라고 한다.

5 호주(湖州): 호주라는 명칭으로 볼 때 상경 남쪽의 경박호(鏡泊湖) 부근에 설치되었을 것이다.

6 중경(中京) 현덕부(顯德府): 중국 길림성(吉林省) 화룡시(和龍市) 서고성(西故城)에 비정된다.

7 노주(盧州)·현주(顯州): 현덕부의 '현'은 현주에서 유래한 이름이지만, 여기서는 노주가 먼저 기재되어 있다. 기재 순서상의 오류인지 아니면 수주가 현주에서 노주로 바뀌었는지 확실하지 않다.

8 영주(榮州):《요사》〈지리지〉에는 '숭주(崇州)'로 되어 있다.

9 예맥(濊貊): 고대 중국의 동북지방에서 한반도 동북부에 살던 퉁구스계 종족. 고조선, 부여, 고구려 등이 여기에 속하였다.

10 동경(東京) 용원부(龍原府): 중국 길림성 훈춘시(琿春市) 팔련성(八連城)에 비정된다.

11 책성부(柵城府): 목책을 두른 성이라는 뜻의 책성은 이미 고구려 때부터 사용된 지명이다. 그 위치는 팔련성 부근의 온특혁부성(溫特赫部城)이나 살기성(薩其城)으로 추정된다.

고 하였는데, 경주·염주[12]·목주·하주 등 4주를 관할하였다.

옥저[13]의 옛 지역을 남경으로 삼고 남해부[14]라 하였는데, 옥주·청주·
초주 등 3주를 관할하였다.

고구려의 옛 지역을 서경으로 삼고 압록부[15]라 하였는데, 신주·환주[16]
·풍주·정주 등 4주를 관할하였다. 그 북쪽을[17] 장령부[18]라고 하였는데,
하주[19]·하주[20] 등 2주를 관할하였다.

부여[21]의 옛 지역을 부여부로 삼고, 날랜 군사를 항상 주둔시켜 거란[22]
을 방어하였는데, 부주·선주 등 2주를 관할하였다. 그 동쪽의[23] 막힐부[24]
는 막주·고주 등 2주를 관할하였다.

읍루[25]의 옛 지역을 정리부[26]로 삼았는데, 정주·반주[27] 등 2주를 관할

---

12 염주(鹽州) : 러시아 연해주 크라스키노 성터에 비정된다.

13 옥저(沃沮) : 함경남도(咸鏡南道) 함흥(咸興) 일대에 있던 초기 국가로 나중에 고구려에 복속되었다.

14 남경(南京) 남해부(南海府) : 함경남도 신창군(新昌郡) 토성리(土城里) 청해토성(青海土城, 일명 北青土城)에 비정된
    다.

15 서경(西京) 압록부(鴨淥府) : 중국 길림성 임강시(臨江市)에 비정된다.

16 환주(桓州) : 고구려의 환도성(桓都城, 丸都城)에서 유래한 이름이므로, 중국 길림성 집안시(集安市)에 비정된다.

17 그 북쪽을 : 원사료에 없지만, 서경 압록부와 장령부의 위치로 보아 역자가 삽입하였다.

18 장령부(長嶺府) : 장령은 지금의 길림합달령(吉林哈達嶺)을 가리키므로, 중국 길림성 화전시(樺甸市) 소밀성(蘇密城)
    에 비정된다.

19 하주(瑕州) : 장령부의 치소가 있는 화전시 소밀성에 비정된다.

20 하주(河州) : '하주'는 북류 송화강의 지류인 휘발하(輝發河)에서 유래한 지명이므로, 지금의 휘남시(輝南市) 북고성자
    (北古城子)에 비정된다.

21 부여(扶餘) : 지금의 중국 길림성 농안시(農安市) 부근에 있던 초기 국가.

22 거란(契丹) : 지금의 내몽골의 시라무렌(Siramuren) 강과 그 지류인 노합하(老哈河) 유역에서 유목생활을 하던 종족.
    예맥, 숙신과 구별되는 동호(東胡)의 후예.

23 그 동쪽의 : 원사료에 없지만, 역자가 삽입하였다.

24 막힐부(鄚頡府) : 중국 흑룡강성 아성시(阿城市)에 비정하는 견해 등이 있다.

25 읍루(挹婁) : 예맥의 동북쪽 즉 송화강과 흑룡강 하류에서 러시아 연해주 일대에 거주하던 숙신의 후예. 그러나 앞에서
    숙신이 나왔기 때문에 여기의 읍루는 '우루(虞婁)'의 잘못으로 보기도 한다.

26 정리부(定理府) : 러시아 연해주의 수찬(Suchan)에 비정된다.

27 반주(潘州) : 《요사》 〈지리지〉에는 '심주(瀋州)'로 되어 있다.

하였다. 그 동쪽의[28] 안변부[29]는 안주·경주 등 2주를 관할하였다.

솔빈[30]의 옛 지역을 솔빈부[31]로 삼았는데, 화주·익주·건주 등 3주를 관할하였다.

불널[32]의 옛 지역을 동평부로 삼았는데, 이주·몽주·타주·흑주·비주 등 5주를 관할하였다.

철리[33]의 옛 지역을 철리부로 삼았는데, 광주·분주·포주·해주·의주·귀주 등 6주를 관할하였다.

월희[34]의 옛 지역을 회원부[35]로 삼았는데, 달주·월주·회주·기주·부주·미주·복주·야주·지주 등 9주를 관할하였다. 그 동쪽의[36] 안원부[37]는 영주·미주·모주·상주 등 4주를 관할하였다.

또 영주·동주·속주 등 3주를 독주주[38]로 삼았다. 속주는 그 지역이 속말강에 가까운 데서 연유한 이름이니, 대체로 이른바 속말수[39] 일대일 것이다.

용원부는 동남쪽으로 바다에 가까우니 일본으로 가는 길[40]이다. 남해

28　그 동쪽의 : 원사료에 없지만, 역자가 삽입하였다.

29　안변부(安邊府) : 러시아 연해주의 올가(Olga)에 비정된다.

30　솔빈(率賓) : 중국과 러시아의 경계를 흐르는 수분하(綏芬河, Razdolnaya) 부근에 거주하던 말갈족의 하나.

31　솔빈부(率賓府) : 러시아 연해주의 우수리스크(Ussuriysk, 雙城子)에 비정된다.

32　불녈(拂涅) : 숙신. 읍루의 후예인 말갈족의 하나로 흥개호(興凱湖) 부근에 거주하였다.

33　철리(鐵利) : 말갈족의 하나로 흑룡강성 하얼빈[哈爾濱]시 의란(依蘭)현 일대에 거주하였던 것으로 추정된다.

34　월희(越喜) : 말갈족의 하나로 그 거주지에 대해서는 발해의 북쪽 또는 서쪽으로 보는 견해로 나뉜다.

35　회원부(懷遠府) : 월희말갈의 위치 비정에 따라 중국 흑룡강성 동강시(同江市) 또는 길림성 공주령시(公主嶺市) 회덕진(懷德鎭)으로 보는 견해로 나뉜다.

36　그 동쪽의 : 원사료에 없지만, 역자가 삽입하였다.

37　안원부(安遠府) : 회원부의 위치 비정에 따라 중국 흑룡강성 부금(富金)시 또는 길림성 송원(松原)시 장령(長嶺)현으로 보는 견해로 나뉜다.

38　독주주(獨奏州) : 중앙에 직접 보고하는 주(州)라는 뜻으로 행정적으로 부(府)에 속하지 않았다.

39　속말강(涑沫江)·속말수(粟末水) : 권1 〈군고〉 각주 2 참조.

40　일본으로 가는 길[日本道] : 동경 용원부의 염주에서 뱃길로 일본 본주(本州)의 서쪽 방면에 도착하였다. 그런데 발해

부는 신라로 가는 길[41]이다. 압록부는 당나라에 조공하러 가는 길[42]이다. 장령부는 영주로 가는 길[43]이다. 부여부는 거란으로 가는 길[44]이다.

사신의 도착지는 8세기에는 북륙(北陸) 지방, 9세기에는 산음(山陰) 지방으로 시기적으로 차이를 보인다.

41 신라로 가는 길[新羅道] : 동경 용원부의 예전 명칭인 책성부에서 신라의 천정군까지 동해안으로 따라 39역이 있었다. 그중 남경 남해부가 신라와 가깝기 때문에 신라도의 출발점으로 규정되었다.

42 조공하러 가는 길[朝貢道] : 서경 압록부에서 뱃길로 압록강을 남하한 후 요동반도 연안을 거쳐 묘도열도를 통해 산동반도의 등주에 도착한 다음, 당나라 수도인 장안으로 가는 길이다.

43 영주로 가는 길[營州道] : 장령부에서 요하를 건너 당나라의 동북방면 요충지인 영주로 가는 길이다.

44 거란으로 가는 길[契丹道] : 부여부에서 지금의 장령(長嶺), 통료(通遼), 개로(開魯), 천산(天山)을 거쳐 거란의 중심지인 파림좌기(巴林左旗)에 이르는 길이다.

주와 현의 연혁

《요사》〈지리지〉[45]에 "태조[46]가 동쪽으로 발해를 병합하여 거주할 만한 성읍 103개를 획득하였다"고 하였으니, 다음과 같다.

동경 요양부[47]는 본래 조선[48]의 지역이다. 주나라 무왕[49]이 기자[50]를 감옥에서 풀어주니 그는 조선으로 가버렸다. 그로 인해 그를 조선의 왕에 봉하였다. 한나라 초기에 연 지방 사람 위만[51]이 비어 있던 지역[52]에서 왕이 되었다. 무제[53]가 원봉 3년(서기전 108)에 조선을 평정하고 진번군[54]·임

---

45 《요사》〈지리지〉 : 첫 기사만 《요사》 권37, 지7, 지리지1에서 인용한 것이고, 동경 요양부 이하의 기사는 모두 권38, 지8, 지리지2, 동경도에서 발췌 인용한 것이다. 《요사》는 급하게 편찬되었기 때문에 오류가 적지 않은데, 특히 〈지리지〉가 심하다.

46 태조(太祖) : 거란 태조 야율아보기. 권1 〈군고〉 각주 153 참조.

47 동경(東京) 요양부(遼陽府) : 지금의 중국 요령성(遼寧省) 요양시(遼陽市).

48 조선(朝鮮) : 기원전 2333년에 단군(檀君)이 세운 나라로, 중국의 요동과 한반도 서북부 지역에 자리 잡았다.

49 주(周)나라 무왕(武王) : 기원전 1122년에 은(殷)나라를 멸망시키고 주나라를 세운 임금.

50 기자(箕子) : 은나라 왕족으로 주왕(紂王)의 폭정을 간언하다가 감옥에 갇혔다. 나중에 무왕이 그를 석방하고 정치의 요체를 물었는데, 기자는 홍범구주(洪範九疇)를 알려주고 주나라의 신하가 되기를 거부하였다.

51 한(漢)나라 초기에 연(燕) 지방 사람 위만(衛滿) : 한나라 고조(高祖) 유방(劉邦)이 중국을 통일한 후 연(지금의 북경) 지방의 제후였던 노관(盧綰)이 기원전 195년에 반란을 일으켰다가 4월에 북쪽의 흉노(匈奴)로 도망갔다. 이 무렵에 위만도 동쪽의 조선으로 갔다.

52 비어 있던 지역[故空地] : 원사료(《사기》 권115, 열전55, 조선)에는 '진고공지(秦故空地)'로 되어 있다. 진나라에 속하던 지역이 진한(秦漢) 교체기의 혼란 및 고조선의 성장으로 한나라가 관할하지 못한 한반도 서북부 지역을 가리킨다. 또는 그 이북의 요동지역으로 보는 견해도 있다.

53 무제(武帝, 서기전 156~서기전 87) : 한나라의 6대 황제. 중앙 집권을 강화하고 흉노를 정벌하였으며, 중앙아시아를 통하여 동서 교류를 왕성하게 하였다. 재위 기간은 서기전 141~서기전 87년.

54 진번군(眞番郡) : 그 위치에 대해서는 크게 낙랑군의 북쪽과 남쪽으로 견해들이 나뉜다. 지금의 황해도 일대 즉 자비령(慈悲嶺) 이남 한강 이북의 땅에 설치되었다고 보는 견해가 유력하다. 그렇지만 유득공은 《사군지(四郡志)》에서 북쪽

둔군[55] · 낙랑군[56] · 현도군[57]의 4군을 설치하였다. 한나라 말년에 공손도[58]
가 차지하였고, 진나라[59]가 고구려를 함락한 후로는 모용수[60]에게 귀속되
었다. 아들 모용보[61]는 고구려왕 안을 평주목으로 삼아[62] 다스리게 하였
다. 원위 태무제[63]가 사신을 보내 고구려왕이 사는 평양성에 도착한 적이
있으니, 요나라 동경은 본래 이곳이다.[64] 당나라 고종[65]이 고구려를 평정
하고 이곳에 안동도호부[66]를 설치하였는데, 나중에 발해 대씨가 차지하
였다. 중종[67]은 그가 도읍한 곳에 홀한주[68]라는 이름을 내리고 발해군왕[69]

의 고구려 지역으로 보았다. 진번군은 서기전 82년에 낙랑군에 통합되었다.

55 임둔군(臨屯郡) : 여러 견해 중에서 지금의 함경남도 지역에 설치되었다고 보는 견해가 유력하다. 서기전 82년에 현도
    군에 통합되었다.

56 낙랑군(樂浪郡) : 여러 견해 중에서 지금의 평양 일대, 즉 청천강 이남에서 자비령 이북에 설치되었다고 보는 견해가 유
    력하다. 313년(미천왕 14)에 고구려에 병합되었다.

57 현도군(玄菟郡) : 여러 견해 중에서 지금의 압록강 중류 지역에 설치되었다고 보는 견해가 유력하다. 고구려의 성장에
    따라 기원전 75년 지금의 요령성 신빈현(新賓縣)으로 옮겼다가 106년(태조왕 54)에 무순시(撫順市)로 퇴각하였다.

58 공손도(公孫度, ?~204) : 후한 말기에 요동태수가 되어 왕을 자처하였다. 아들 강(康)과 공(恭), 손자 연(淵) 등 4대에
    걸쳐 50년간 요동에서 독자세력으로 군림하였다. '도(度)'는 '탁'으로 읽기도 하지만, 그의 자가 승제(升濟)이므로 '도'가
    맞다.

59 진(晉)나라(265~420) : 사마염(司馬炎)이 위(魏)나라를 멸하고 세운 나라. 280년 오(吳)나라를 공격하여 중국을 통일하
    였다. 317년에 영가(永嘉)의 난으로 망하기 이전을 서진(西晉), 사마예(司馬睿)가 지금의 남경(南京)에 다시 세운 나라
    를 동진(東晉)이라 부른다.

60 모용수(慕容垂, 326~396) : 5호 16국 시대 후연(後燕)의 시조. 전연(前燕)의 모용황의 다섯째 아들로, 숙부의 시기를
    받아 전진(前秦)으로 망명하였다. 386년에 전진으로부터 독립하여 후연을 세웠다. 재위 기간은 386~396년.

61 모용보(慕容寶, 354~398) : 모용수의 넷째 아들. 재위 기간은 396~398년.

62 안(安)을 평주목(平州牧)으로 삼아 : 안은 고구려 19대 광개토왕(廣開土王, 374~412). 평주는 지금의 하북성 노룡(盧
    龍)현 일대. 목은 한(漢)나라 때 지방의 감찰관인 자사(刺史)가 바뀐 명칭으로 군사권까지 장악하였다. 그러나 고구려가
    실제로 이 지역을 차지한 것은 아니므로, 평주목은 실직이 아니라 명예직이다.

63 원위(元魏) 태무제(太武帝, 408~452) : 남북조 시대 북위(北魏)의 별칭. 왕족 탁발씨(拓跋氏)가 나중에 원씨(元氏)로
    성씨를 바꾸었기 때문에 원위라고도 부른다. 태무제는 북위의 3대 왕으로 재위 기간은 424~452년.

64 고구려왕이 사는 평양성(平壤城)에 ~ 요(遼)나라 동경(東京)은 본래 이곳이다 : 《요사》 〈지리지〉의 대표적인 오류이다.

65 당(唐)나라 고종(高宗) : 권1 〈군고〉 각주 3 참조.

66 안동도호부(安東都護府) : 권1 〈군고〉 각주 84 참조.

67 중종(中宗) : 권1 〈군고〉 각주 31 참조.

68 홀한주(忽汗州) : 권1 〈군고〉 각주 39 참조.

69 발해군왕(渤海郡王) : 권1 〈군고〉 각주 38 참조.

에 봉하였으니, 홀한주는 바로 옛 평양성이며 중경 현덕부라고 불렀다.[70] 요나라 태조가 건국한 후 발해를 공격하여 홀한성[71]을 함락하고 그 왕 대인선[72]을 사로잡은 다음, 이곳을 동란왕국[73]으로 삼고 태자 도욕을 인황왕에[74] 임명하여 다스리게 하였다. 이곳에 패수라는 강이 있는데, 이하[75]라고도 부른다. 또 헌우박[76]이라고도 하는데, 물가에 헌우 같은 풀이 많은 데서 유래하였다.

요양현[77]은 본래 발해국의 금덕현[78] 지역이다. 한나라의 패수현[79]이었는데, 고구려가 구려현으로 고쳤고, 발해는 상락현으로 삼았다.

선향현[80]은 본래 한나라의 요대현[81]인데, 발해는 영풍현으로 삼았다. 《신선전》[82]에 "신선 백중리[83]는 신령한 단약[84]을 제련하고 황금을 만들 줄 알아 백성을 구제하였다"라고 하였다.

---

70 홀한주는 ~ 중경 현덕부라고 불렀다 : 《요사》〈지리지〉의 대표적인 오류이다.

71 홀한성(忽汗城) : 권1 〈군고〉 각주 28 참조.

72 대인선(大諲譔) : 권1 〈군고〉 왕 인선 참조.

73 동란왕국(東丹王國) : 권1 〈군고〉 각주 174 참조.

74 도욕(圖欲)을 인황왕(人皇王)에 : 권1 〈군고〉 각주 159, 176 참조.

75 패수(浿水)라는 ~ 이하(泥河) : 패수는 위만조선과 한나라의 경계가 되었던 강으로, 현재 위치에 대해서는 청천강·압록강·대릉하 등 다양한 견해가 있다. 여기서의 이하는 요령성 해성시(海城市) 서남쪽 65리에 있는 어니하(淤泥河)를 가리킨다.

76 헌우박(葒芋濼) : 헌우(葒芋, 누린내풀)가 많이 나는 늪지대.

77 요양현(遼陽縣) : 지금의 요령성 요양시 노성구(老城區).

78 금덕현(金德縣) : 요나라가 발해의 금덕현 사람을 요양현으로 이주시키면서 그 지명을 그대로 사용한 사실을 《요사》〈지리지〉 찬자가 오해하여 요나라의 요양현이 발해의 금덕현이라고 잘못 표기하였다. 아래의 발해 지명들도 마찬가지이다. 원 위치는 현재까지 알 수 없다.

79 패수현(浿水縣) : 한나라 낙랑군의 속현. 《한서》〈지리지〉에 따르면, 이곳에서 패수가 서쪽으로 증지(增地)에 이르러 바다로 들어간다.

80 선향현(仙鄉縣) : 지금의 요령성 해성시(海城市) 소하구(小河口) 서북 고타자(高坨子) 일대.

81 요대현(遼隊縣) : 한나라 요동군의 속현.

82 신선전(神仙傳) : 동진(東晉)의 갈홍(葛洪, 284~364)이 지은 신선 84명에 대한 전기로 모두 10권.

83 백중리(白仲理) : 《신선전》권7에는 백화(帛和)로 나오며, 중리(仲理)는 그의 자(字)이다. 그는 신령한 단약을 만들어 절반을 먹어 장생불사하고, 나머지 절반으로 황금 50근을 만들어 가난하고 병든 사람을 구제했다고 한다.

84 단약(丹藥) : 신선이 만들어서 먹으면 죽지 않고 오래도록 살 수 있는 신비로운 약.

학야현[85]은 본래 한나라의 거취현[86] 지역인데, 발해가 계산현으로 삼았다. 옛날 정령위[87]의 집이 이곳이다. 집을 떠난 지 천년 만에 학이 되어 돌아와 화표주[88]에 앉아 부리로 시를 새겼다.

새여 새여 정령위여	有鳥有鳥丁令威
집 떠난 지 천 년 만에 돌아왔네	去家千年今來歸
성곽은 그대로인데 사람은 그렇지 않네	城郭雖是人民非
어찌 신선을 배우지 않아 무덤만 총총한가	何不學仙冢纍纍

석목현[89]은 본래 한나라의 망평현[90] 지역인데, 발해가 화산현으로 삼았다. 자몽현[91]은 본래 한나라 누방현[92] 지역인데, 나중에 불녈국[93]이 있었다. 발해가 동평부를 설치하고[94] 몽주 자몽현[95]을 관할하였다. 나중에 요

---

85 학야현(鶴野縣) : 지금의 요령성 요양시 서남 당마채(唐馬寨), 또는 안산시(鞍山市) 서남 동안산진(東鞍山鎭) 안산성촌(鞍山城村).

86 거취현(居就縣) : 한나라 요동군의 속현. 《한서》〈지리지〉에 따르면, 이곳에서 실위수(室僞水)가 발원하여 북쪽으로 양평(襄平)으로 흐르다가 대량수(大梁水)와 합류하였다.

87 정령위(丁令威) : 전한(前漢) 때 요동 출신으로 영허산(靈墟山)에서 도를 배운 뒤에 학이 되어 돌아왔다고 한다.

88 화표주(華表柱) : 무덤 앞에 세우는 아름답게 꾸민 한 쌍의 돌기둥. 망주석(望柱石)이라고도 한다.

89 석목현(析木縣) : 지금의 요령성 해성시 동남 석목진(析木鎭) 일대.

90 망평현(望平縣) : 한나라 요동군의 속현. 《한서》〈지리지〉 망평현의 주에는 '대요수(大遼水)가 만리장성 밖에서 발원하여, 남쪽으로 안시(安市)에 이르러 바다로 들어가는 데 1,250리나 된다'고 할 뿐, 망평현의 위치가 정확하지 않다. 《수경주(水經注)》에 따르면, 대요수가 만리장성 밖에서 동쪽으로 흘러 곧바로 요동의 망평현 서쪽까지 이르다가, 서남쪽으로 꺾어 흘러 양평현(襄平縣) 고성 서쪽을 지난다.

91 자몽현(紫蒙縣) : 지금의 요령성 요양시 부근.

92 누방현(鏤方縣) : 한나라 낙랑군의 속현.

93 불녈국(拂涅國) : 말갈족의 하나인 불녈부의 거주지는 흥개호(興凱湖) 부근으로 비정된다.

94 나중에 불녈국이~ 발해가 동평부를 설치하고 : 원문대로라면 "나중에 불녈국이 동평부를 설치했다(後拂涅國 置東平府)"고 번역된다. 그러나 《신당서》〈발해전〉에서 '발해가 불녈의 옛 지역을 동평부로 삼았다'라고 하였으므로, 《요사》〈지리지〉 편찬 과정에서 발해가 누락되었음을 알 수 있다.

95 몽주(蒙州) 자몽현(紫蒙縣) : 《신당서》〈발해전〉에는 동평부 아래에 몽주가 설치되었다는 사실만 전하는데, 자몽현의 존재는 이 기사를 통해 알 수 있다.

성[96]으로 이주시켜 모두 황령현에 편입시켰다. 발해가 다시 자몽현으로 삼았다.

홍료현[97]은 본래 한나라 평곽현[98] 지역인데, 발해가 장녕현으로 고쳤다. 당나라 원화(806~820) 연간에 발해왕 대인수[99]가 남쪽으로 신라를 평정하고 북쪽으로 여러 부족을 공략하여 군과 읍을 개설할 때, 드디어 지금 이름을 정하였다.

개주[100] 진국군[101]은 본래 예맥 지역이다. 고구려가 경주로 삼고, 발해가 동경 용원부로 삼았다. 궁전이 있었다. 경주·염주·목주·하주 등 4주의 행정을 감독하였다. 발해 때 설치된 현은 용원·영안·오산·벽곡·웅산·백양 등 6현[102]인데 모두 폐지되었다. 돌을 쌓아 성을 만들었는데, 주위가 20리이다. 당나라 설인귀[103]가 고구려를 정벌할 때, 그 대장 온사문과 웅산[104]에서 싸웠는데, 활쏘기에 능한 사람을 석성[105]에서 사로잡았으니, 바로 이곳이다. 요나라 태조가 발해를 평정하고 그 주민들을 큰 부락으로 옮기니, 성이 마침내 폐지되었다. 성종[106]이 고려를 정벌하고 돌아

---

96 요성(遼城) : 지금의 요령성 신민시(新民市) 동북쪽 공주둔진(公主屯鎭) 요빈탑 고성(遼濱塔古城).

97 홍료현(興遼縣) : 지금의 요령성 요양시 부근.

98 평곽현(平郭縣) : 한나라 요동군의 속현. 《한서》〈지리지〉에 이곳에 철관(鐵官)과 염관(鹽官)을 두었다고 하였으므로, 철과 소금의 산지이다.

99 대인수(大仁秀) : 발해 10대 왕 선왕의 이름. 권1 〈군고〉 선왕 참조.

100 개주(開州) : 지금의 요령성 봉성시(鳳城市).

101 진국군(鎭國軍) : 요나라는 개주처럼 큰 주에 절도사(節度使)를 설치하였다. 진국군은 그가 거느린 군대 이름으로, 절도사는 민정과 군정을 총괄하였다. 아래에 나오는 군대 이름이 있는 지명은 모두 절도사가 설치된 지역이다.

102 용원(龍原) ~ 등 6현 : 모두 발해 경주(慶州)의 속현들이다.

103 설인귀(薛仁貴, 614~683) : 당나라의 장수로 여러 차례 고구려를 공격했으며, 고구려 멸망 이후 평양에 안동도호부를 설치하고 안동도호로 부임하였다. 671년에는 계림도총관(鷄林道總管)에 임명되어 신라를 공격하였다.

104 웅산(熊山) : 《자치통감》과 《삼국사기》 고구려본기, 《구당서》 설인귀전에는 '횡산(橫山)'으로 되어 있다.

105 석성(石城) : 횡산 내지 웅산 주변의 성 이름인지, 아니면 돌로 쌓은 성인지 확실치 않다.

106 성종(聖宗) : 요나라 6대 황제. 권1 〈군고〉 각주 199 참조.

올 때 성터를 두루 살펴보고 다시 수리하였다.

개원현[107]은 본래 책성 지역이다. 고구려가 용원현으로 삼았는데, 발해가 그대로 따랐다. 요나라 초기에 폐기되었다가 성종이 동쪽을 토벌할 때 다시 설치하였다.

염주[108]는 본래 발해 용하군이다. 발해 때 설치된 현은 해양·접해·격천·용하 등 4현인데, 모두 폐지되었다.

목주[109] 보화군은 본래 발해 회농군이다. 발해 때 설치된 현은 회농·수기·순화·미현 등 4현인데, 모두 폐지되었다.

하주[110]는 본래 발해 길리군이다. 발해 때 설치된 현은 홍하·송성·길리·석산 등 4현인데, 모두 폐지되었다.

진주[111] 봉국군은 본래 고구려 개모성이다. 당나라 태종[112]이 이세적[113]을 만나 개모성을 공격하여 격파하였으니, 바로 이곳이다. 발해가 개주로 바꾸었다가, 다시 진주[114]로 바꾸었으니, 그 이름은 진한[115]에서 따온 것이다. 정읍[116]이 나란히 늘어서 있어 최고의 요충지이다. 요나라가 그 주

---

107 개원현(開遠縣) : 지금의 요령성 봉성시 남변문(南邊門) 고성(古城) 일대, 또는 봉성시 동남 봉황산보(鳳凰山堡) 일대.

108 염주(鹽州) : 지금의 요령성 봉성시 부근.

109 목주(穆州) : 지금의 요령성 수암 만족(岫巖滿族) 자치현 일대.

110 하주(賀州) : 지금의 요령성 봉성시 동쪽 지역.

111 진주(辰州) : 지금의 요령성 개주시(蓋州市) 일대.

112 태종(太宗, 598~649) : 당나라 2대 황제. 성은 이(李), 이름은 세민(世民). 당나라의 기초를 쌓은 명군(名君)이지만, 고구려 원정에는 실패하였다. 재위 기간은 626~649년.

113 이세적(李世勣, 594~669) : 당나라 초기의 명장으로 동돌궐과 고구려 멸망에 큰 공을 세웠다. 본명은 서세적(徐世勣)인데, 고조(高祖)가 이씨를 하사하였다. 고종 때 태종의 이름을 피하여 이적(李勣)으로 불렸다.

114 개주(蓋州) ~ 진주(辰州) : 《신당서》〈발해전〉에는 발해의 주가 62주라고 하지만 실제로 전하는 것은 60개이다. 개주 또는 진주가 이름이 전하지 않는 2개 중 하나일 가능성이 있다.

115 진한(辰韓) : 삼한(三韓) 가운데 경상북도를 중심으로 한 동북부 지역에 있던 12국의 총칭. 그런데 당나라 때의 묘지명(墓誌銘)에는 고구려를 가리키는 용어로 삼한(三韓), 진한(辰韓) 등을 많이 사용하였다.

116 정읍(井邑) : 중국 고대의 주나라는 사방 1리(里)를 9가(家)가 나누어 경작할 수 있는 토지로 구분하여 정(井)으로 삼고,

190

민을 조주[117]로 옮기고 처음에는 장평군이라 불렀다.

노주[118] 현덕군은 본래 발해 삼로군이다. 발해 때 설치된 현은 산양·삼로·한양·백암·상암 등 5현인데, 모두 폐지되었다.

철주[119] 건무군은 본래 한나라 안시현[120]인데 고구려가 안시성으로 삼았다. 당나라 태종이 공격하였으나 함락시키지 못하였다. 설인귀가 군졸로서 앞장서서 오른 성이 바로 이곳이다. 발해가 주를 설치하였다. 발해 때 설치된 현은 위성·하단·창산·용진 등 4현인데, 모두 폐지되었다.

흥주[121] 중흥군은 본래 한나라 해명현[122] 지역이다. 발해가 주를 설치하였다. 발해 때 설치된 현은 성길·산산·철산 등 3현인데, 모두 폐지되었다.

탕주[123]는 본래 한나라 양평현[124] 지역이다. 발해 때 설치된 현은 영봉·상풍·백석·균곡·가리 등 5현인데, 모두 폐지되었다.

숭주[125] 융안군은 본래 한나라 장잠현[126] 지역이다. 발해가 주를 설치하였다. 발해 때 설치된 현은 숭산[127]·위수·녹성 등 3현인데, 모두 폐지되

4정을 1읍(邑)으로 삼았다. 정읍은 그를 중심으로 이루어진 향촌(鄕村), 나아가 군사 기지의 기능까지 겸한 성진(城鎭)을 뜻하기도 한다.

117 조주(祖州) : 상경 임황부(上京臨潢府)에 속한 주로 지금의 내몽고 자치구(內蒙古自治區) 파림좌기(巴林左旗) 일대.

118 노주(盧州) : 지금의 요령성 개주시 서남 웅악진(熊岳鎭) 일대.

119 철주(鐵州) : 지금의 요령성 대석교시(大石橋市) 북쪽 탕지촌(湯池村) 고성 일대.

120 안시현(安市縣) : 한나라 요동군의 속현.

121 흥주(興州) : 지금의 요령성 철령시(鐵嶺市) 서남 신대자진(新臺子鎭) 의로촌(懿老村) 일대.

122 해명현(海冥縣) : 한나라 낙랑군의 속현.

123 탕주(湯州) : 지금의 요령성 요양시 서북 요중현(遼中縣) 일대.

124 양평현(襄平縣) : 한나라 요동군의 속현.

125 숭주(崇州) : 《신당서》〈발해전〉에 숭주는 없다. 중경 현덕부에 속한 영주(榮州)와 글자가 비슷하므로, 숭(崇)은 영(榮)의 오기로 추정된다.

126 장잠현(長岑縣) : 한나라 낙랑군의 속현.

127 숭산(崇山) : 숭주가 영주의 오기라면, 숭산도 영산(榮山)의 오기이다.

었다.

해주[128] 남해군은 본래 옥저국 지역이다. 고구려가 사비성[129]으로 삼 았고, 당나라 이세적이 공격하였던 곳이다. 발해가 남경 남해부라 불렀 다.[130] 돌을 쌓아 성을 만들었는데 넓이가 9리였다. 옥주·청주·초주 등 3주를 감독하였다. 발해 때 설치된 현은 옥저·취암·용산·빈해·승평· 영천 등 6현[131]인데, 모두 폐지되었다.

요주[132]는 본래 발해의 초주이다. 발해 때 설치된 현은 초산·초령·시 천·첨산·암연 등 5현인데, 모두 폐지되었다.

빈주[133] 유원군은 본래 발해 청주이다. 발해 때 설치된 현은 천청·신 양·연지·낭산·선암 등 5현인데, 모두 폐지되었다.

녹주[134] 압록군은 본래 고구려의 옛 수도[135]인데, 발해가 서경 압록부

128 해주(海州) : 지금의 요령성 해성시(海城市) 일대.
129 사비성(沙卑城) : 645년(보장왕 4, 당 태종 정관 14)에 당나라 장수 정명진(程名振)이 사비성을 함락하였다. 정명진이 함락한 사비성은 비사성(卑沙城, 卑奢城)의 다른 이름으로 보기도 한다. 그런데 비사성은 요동반도 남단에 위치한 지 금의 요령성 대련시(大連市) 금주구(金州區)의 대흑산성(大黑山城)으로 비정된다. 이곳은 해성시와 멀리 떨어져 있 으므로, 《요사》 〈지리지〉의 이 기록이 잘못이 아니라면 비사성과 사비성은 다른 곳으로 보아야 한다.
130 해주 남해군은 ~ 발해가 남경 남해부라 불렀다 : 옥저는 함경남도 함흥 일대에 있던 초기 국가로 발해 상경성의 남쪽에 위치하므로 발해가 남경으로 불렀다. 요나라는 이곳의 발해 유민을 요동으로 옮기며 그 지명을 해주로 고쳤던 것이다.
131 옥저(沃沮) ~ 등 6현 : 모두 발해 옥주의 속현들이다.
132 요주(耀州) : 지금의 요령성 대석교시 금교가도(金橋街道) 약주촌(岳州村).
133 빈주(嬪州) : 지금의 요령성 해성시 동북쪽 감천진(甘泉鎭) 향양채(向陽寨).
134 녹주(渌州) : 지금의 길림성(吉林省) 임강시(臨江市) 일대. 또는 요령성 동항시(東港市) 서북 흑구고성(黑溝古城) 일대.
135 옛 수도[故國] : 고구려의 9대왕 고국천왕 사후에 발생한 발기(發歧)와 연우(延優, 나중의 산상왕)의 대립을 《삼국지》 위서 동이전 고구려에서는 신대왕 사후에 발생한 발기(拔奇)와 이이모(伊夷模, 나중의 고국천왕)의 대립으로 잘못 전 하고 있다. 그런데 《삼국지》에 의하면, 발기가 소노가(消奴加)와 함께 하호(下戶) 3만을 이끌고 공손강(公孫康)에 투 항하였다가 다시 비류수에 돌아오고 앞서 고구려에 투항했던 항호(降胡)도 반란을 일으키자, 이이모는 '다시 새 수도 를 만들었다[更作新國]'하였다고 전한다. 《요사》 〈지리지〉의 찬자는 이를 토대로 '옛 수도[故國]'와 환주(桓州)조에 나 오는 '새 수도[新國]'로 구별한 것 같다. 그러나 발해 서경 압록부는 현재 임강시(臨江市)로 비정되는 만큼 이곳이 환

로 삼았다. 성의 높이는 3장[136]이고, 사방 넓이는 20리이다. 신주·환주·
풍주·정주 등 4주의 행정을 감독하였다. 발해 때 설치된 현은 신록·신
화·검문 등 3현[137]인데, 모두 폐지되었다.

환주[138]는 고구려 도성[139]이다. 발해 때 설치된 현은 환도·신향·기
수 등 3현인데, 모두 폐지되었다. 고구려 왕이 이곳에 궁궐을 세우니 나
라 사람들이 '새 수도'라고 일컬었다. 5세손 소[140]가 진나라 강제[141] 건원
(343~344) 초년에 모용황[142]에게 패하여 궁실이 불타버렸다.

풍주[143]는 발해가 반안군을 설치한 곳이다. 발해 때 설치된 현은 안풍·
발각·습양·협석 등 4현인데, 모두 폐지되었다.

정주[144]는 본래 비류왕[145]의 옛 지역인데, 나라가 공손강[146]에게 병합
되었다. 발해가 비류군을 설치하였다. 비류수[147]가 있다.

도성 이전의 고구려 도읍지였다는 해석은 옳지 않다.

136 3장(丈) : 1장＝10척≒3m로, 3장은 약 9m이다.

137 신록 ~ 등 3현 : 모두 발해 신주의 속현들이다.

138 환주(桓州) : 지금의 길림성 집안시(集安市) 일대.

139 도성[中都城] : 원문의 '중도성(中都城)'은 고유 명사가 아니라, 수도[中都]에 쌓은 성이라는 일반 명사이다.

140 5세손 소(釗) : 고구려 16대 고국원왕(故國原王)의 이름. 사유(斯由)라고도 한다. 재위 기간은 331~371년. 342년에
    전연에 환도성을 함락당하고, 371년에 백제군에 패하여 전사하였다. 5세손은 11대 동천왕(東川王)으로부터 헤아린
    대수(代數)이다. '소'는 '쇠'라고도 읽는다.

141 진(晉)나라 강제(康帝, 322~344) : 동진(東晉)의 4대 황제. 재위기간은 342~344년.

142 모용황(慕容皝, 333~348) : 5호 16국 시대 전연(前燕)의 시조. 모용외(慕容庻)의 아들로 선정을 펴고 중국문화의 보
    급에 힘썼다. 342년에 5만 대군을 이끌고 고구려를 공격하여 환도성을 함락하였다.

143 풍주(豊州) : 지금의 길림성 무송현(撫松縣) 일대.

144 정주(正州) : 지금의 길림성 통화시(通化市) 일대. 또는 요령성 단동시(丹東市) 서북쪽 일대.

145 비류왕(沸流王) : 연우(나중의 산상왕) 또는 이이모(나중의 고국천왕)와 대립하여 공손강에게 투항하였다가 비류수로
    되돌아 온 발기를 가리키는 것 같다. 각주 135 참조.

146 공손강(公孫康, ?~221) : 204년부터 아버지 공손도를 이어 요동지역을 지배하고, 낙랑군 남쪽에 대방군(帶方郡)을
    설치하여 한(韓)과 예(濊)를 침공하였다.

147 비류수(沸流水) : 지금의 중국 길림성 백산시(白山市) 북쪽에서 발원하여 요령성 환인현(桓仁縣)을 거쳐 압록강으로
    합류하는 혼강(渾江)의 옛 이름.

모주[148]는 본래 발해 안원부 지역이다. 발해 때 설치된 현은 모화·숭평 등 2현인데, 오래전에 폐지되었다.

현주[149] 봉선군은 본래 발해 현덕부 지역이다. 요나라 세종[150]이 설치하여 현릉을 받들게 하였다. 현릉은 동란국 인황왕[151]의 무덤이다.

솔빈현[152]은 본래 발해 솔빈부 지역이다.

웅산현[153]은 본래 발해현[154] 지역이다.

영산현[155]은 본래 발해 영봉현 지역이다.

사농현[156]은 본래 발해 녹군현인데, 녹파·운천 2현을 합쳐 편입시켰다.

귀덕현[157]은 본래 한나라 양평현인데, 발해가 숭산현으로 삼았다.

봉덕현[158]은 본래 발해 녹성현 지역이다.

심주[159] 소덕군은 본래 읍루국[160] 지역인데, 발해가 심주를 세웠다. 옛 현이 9현인데 모두 폐지되었다.

---

148 모주(慕州) : 지금의 길림성 유하현(柳河縣) 일대. 또는 요령성 수암현(岫巖縣) 동부 일대.

149 현주(顯州) : 지금의 요령성 북진시(北鎭市) 일대.

150 세종(世宗, 918~951) : 요나라 3대 황제 야율완(耶律阮). 야율배의 장자로 태종을 따라 후진(後晉)을 공격하다가, 태종이 사망하자 황제로 추대되었다. 재위기간은 946~951년.

151 인황왕(人皇王) : 요나라 태조 야율아보기의 장자 야율배(耶律倍). 권1 〈군고〉 각주 159, 176 참조.

152 솔빈현(率賓縣) : 강주(康州)의 속현으로, 지금의 요령성 북진시 일대, 또는 안산시 대안현(臺安縣) 일대.

153 웅산현(熊山縣) : 종주(宗州)의 속현으로, 지금의 요령성 봉성시 일대.

154 발해현(渤海縣) : 표기 방식으로 보아 발해 다음에 현 이름이 누락되었을 가능성이 높다. 아래도 같다.

155 영산현(靈山縣) : 건주(乾州) 광덕군(廣德軍)의 속현으로, 지금의 요령성 북진시 일대, 또는 흑산현(黑山縣) 일대, 또는 부신시(阜新市) 창무현(彰武縣) 일대.

156 사농현(司農縣) : 건주 광덕군의 속현으로, 영산현 부근.

157 귀덕현(貴德縣) : 귀덕주(貴德州) 영원군(寧遠郡)의 속현으로, 지금의 요령성 무순시(撫順市) 고이산(高爾山) 일대.

158 봉덕현(奉德縣) : 귀덕주 영원군의 속현으로, 귀덕현 부근.

159 심주(瀋州) : 지금의 요령성 심양시(瀋陽市) 노성구(老城區) 일대.

160 읍루국(挹婁國) : 각주 25 참조.

암주[161] 백암군은 본래 발해 백암성이다.

백암현[162]은 발해가 설치하였다.

집주[163] 회중군은 옛 비리군[164] 지역인데, 한나라 때 험독현[165]에 속하였다. 고구려가 상암현으로 삼았고, 발해가 주를 설치하였다.

봉집현[166]은 발해가 설치하였다.

광주[167] 방어[168]는 한나라 때 양평현에 속했는데, 고구려가 당산현으로 삼았고, 발해가 철리군으로 삼았다.

요주[169] 시평군은 본래 불녈국 성인데, 발해가 동평부로 삼았다. 당나라 태종이 고구려를 직접 정벌할 때, 이세적이 요성[170]을 함락하였다. 고종이 조서를 내려 정명진[171]과 소정방[172]에게 고구려를 토벌하도록 하여,

---

161 암주(巖州) : 지금의 요령성 등탑시(燈塔市) 연주성(燕州城) 일대.

162 백암현(白巖縣) : 암주의 수현(首縣)이므로, 위치는 위와 같거나 그 부근이다.

163 집주(集州) : 《신당서》〈발해전〉에는 발해의 주가 62개라고 하지만 실제로 전하는 것은 60개이다. 집주가 이름이 전하지 않는 2개 중 하나일 가능성이 있다. 지금의 요령성 심양시 동남쪽 봉집보(奉集保) 일대.

164 비리군(陴離郡) : 《진서(晉書)》 권97, 열전67, 비리등십국(神離等十國)의 "비리국은 숙신 서북쪽에 있다. 말타고 200여일 가는 거리인데, 2만호를 거느리고 있다. 양운국은 비리국에서 다시 말타고 50일 가는 거리인데, 2만호를 거느리고 있다(神離國在肅慎西北, 馬行可二百日, 領戶二萬. 養雲國去神離馬行又五十日, 領戶二萬)"에 보이는 비리(神離)에서 연유한 지명인 것 같다.

165 험독현(險瀆縣) : 한나라 요동군의 속현.

166 봉집현(奉集縣) : 지금의 요령성 심양시 동남쪽 봉집보 일대.

167 광주(廣州) : 지금의 요령성 심양시 서남쪽 고화진(高華鎮) 또는 창역고성(彰驛古城) 일대.

168 방어(防禦) : 방어사주(防禦使州)의 장관인 방어사(防禦使)의 약칭. 절도사가 설치된 주보다 낮은 등급의 주에 설치하였다.

169 요주(遼州) : 지금의 요령성 신민시(新民市) 동북쪽 공주둔진(公主屯鎮) 요빈탑(遼濱塔) 고성.

170 요성(遼城) : 645년 5월에 이세적이 함락한 것은 요성이 아니라 요동성(遼東城, 지금의 요령성 요양시 노성구)이다.

171 정명진(程名振, ?~662) : 당나라의 장군. 645년에 고구려의 사비성을 함락하였고, 655년에 소정방과 함께 고구려를 공격하였다.

172 소정방(蘇定方, 592~667) : 당나라의 장군. 이름은 열(烈). 정방은 자(字). 660년에 나당 연합군의 대총관으로서 13만의 당군을 거느리고 백제를 멸망시켰다. 661년에는 평양성을 포위하였으나 실패하였다.

이들이 신성[173]에 이르러 대파하였으니, 모두 이 지역이다. 요나라 태조가 발해를 정벌할 때 먼저 동평부를 격파하고 주민들을 이곳에 옮겨놓았다. 옛 동평부는 이주·몽주·타주[174]·흑주·비주 등 5주를 관할하였다. 관할하는 현은 18현인데 모두 폐지되었다. 태조가 주로 고치고 군대 이름을 동평군으로 불렀는데, 태종이 다시 시평군으로 바꾸었다. 요하[175]·양장하[176]·추자하[177]·사산[178]·낭산·흑산[179]·건자산 등이 있다.

기주[180] 우성군은 본래 발해 몽주 지역이다.

수주[181]는 본래 발해 미주 지역이다.

산하현[182]은 본래 발해현인데, 흑천·녹천 2현과 합쳐 설치하였다.

통주[183] 안원군은 본래 부여국 왕성인데, 발해가 부여성이라 불렀다. 요

---

173 신성(新城) : 지금의 요령성 무순시 고이산성(高爾山城).

174 타주(陀州) : 《신당서》〈발해전〉에는 타주(沱州)로 되어 있다.

175 요하(遼河) : 길림성 요원시(遼源市) 부근에서 발원하는 동요하(東遼河)와 내몽고자치구 부근에서 발원하는 서요하(西遼河)가 길림성 철령시(鐵嶺市) 창도현(昌圖縣) 부근에서 합류하여 남쪽으로 흘러 발해(渤海)로 빠지는 강. 길이는 1,430km.

176 양장하(羊腸河) : 요령성 북진시와 흑산현(黑山縣) 경계를 흘러 남쪽으로 요양하(繞陽河)에 합류하는 강. 길이는 약 90km.

177 추자하(錐子河) : 《거란국지(契丹國志)》 권8에 따르면, 8대 황제 흥종(興宗)의 출생지가 현주 동쪽 추자하라고 하였다. 이로 보아 요령성 북진시 동쪽에 있는 강으로 추정된다.

178 사산(蛇山) : 지금의 요령성 심양시 소가둔구(蘇家屯區) 사산촌(蛇山村), 또는 신민시 동사산촌(東蛇山村)을 가리키는 듯하다.

179 흑산(黑山) : 지금의 요령성 금주시(錦州市) 흑산현(黑山縣).

180 기주(祺州) : 지금의 요령성 심양시 강평현(康平縣) 동남쪽 학관둔진(郝官屯鎭), 또는 강평현 서쪽 장강진(張强鎭) 일대.

181 수주(遂州) : 지금의 요령성 철령시 창도현 서북쪽 칠가자진(七家子鎭), 또는 내몽고자치구 통료시(通遼市) 고륜기(庫倫旗) 동북 삼가자진(三家子鎭) 일대.

182 산하현(山河縣) : 수주의 수현이므로, 위치는 위와 같거나 부근이다.

183 통주(通州) : 지금의 길림성 사평시(四平市) 일대.

196

나라 태조가 용주로 고쳤고,[184] 태종이 지금 이름으로 바꾸었다.

통원현[185]은 본래 발해 부여현인데, 포다현과 합쳐 설치하였다.

안원현[186]은 본래 발해 현의현인데, 작천현과 합쳐 설치하였다.

귀인현[187]은 본래 발해 강사현인데, 신안현과 합쳐 설치하였다.

어곡현[188]은 본래 발해의 현이다.

한주[189] 동평군은 본래 고리국[190]으로 옛 치소[191]는 유하현[192]이다. 고구려가 막힐부를 설치하고 막주와 힐주 등 2주를 감독하였다. 발해가 그대로 따랐지만, 지금은 폐지되었다.

유하현은 본래 발해 월희현 지역인데, 만안현과 합쳐 설치하였다.

쌍주[193] 보안군은 본래 옛 읍루 지역인데, 발해가 안정군을 설치하였다.

쌍성현은 본래 발해 안이현 지역이다.

은주[194] 부국군은 본래 발해 부주이다.

---

184 태조가 용주(龍州)로 고쳤고 : 아래의 용주 황룡부 참조.

185 통원현(通遠縣) : 지금의 길림성 사평시 일면성(一面城) 일대.

186 안원현(安遠縣) : 지금의 길림성 사평시, 또는 요령성 개원시(開原市) 일대.

187 귀인현(歸仁縣) : 지금의 요령성 철령시 창도현 서북쪽 사면성진(四面城鎭) 또는 보력고성(寶力古城).

188 어곡현(漁谷縣) : 지금의 길림성 사평시, 또는 요령성 개원시(開原市) 일대.

189 한주(韓州) : 지금의 길림성 사평시 팔면성(八面城) 일대.

190 고리국(槀離國) : 《삼국지》 위서 동이전 부여에 인용된 《위략(魏略)》에 나오는 고리(高離:高는 판본에 따라 槀(고)·橐(탁)·索(색)·豪(호)로 되어 있음)를 가리키는 것 같다. 고리국의 위치는 송화강(松花江) 북쪽으로 추정된다. 한편, 《북사(北史)》 백제전에는 백제의 조상이 색리국(索離國)이라고 하는데, 이에 따라 색리=고리=고려(高麗:'려(麗)'는 '리'로도 읽음)로 보기도 한다.

191 치소(治所) : 행정 사무를 맡아보는 기관이 있는 곳.

192 유하현(柳河縣) : 지금의 길림성 사평시 팔면성(八面城).

193 쌍주(雙州) : 지금의 요령성 심양시 북쪽 석불사(石佛寺) 고성 일대.

194 은주(銀州) : 지금의 요령성 철령시.

연진현은 본래 발해 부수현이다. 옛 연진성[195]이 있어서 이름을 바꾸었다.

신흥현[196]은 본래 옛 월희국 지역이다. 발해가 은광[197]을 두고 은주를 설치하였다.

영평현[198]은 본래 발해 우부현 지역인데, 예전에 영평채[199]가 있었다.

동주[200] 진안군은 본래 한나라 양평현 지역인데, 발해가 동평채로 삼았다.

함주[201] 안동군은 본래 고구려 동산현 지역인데, 발해가 설치하였다.

신주[202] 창성군은 본래 월희의 옛 성이다. 발해가 회원부를 설치하였는데, 지금은 폐지되었다. 요나라 성종이 이 지역이 고려와 가깝다고 하여 개태(1012~1021) 초반에 주를 설치하였다.

무창현[203]은 본래 발해 회복현 지역이다.

정무현[204]은 본래 발해 표산현 지역인데, 유수현의 호구와 합쳐 설치하였다.

---

195 옛 연진성[延津故城] : 고구려 멸망 이후 안동도호부가 관할하는 기미주의 하나인 연진주(延津州)의 치소가 있던 성.
196 신흥현(新興縣) : 지금의 요령성 철령시 은주구(銀州區) 신흥고성(新興古城) 일대.
197 은광(銀鑛) : 은을 캐내는 광산.
198 영평현(永平縣) : 지금의 요령성 철령시 부근.
199 영평채(永平寨) : '채(寨)'는 방어용 목책.
200 동주(同州) : 지금의 요령성 개원시 서남쪽 중고진(中固鎭) 일대.
201 함주(咸州) : 지금의 요령성 개원시 동북쪽 노성가도(老城街道) 일대.
202 신주(信州) : 지금의 길림성 공주령시(公主嶺市) 서북쪽 진가둔진(秦家屯鎭) 일대.
203 무창현(武昌縣) : 신주의 수현이므로, 위치는 위와 같거나 그 부근이다.
204 정무현(定武縣) : 지금의 길림성 공주령시 부근, 또는 요령성 철령시 동북 지역.

빈주[205] 회화군은 본래 발해 성이다. 통화 17년(999)에 올야[206]의 민호를 압자하[207]와 혼동강[208] 사이로 옮기고 자사[209]를 설치하였다가 나중에 승격시켰다. 군사 업무는 황룡부 도부서사[210]에 예속시켰다.

용주 황룡부[211]는 본래 발해 부여부이다. 요나라 태조가 발해를 평정하고 돌아오다 이곳에서 죽었는데, 이때 황룡이 나타나 이름을 바꾸었다.

황룡현은 본래 발해 장평현인데, 부리·좌모·숙신 3현과 합쳐 설치하였다.

천민현[212]은 본래 발해 영녕현인데, 풍수·부라 2현과 합쳐 설치하였다.

영평현[213]은 발해가 설치하였다.

호주[214] 흥리군은 발해가 설치하였다.

발주[215] 청화군은 발해가 설치하였다.

---

105 빈주(賓州) : 지금의 길림성 농안현(農安縣) 동북 고산진(靠山鎭) 일대.

206 올야(兀惹) : 975년(遼 保寧 7) 7월에 황룡부(黃龍府) 위장(衛將) 연파(燕頗)가 요나라에 반란을 일으켰다가 9월에 패배하여 올야성(兀惹城)에 웅거하였다. 올야성은 발해 수도였던 홀한성(忽汗城)으로 추정되며, 올야는 이 지역에 거주한 여진족을 가리킨다(池内宏, 《滿鮮史研究》 中世 1, 吉川弘文館, 1933, 112쪽).

207 압자하(鴨子河) : 백두산에서 발원하여 북쪽으로 중국 길림성 길림시를 거쳐 부여현(扶餘縣)까지 흐르는 제2송화강(松花江), 또는 서류(西流) 송화강. 고구려 때에는 속말수(速末水)라고 불렀다. 전체 길이는 958km.

208 혼동강(混同江) : 제2송화강이 부여현 부근에서 눈강(嫩江)과 합류하여 동쪽으로 흘러 흑룡강(黑龍江)과 합류하기까지의 송화강 본류. 전체 길이는 939km. 그러나 제2송화강을 포함한 송화강 전체를 가리키기도 한다.

209 자사(刺史) : 자사주(刺史州)의 장관. 요나라의 주 등급은 절도주(節度州), 관찰주(觀察州), 단련주(團練州), 방어주(防禦州), 자사주(刺史州)로 나뉜다.

210 황룡부(黃龍府) 도부서사(都部署司) : 황룡부는 용주 황룡부의 약칭이며, 도부서사는 행군도부서사(行軍都部署司, 행군도통소(行軍都統所)라고도 함)의 약칭. 즉 황룡부 소속의 군사 조직·기관.

211 용주(龍州) 황룡부 : 지금의 길림성 농안현 일대.

212 천민현(遷民縣) : 지금의 길림성 농안현 부근.

213 영평현(永平縣) : 지금의 요령성 철령시 부근.

214 호주(湖州) : 지금의 요령성 동남부.

215 발주(渤州) : 위와 같다.

영주[216] 창성군은 발해가 설치하였다.

동주[217] 광리군은 발해가 설치하였다.

석목현은 본래 한나라 망평현 지역인데, 발해가 화산현으로 삼았다.[218]

속주[219]는 발해가 설치하였다.

솔빈부는 옛 솔빈국 지역이다.

정리부는 옛 읍루국 지역이다.

철리부는 옛 철리국 지역이다.

안정부[220]와 장령부와 녹주[221]는 발해가 설치하였다.

---

216 영주(郢州) : 지금의 요령성 동북부의 법고·개원·철령 일대의 요하 중상류 지역.

217 동주(銅州) : 지금의 요령성 해성시 동남쪽 석목진(析木鎭) 일대.

218 석목현은 ~ 삼았다 : 이 기사는 동경 요양부에 이미 나왔다. 원사료에는 뒤이어 "처음 동경에 예속되었는데, 나중에 동주로 옮겨 소속시켰다"라고 하였다.

219 속주(涑州) : 지금의 요령성 동남쪽의 요동반도.

220 안정부(安定府) : 발해의 16부에 안정부는 없으므로, 안변부(安邊府)의 오기이다.

221 녹주(麓州) : 《신당서》〈발해전〉에는 발해의 주가 62주라고 하지만 실제로 전하는 것은 60개이다. 녹주가 이름이 전하지 않는 2개중 하나일 가능성이 있다.

산천의 고금 지명

    태백산은 지금의 장백산이다. 길림오라 성²²² 동남쪽에 있으며 동서로 천리나 뻗쳐있다. 또한 백산이라고 하는데, 우리나라는 백두산²²³이라고 부르고, 만주인은 가이민상견아린²²⁴이라고 부른다. 《산해경》²²⁵에 "대황²²⁶의 한가운데에 산이 있는데, 이름이 불함이다. 숙신의 나라에 있다"고 하고, 《위서》²²⁷에 "물길국²²⁸ 남쪽에 도태산이 있다"고 한 것은 모두 이 산이다. 산 정상에 못이 있는데 주위가 80리나 되며 그 깊이를 헤아릴 수 없다. 북쪽으로 흘러 혼동강이 되고, 서남쪽으로 흘러 압록강²²⁹이 되

222　길림오라 성(吉林烏喇城) : '오라'는 '오랍(烏拉)'으로도 표기한다. 만주어로 '기린[吉林]'은 '가, 주변', '울라[烏喇]'는 '강'을 뜻하므로, 북류 송화강에 위치한 지금의 길림성 길림시이다. 청나라가 러시아의 진출을 막기 위해 지금의 흑룡강성 영안시에 설치했던 영고탑장군(寧古塔將軍)을 1676년(강희 15, 숙종 2)에 이곳으로 옮기고 성을 쌓으면서 '길림'이 행정구획의 명칭으로 사용되었다.

223　백두산(白頭山) : 함경도와 중국 길림성 사이에 있는 산. 최고봉인 병사봉에 있는 천지(天池)에서 압록강, 두만강, 송화강이 시작한다. 높이는 2,744m.

224　가이민상견아린(歌爾民商堅阿隣) : 만주어로 '골민[歌爾民]'은 '길다[長]', '샨얜[商堅]'은 '희다[白]', '알인[阿隣]'은 '높은 산(山)'을 뜻한다.

225　《산해경(山海經)》 : 고대 중국의 산맥·하천·신화·전설·물산 등을 수록한 신화·지리서. 원래 32권이었는데 전한의 유흠(劉歆)이 18권으로 정리하였다고 한다.

226　대황(大荒) : 중국에서 아주 멀리 떨어진 변경 지역.

227　《위서(魏書)》 : 북위(北魏)의 건국(386)에서 동위(東魏)의 멸망(550)까지 165년의 역사를 기록한 기전체 사서. 북제(北齊)의 위수(魏收)가 130권으로 편찬하였다.

228　물길국(勿吉國) : 5~6세기에 한반도 북부와 중국 동북지역에 거주하던 퉁구스계의 종족인 물길이 사는 나라. 숙신의 후예이며 말갈의 조상으로 알려져 있다.

229　압록강(鴨淥江) : 우리나라와 중국과의 경계를 이루는 강. 백두산에서 발원하여 서남쪽으로 흘러 황해로 들어간다. 길이는 790km.

며, 동남쪽으로 흘러 토문강[230]이 된다.

동모산은 지금의 천주산[231]이다. 봉천부성[232]의 동쪽 20리에 있다.

천문령은 《대명일통지》[233]에 "마땅히 영길주[234] 경계 안에 있다"고 하였다.

조어대는 요양성 남쪽 30리에 있다. 전하는 말에 의하면, 발해 대씨가 유람하던 곳이다.

속말강은 지금의 혼동강이다. 길림오라 성 동남쪽에 있다. 원류는 장백산에서 나와 북쪽으로 흘러 낙니강[235] · 흑룡강[236] 등과 만나 동쪽으로 흘러 바다로 들어가는데, 모두 3,500여 리나 흐른다. 《신당서》에서 "속말말갈은 속말수에 의거하여 산다"고 한 것이 바로 이 강이다. 《요사》에 "성종 태평 4년(1024)에 조서를 내려 압자하를 고쳐 혼동강으로 불렀다"라고 하였다. 《성경통지》[237]에 "혼동강은 바로 송아리강이다. 일명 압자하, 속말

230 토문강(土門江) : 백두산에서 발원하여 동쪽으로 흘러 동해로 들어가는 두만강(豆滿江)의 옛 이름. 길이는 521km. 한편 1712년(숙종 38, 강희 51)에 세운 정계비(定界碑)에 나오는 '토문강'은 두만강이 아니라 북쪽으로 흐르는 북류 송화강의 지류로 보는 견해도 있다.

231 천주산(天柱山) : 지금의 요령성 심양시 동쪽에 있는 산. 원명대의 이름은 동모산(東牟山)이었는데, 이곳에 청나라 태조의 무덤인 복릉(福陵)을 만든 후 '하늘을 지탱하는 기둥'이라는 뜻의 천주산으로 개명하였다. 따라서 이곳을 대조영이 송화강 너머에서 건국한 동모산이라고 비정하는 것은 잘못이다.

232 봉천부성(奉天府城) : 청나라 때 심양에 설치한 봉천부의 치소. '천운을 받들고 따른다[奉天承運]'는 뜻을 취하였다.

233 《대명일통지(大明一統志)》: 1461년(천순 5, 세조 7)에 이현(李賢) 등이 편찬한, 명나라와 주변국에 대한 지리서, 90권.

234 영길주(永吉州) : 1726년(옹정 4, 영조 2)에 청나라가 길림지역에서 처음으로 설치한 주로, 치소는 지금의 길림성 길림시 용담구(龍潭區).

235 낙니강(諾尼江) : 중국 흑룡강성(黑龍江省) 중부를 흐르는 눈강(嫩江)의 청나라 때 이름. 대흥안령(大興安嶺) 북부에서 남쪽으로 흘러 길림성 대안시(大安市) 부근에서 제2송화강과 합류한다. 길이는 1,370km.

236 흑룡강(黑龍江) : 러시아와 중국의 국경 부근을 흐르는 강. 몽골 북부의 오논 강에서 나와 동쪽으로 흘러 타타르 해협으로 들어간다. 길이는 4,370km.

237 《성경통지(盛京通志)》: 후금 및 청초의 수도인 성경(지금의 심양) 지역에 대한 지리서. 1684년(강희 23)에 동병충(董

강, 송와강, 송화강이다"라고 하였다.

홀한하는 지금의 호이합하[238]이다. 영고탑성[239] 동남쪽에 있다. 원류는 길림오라 경계에 있는 늑복진하[240]에서 나와 북쪽으로 흐르다 동쪽으로 꺾어져 여러 물줄기와 합한다. 다시 동북쪽으로 꺾어져 필이등호[241]와 만나 옛 회령성[242] 북쪽을 흐른다. 다시 90리를 흘러 영고탑성 남쪽을 돌다가 다시 꺾어져 북쪽으로 700여리 흘러 혼동강으로 들어간다. 당나라 때 '홀한하'라고 불렀으며, 발해 대씨가 홀한주를 설치하였다. 금나라[243] 때 이름은 '금수'이다. 또 다른 이름은 '안출호수'이니, 금을 여진어로 '안출호'라고 불렀기 때문이다. 강물이 이곳에서 발원하기 때문에 '금원'이라고 불렀다. 이로 인하여 나라를 세우고 국호를 '금'이라 하였다. 명나라[244] 때는 또 '홀아해하'라고 불렀다.

秉忠) 등이 편찬한 32권, 1736년(건륭 1, 영조 12)에 왕하(王河) 등이 편찬한 48권, 1778년(건륭 43, 정조 2)에 아계(阿桂) 등이 편찬한 130권이 있다. 이 가운데 유득공이 인용한 것은 48권본으로 추정된다. 이 책의 편찬 책임자인 총재(總裁)로 여요증(呂耀曾)이 제일 먼저 나오는데, 한치윤(韓致奫)의 《해동역사(海東繹史)》 인용서목(引用書目)에도 여요로(呂耀魯, 魯는 曾의 오기)의 《성경통지》가 있기 때문이다.

238 호이합하(虎爾哈河) : 길림성 돈화시(敦化市) 부근에서 발원하여 북쪽으로 영안시(永安市)를 거쳐 의란현(依蘭縣) 부근에서 송화강 본류에 합류하는 모란강(牡丹江)의 청나라 때 이름. 호리개강(胡里改江)이라고도 한다. 길이는 726km.

239 영고탑성(寧古塔城) : 청나라 때 동북 변경지역을 관할하던 영고탑장군의 치소. 지금의 흑룡강성 영안시 동경성(東京城). 만주어로 '닝쿤[寧古]'은 '여섯', '타[塔]'는 '개(個)'를 뜻한다. 청나라의 먼 조상 중에 6형제가 이곳에 살았다는 전설에서 유래한 명칭이다.

240 늑복진하(勒福陳河) : 지금의 길림성 모란령(牡丹嶺)에서 발원하여 돈화시까지 흐르는 모란강의 상류. 늑부선하(勒富善河)라고도 한다.

241 필이등호(必爾騰湖) : 지금의 흑룡강성 영안시 서남쪽의 모란강 상류에 있는 경박호(鏡泊湖).

242 옛 회령성(會寧城) : 금나라 때 지금의 송화강 일대 지역을 관할하던 상경(上京) 회령부(會寧府)에 속한 성. 단 회령부의 치소는 지금의 흑룡강성 합이빈시(哈爾濱市) 아성구(阿城區).

243 금(金) 나라 : 여진족 완안부의 추장 아골타(阿骨打)가 1115년에 세운 나라. 정식 국호는 대금(大金). 1125년에 요나라를 멸망시키고, 1126년에는 송나라 수도 개봉(開封)을 함락시켰으나, 1234년에 몽골 제국에 망하였다.

244 명(明) 나라 : 1368년에 주원장(朱元璋)이 원(元) 나라를 북쪽으로 몰아내고 세운 왕조. 3대 영락제(永樂帝) 때 북경(北京)으로 천도하고 전성기를 누렸으나, 북로남왜(北虜南倭)에 시달리고 1644년에 이자성(李自成)에게 망하였다.

압록강은 예전의 마자수이다. 길림오라 성 남쪽으로 970리에 있다. 원류는 장백산에서 나오는데, 서남쪽으로 흘러 봉황성[245] 동남쪽에 이르러 바다로 들어간다. 《한서》〈지리지〉[246]에 "현도군 서개마현[247]에 있는 마자수는 서북쪽에서 흘러 염난수[248]로 들어간 뒤에 서남쪽으로 흘러 서안평[249]에 이르러 바다로 들어간다. 요동군과 현도군 2군을 지나 2,100리를 흘러 간다"라고 하였다. 《통전》[250]에는 "마자수는 일명 압록강이다. 원류는 말갈 지역의 백산에서 나오는데, 물 빛깔이 오리 머리와 비슷해서 그렇게 부른다. 요동에서 500리 떨어져 있고, 국내성[251] 남쪽을 지나 다시 서쪽으로 흐르다가 강 하나와 합쳐지니, 바로 염난수이다"라고 하였다. 《성경통지》에 "일명 '익주강'이며, '애강'이라고도 부른다"고 하였다.

흑수는 흑룡강이다. 흑룡강성[252] 동쪽에 있는데, '완수'라고도 부르고, 또 '실건하'나 '알난하'라고 부른다. 원류는 객이객[253] 북쪽 경계의 긍특산[254]에서 나오는데, 현지인은 오눈하[255]라고 부른다. 여러 작은 강들과

245　봉황성(鳳皇城) : 지금의 요령성 봉성시(鳳城市).

246　《한서(漢書)》〈지리지〉: 전한(前漢, 서기전202～서기后8)의 역사를 후한의 반고(班固, 32～92)가 기전체로 편찬한 《한서》의 〈지리지〉에는 한사군 관련 기록이 있다.

247　서개마현(西蓋馬縣) : 지금의 길림성 환인(桓仁) 부근, 또는 평안북도 초산(楚山) 부근.

248　마자수(馬訾水)·염난수(鹽難水) : 지류인 마자수가 본류인 염난수에 합류한다는 점에서, 각각 혼강(渾江)과 압록강에 비정된다(李丙燾, 《韓國古代史硏究》, 博英社, 1985, 184쪽).

249　서안평(西安平) : 압록강 북안에 위치한 지금의 요령성 단동시(丹東市) 구련성진(九連城鎭).

250　《통전(通典)》 : 중국 상고에서 당나라 현종 때까지의 문물 제도에 대한 일종의 백과사전. 당나라 때 두우(杜佑, 735～812)가 200권으로 편찬하였다.

251　국내성(國內城) : 서기 3년(유리왕 22)～427년(장수왕 15)까지 고구려의 수도, 지금의 중국 길림성 집안시.

252　흑룡강성(黑龍江城) : 지금의 흑룡강성 흑하시(黑河市) 애휘구(愛輝區).

253　객이객(喀爾喀) : 몽골계 부족중 대다수를 차지하는 할하(Khalkha) 족 및 이들이 거주하는 동몽골 지역.

254　긍특산(肯特山) : 지금의 헨티산맥으로 몽골의 수도 울란바토르 동쪽에 있다.

255　오눈하(敖嫩河) : 지금의 오논강으로 동쪽으로 흘러 러시아 실카강에 합류한다. 길이는 818km.

합쳐 동북쪽으로 흐르다가 이포초성[256] 남쪽을 거쳐 내지로 들어간다. 강물이 아극살성[257]의 남쪽으로 흐르다가 다시 꺾어서 동남쪽을 흘러 흑룡강성을 돈다. 다시 동남쪽으로 흘러 우만하[258]를 받아들이고, 다시 동쪽으로 흘러 혼동강과 합류한다. 흑수라는 이름은 남북조의 역사서에 처음 나타나고,[259] 흑룡강이라는 이름은 《금사》[260]에 보인다.[261]

오루하는 《성경통지》에 "승덕현[262]에 있으며, 오루는 바로 읍루이다"라고 하였다.

이하는 《동국문헌비고》[263]에 "마땅히 덕원[264]에 있다"라고 하였다.

---

256 이포초성(尼布楚城) : 지금의 네르친스크. 이곳에서 1689년에 청과 러시아 사이에 양국국경을 흑룡강 지류인 아르군강[額爾古納河]과 스타노보이 산맥[外興安嶺]으로 정하는 조약을 체결했다.

257 아극살성(雅克薩城) : 네르친스크 동북쪽에 위치한 지금의 알바진. 1685~86년에 이곳에서 청과 러시아가 전투를 벌였다. 한편 이에 앞서 조선은 1654년(효종 5, 순치 11)과 58년에 청의 요구로 송화강 하류에서 러시아인을 공격하는 나선정벌(羅禪征伐)에 나섰다.

258 우만하(牛滿河) : 러시아 연해주에서 서쪽으로 흘러 흑룡강에 합류하는 지금의 부레야강.

259 흑수라는 ~ 나타나고 : 《위서》 권4상, 세조기(世祖紀) 제4상에 의하면, 427년(始光 4) 5월 무술일에 태무제가 하(夏)의 수도 통만(統萬, 지금의 중국 섬서성 정변현 북부 백성자)을 정벌하러 가는 도중에 흑수(黑水)에 이르렀다. 따라서 이 흑수는 흑룡강과 무관한 지명이다.

260 《금사(金史)》 : 금(金, 1115~1234)의 역사를 원나라 때 재상 탈탈(脫脫, 1314~1355)이 기전체로 편찬한 역사책으로 모두 135권이다.

261 흑룡강이라는 ~ 보인다 : 《금사》 권1, 본기1, 세기에는 발해 멸망 이후 거란이 흑수말갈을 자신의 호적 편입 여부에 따라 숙여진[熟女眞]과 생여진[生女眞]으로 구분하였으며, 그중 생여진의 거주 지역은 혼동강(混同江)과 장백산(長白山) 일대인데, 혼동강은 흑룡강(黑龍江)으로도 불렀다고 전한다.

262 승덕현(承德縣) : 지금의 하북성(河北省) 북부 승덕시. 바로 서쪽으로 난하(灤河)의 지류인 무열하(武烈河, 예전의 熱河)가 흐른다.

263 《동국문헌비고(東國文獻備考)》 : 1770(영조 46)에 왕명에 따라 홍봉한(洪鳳漢, 1713~1778) 등이 우리나라 고금의 문물 제도를 수록한 책. 중국의 《문헌통고》를 참고하여 편찬하였다. 100권.

264 덕원(德源) : 지금의 함경남도 문천군(북한의 강원도 문천시)에 속한 면으로, 조선시대에는 도호부(都護府)가 설치되었다.

15부 지리 고증

상경 용천부

《신당서》〈발해전〉에 "옛 숙신 지역"이라고 하였다. 가탐[265]은 "안동도호부에서 옛 개모성과 신성을 거치고, 다시 발해 장령부를 거쳐 1,500리를 가면 발해 왕성에 도착한다. 성은 홀한해에 인접해 있고, 그 서남쪽 30리에 옛 숙신의 성이 있다. 그 북쪽으로 덕리진[266]을 거쳐 남부 흑수말갈[267]에 도착하는 데 1,000리나 걸린다"고 하였고, 또 "신주에서 육로로 400리 가면 현주에 도착한다. 다시 북쪽으로 가다가 동쪽으로 600리 가면 발해 왕성에 도착한다"고 하였다. 《대명일통지》에 "금나라가 요나라를 멸망시키고 발해 상경에 도읍을 설치하였다"고 하였다. 《청일통지》[268]에 "《성경통지》에는 '발해 상경이 오라 경내에 있다'고 하였지만, 《신당서》를 고찰해 보면 마땅히 영고탑 서남쪽 경계에 있다"고 하였다.

---

265 가탐(賈耽, 730~805) : 당 덕종(德宗) 때의 재상으로 지리학에 관심이 많아, 〈해내화이도(海內華夷圖)〉를 제작하였고, 《고금군국도현사이술(古今郡國道縣四夷述)》 40권을 저술하였다. 그중 일부가 《신당서》 권43, 지리지7하, 하북도 말미에 실려 있는데, 이를 《가탐군국지(賈耽郡國志)》·《가탐도리기(賈耽道里記)》라고도 한다.

266 덕리진(德里鎭) : 《태평환우기(太平寰宇記)》 권175, 물길국에는 '덕리부(德理府)', 《당회요(唐會要)》 권96, 말갈에는 '현덕부(顯德府)'로 되어 있다. 지금의 흑룡강성 모란강시(牡丹江市) 화림진(樺林鎭) 남성자(南城子) 또는 그보다 북쪽의 의란(依蘭) 부근.

267 남부 흑수말갈 : 송화강 하류 및 흑룡강 남쪽에 거주하는 흑수말갈.

268 《청일통지(淸一統志)》 : 청대 중국과 주변국에 대한 지리서로, 정식 명칭은 《대청일통지(大淸一統志)》. 1743년(건륭 8, 영조 19)에 서건학(徐乾學) 등이 편찬한 356권, 1784년(건륭 49, 정조 8)에 화신(和珅) 등이 편찬한 424권, 1842년(도광 22, 헌종 8)에 목창아(穆彰阿) 등이 편찬한 560권 등이 있다.

살펴보건대, 홀한해는 지금의 호이합하이다. '금나라가 요나라를 멸망시키고 발해 상경에 도읍을 설치하였다'는 것은 회령부를 가리킨다. 《호종록》[269]에 "사림 동남쪽 15리에 화용성이 있는데 금나라의 상경 회령부이다. 3개의 궁전터가 다 남아 있는데, 조각난 푸른 기와가 그 위에 바둑돌처럼 흩어져 있다. 성 서쪽에 마름과 수련[270]이 물가에 가득하니 아득하게 뻗쳐있어 그 끝을 알 수 없다. 물가 사이로 정자 터가 있다. 사림에서 동쪽으로 80리 가면 영고탑이다"라고 하였다. 그렇다면 《청일통지》에서 말한 '발해 상경은 영고탑 서남쪽 경계에 있다'라는 것이 확실하다. 대저 길림오라와 영고탑 지역은 동북의 오지인데도 산천의 이정[271]과 수도의 연혁을 가탐이 능히 설명하였고, 청나라가 흥성한 이후 그 설이 특히 상세하다고 하겠다.

중경 현덕부

《신당서》〈발해전〉에 "옛 숙신 지역"이라고 하였다. 《요사》〈지리지〉에 "동경요양부는 본래 조선의 지역이다. 진나라가 고구려를 함락하였다. 원위 태무제가 사신을 보내 고구려 왕이 사는 평양성에 도착한 적이 있었다. 당나라 고종이 이곳에 안동도호부를 설치하였는데, 나중에 발해 대씨가 차지하였다. 중종은 그가 도읍한 곳에 홀한주라는 이름을 내렸으니, 바로 옛 평양성이며, 중경현덕부라고 불렀다"고 하였다.

《청일통지》에 "옛 현덕부는 길림오라 성 동남쪽에 있다"고 하고, 또

---

269 《호종록(扈從錄)》: 청나라 강희제가 1682년(강희 21) 2월에 성경 및 길림지방을 순행할 때 따라간 고사기(高士奇, 1645∼1704)의 견문기. 정식 명칭은 《호종동순일록(扈從東巡日錄)》.
270 마름과 수련 : 연못이나 늪에서 자라는 수초(水草).
271 이정(里程) : 한 곳에서 다른 곳까지 이르는 거리의 이수(里數).

"옛 요양성은 지금 요양주의 치소이다. 의심컨대 당나라 중엽에 안동도 호부가 폐지된 후 발해가 이곳에 성을 두고 요양이라고 부른 것은 어쩌면 그럴 수도 있을 것이다. 그러나 《요사》〈본기〉를 살펴보면, 태조 3년(909)에 요동에 행차하였다, 신책 3년(918)에 옛 요양성에 행차하였다, 4년(919)에 동평군을 세웠다, 천현 원년(926)에 비로소 발해 부여성을 공격하여 함락시킨 후 다시 진격하여 홀한성을 포위하여 대인선을 항복시키고 동란국을 설치하였다, 태종 3년(928)에 동란국 주민을 동평군으로 옮겼다는 등의 기록이 있다. 이러한 사실들은 발해가 아직 평정되기 이전에 요양 지역이 일찍이 거란에 편입되었던 것을 뜻한다. 처음에는 요동이라 부르고 다시 요양이라고 불렀던 것은 아마도 요나라 때 명명한 것이지, 발해로 인한 것은 아니다. 《요사》〈지리지〉는 지리를 고찰하지 않고 드디어 '동경이 바로 평양성이며, 또 홀한주이며, 또 중경현덕부'라고 하였다. 서로 간의 거리가 천 리나 되는 지역을 합하여 하나라고 하였으니, 오류가 심하다"라고 하였다.

살펴보건대, 《신당서》〈지리지〉에 "발해 신주에서 육로로 400리 가면 현주에 도착하니, 천보(742~756) 연간에 발해 왕이 도읍한 곳이다"라고 하였다. 신주는 지금 강계부[272] 동쪽의 폐사군[273] 경계에 속한다. 현주는 바로 현덕부의 치소이다. 《청일통지》에 "현덕부는 길림오라 성 동남쪽"이라고 한 것은 근거가 있으며, 《요사》〈지리지〉의 오류를 변증한 것이 매

---

272 강계부(江界府) : 지금의 평안북도 강계군 강계읍(북한의 자강도 강계시)에 설치한 조선시대 강계도호부(江界都護府)의 줄임말. 정3품의 도호부사(都護府使)가 파견되었다.
273 폐사군(廢四郡) : 조선 세종 때 서북 방면의 여진족을 막기 위해 압록강 상류에 설치했다가 단종과 세조 때에 폐지한 여연(閭延)·자성(慈城)·무창(茂昌)·우예(虞芮)의 4군.

우 상세하다.

동경 용원부

《신당서》〈발해전〉에 "옛 예맥 지역"이라고 하였다. 《요사》〈지리지〉에
"개주 진국군은 본래 예맥 지역이다. 고구려가 경주로 삼고, 발해가 동경
용원부로 삼았다"고 하였다. 《청일통지》에 "개주성은 조선 함흥부[274] 서
북쪽에 있는데, 본래 예맥 지역이다. 고구려가 경주를 설치하고, 발해가
동경 용원부로 삼았다"라고 하였고, 또 "봉황성은 발해 용원부이며, 요나
라 개주 진국군이었다"라고 하였으며, 또 "옛 개주성은 봉황성 동남쪽에
있다. 명나라 성화(1465~1487) 연간에 조선에 간 사신이 돌아오다가 봉황
산 아래에서 노략질을 당하였다. 조선이 옛 길 남쪽에 조공로를 다시 열
어줄 것을 주청하자, 이로 인하여 이 성을 쌓았다.[275] 봉황성은 실제로 조
선의 동쪽에 있다"고 하였다.

   살펴보건대, 《요사》〈지리지〉의 개주는 실제로 지금의 봉황성에 있지만
바로 발해 용원부라고 한 것은 잘못이다. 《청일통지》는 《요사》〈지리지〉
의 잘못을 분별하지 못하고, 혹은 함흥부를 가리키다가 혹은 봉황성을 가
리키면서 동서로 떨어진 것을 끌어당겨 합쳐놓았다. 또 조공로를 열어달
라는 일을 인용하며 마침내 봉황성이 조선 동쪽에 있다고 함으로써 옛 예

---

274 함흥부(咸興府) : 지금의 함경남도 함흥시에 설치한 조선시대 최고 지방행정기관의 하나. 함경도의 행정을 총괄하는
     종2품 이상의 관찰사(觀察使, 監司)와 함께 함흥의 행정을 담당하는 종2품의 부윤(府尹)이 파견되었다.
275 명나라 ~ 성을 쌓았다 : 1480년(성종 11, 성화 16) 9월 10일에 평안도 관찰사 김교(金嶠)는 명나라 사신 일행이 귀환
     중에 도적을 만났다는 소식을 듣고 개주 봉황산으로 달려갔으나, 도적들이 이미 도망갔다. 이로 인해 조선이 동팔참
     (東八站) 남쪽에 새로운 길을 개통할 것을 요청하자, 명나라는 이듬해 10월 20일에 봉황산 서북쪽에 새로 봉황성을
     쌓고 조선에 통보하였다.

맥 지역을 실증하려고 한 것은 더욱 잘못이다.

《신당서》〈발해전〉에 "용원부는 또 책성부라고 하였다." 책성이라는 이름은 고구려에서 처음 등장하여 발해가 그대로 따랐을 뿐이다.《삼국사기》[276]에 의하면, 태조왕[277] 46년(98) 3월에 동쪽으로 책성을 순행하였고, 50년(102) 8월에 사신을 보내 책성을 안무하였다.《위서》〈고구려전〉에 "이오[278]가 고구려왕이 거주하는 평양성에 이르러 그 나라의 사정을 살피며 '동쪽으로 책성에 이른다'라고 말했다"라고 한 것이 이곳이다. 《가탐군국지》에 "발해국의 남해부·압록부·부여부·책성부의 4부는 모두 고구려 옛 지역이며, 신라 천정군에서 책성부까지 39역이 있다"고 한 것도 이곳이다. 당나라 제도에 30리마다 1역을 설치하였는데, 39역을 계산하면 1,170리가 되니 천정군은 지금의 덕원부[279]이다. 신라와 발해의 경계가 바로 이곳에 있었다. 덕원부에서 북쪽으로 가서 1,170리를 채우면 경성부[280] 경계에 도착하게 되니, 이곳이 용원부임은 의심할 나위가 없다.

《신당서》〈발해전〉에 또 "용원부는 동남쪽으로 바다에 가까우니, 일본으로 가는 길이다"라고 하였다.《일본일사》[281]에 의하면, 발해 사신의 선

---

276 《삼국사기(三國史記)》: 신라·고구려·백제 등 삼국의 역사를 고려의 김부식(金富軾, 1075~1151)이 기전체로 편찬한 역사책. 50권.

277 태조왕(太祖王, 47~165): 고구려의 6대 왕. 영토를 확장하고 정치 체제를 확립하는 데 힘썼다. 재위 기간은 53~146년.

278 이오(李敖): 북위의 원외산기상시(員外散騎侍郎)로서 435년(장수왕 23) 6월에 장수왕을 책봉하기 위해 고구려를 방문하였다.

279 덕원부(德源府): 지금의 함경남도 문천군 덕원면(북한의 강원도 원산시 덕원동)에 설치한 조선시대 덕원도호부(德源都護府)의 줄임말.

280 경성부(鏡城府): 지금의 함경북도 경성군 경성면에 설치한 조선시대 경성도호부(鏡城都護府)의 줄임말.

281 《일본일사(日本逸史)》: 792~833년까지의 일본 역사를 기록한 《일본후기(日本後紀)》는 모두 40권인데, 15세기에는 10권만 전해졌다. 그래서 1692년에 압우지(鴨佑之:가모 스케유키, 1659~1723)가 《유취국사(類聚國史)》·《일본기략(日本紀略)》 등에 남아 있는 사료들을 모아 《일본일사》라 하였다.

박이 대부분 하이국[282] 및 출우[283]·능등[284] 지역에 도착하니, 일본이 싫어하였다. 그래서 축자도[285]에 있는 태재부[286]를 경유하기로 약속하였는데, 나중에 다시 능등에 도착하자, 일본이 약속대로 하지 않은 것을 질책하였다. 발해 사신 사도몽[287]이 "실제로 그 뜻을 받아들였기 때문에 저희 나라의 남해부 토호포[288]에서 출발하여 서쪽으로 대마도 죽실진[289]을 향하여 갔지만, 바다에서 폭풍을 만나 금지 구역인 이곳에 도착하게 되었습니다"라고 대답하였다. 일본은 마침내 금지할 수 없어 능등에 발해 사신이 머무는 곳을 수리하고 꾸몄다. 하이·출우·능등 지역은 우리나라의 함경북도와 바다를 사이에 두고 마주 대하고 있었으니, 당시 사신이 탄 선박이 동북해를 거쳐 일본으로 통한 것을 알 수 있다. 마땅히 옛 옥저 지역에 속하는데도《신당서》〈발해전〉에 '옛 예맥 지역"이라고 한 것은 옥저가 북쪽에 있고 예맥이 남쪽에 있어서 영역이 서로 뒤섞인 까닭에 오해하였던 것이다.

남경 남해부

《신당서》〈발해전〉에 "옛 옥저 지역"이라고 하였다.《요사》〈지리지〉에 "해주 남해군은 본래 옥저국 지역이다. 고구려가 사비성으로 삼았고, 발해가 남경 남해부라 불렀다"고 하였다.《청일통지》에 "옛 해주성은 지금

---

282 하이국(蝦夷國) : 권2〈신고〉각주 57 참조.
283 출우(出羽) : 권2〈신고〉각주 58 참조.
284 능등(能登) : 권2〈신고〉각주 151 참조.
285 축자도(筑紫道) : 권2〈신고〉각주 158 참조.
286 태재부(太宰府) : 권2〈신고〉각주 106 참조.
287 사도몽(史都蒙) : 권2〈신고〉사도몽 참조.
288 남해부 토호포(南海府吐號浦) : 권2〈신고〉각주 166 참조.
289 대마도 죽실진(對馬島竹室津) : 권2〈신고〉각주 167 참조.

의 해성현 치소이다. 《후한서》[290]에 '동옥저는 고구려 개마대산[291]의 동쪽에 있다'고 하였는데, 한나라 때의 개마는 바로 당나라의 개모이니, 지금의 개평현이다. 해성에서 서남쪽으로 개평 경계까지 80리이니, 해성은 바로 개평 경계에 있었다. 이 설명으로부터 한나라 때 옥저이며, 고구려때 사비성이며, 발해 때 남해부이며, 요나라 때 해주였음을 알 수 있으니, 더 이상 의심할 나위가 없다"라고 하였다.

살펴보건대, 《삼국지》〈위지〉[292]에 "동옥저는 고구려 개마대산의 동쪽에 있는데, 큰 바다에 접해 있다. 그 지형은 동북으로 좁고 서남으로 길어 길이가 1,000리나 된다. 북쪽으로 부여·읍루, 남쪽으로 예맥과 접하고 있다"고 하였으니, 사방 경계를 살펴보면 지금의 함경도임을 의심할 나위 없다. 저 개마대산은 바로 백두산 남쪽 줄기로 함경도와 평안도의 경계가 되는 곳이다. 《대명일통지》도 "개마대산은 조선에 있다"고 하였으니, 지금 개평현을 일러 개마산이라고 할 수 없고, 해성현을 일러 옥저의 옛 지역이라고 할 수 없다. 만약 해성현을 옥저에 해당시킨다면, 그 북쪽은 부여·읍루와 접한다고 말할 수 있을지라도 그 남쪽에 어떻게 예맥이 있으며, 그 서쪽에 어떻게 고구려가 있으며, 그 동쪽에 어떻게 큰 바다가 있겠는가? 그 길이 또한 1,000리가 되지 않으니 확실히 황당무계한 말임을 알 수 있다.

---

290 《후한서(後漢書)》: 후한(25~220)의 역사를 남조(南朝) 송(宋)나라의 범엽(范曄, 398~445)이 기전체로 편찬한 역사책. 120권. 여기에 실린 동이전은 《삼국지》의 동이전을 토대로 작성되었다.

291 개마대산(蓋馬大山): 함경도와 평안도의 경계에 있는 낭림산맥(狼林山脈). 백두산이라고 보는 견해도 있다.

292 《삼국지(三國志)》 위지(魏志): 위(魏)·오(吳)·촉(蜀) 삼국의 역사를 서진(西晉)의 진수(陳壽, 233~297)가 기전체로 편찬한 역사책 중 위나라 역사 부분인 《위서(魏書)》에 동이전이 있다. 이 '위서'는 《삼국지》의 일부분이므로 편의상 '위지'라고 부른다.

또 《삼국지》 〈위지〉에 "한나라 무제 원봉 2년(서기전 109)[293]에 옥저성을 현도군으로 삼았다"고 하였으며, 《동국문헌비고》에 "현토군의 치소는 지금의 함흥에 있다"고 하였다. 그러므로 발해의 남경 남해부는 마땅히 함경도의 함흥부로 비정해야 한다. 함흥부는 천정군과 서로 가까우니, 이것이 신라로 가는 길〔신라도〕을 말한다. 남해라는 명칭은 또한 고구려에서 처음 등장하니, 《삼국사기》에 "태조왕 62년(114) 8월에 남해를 순수하였다"고 하였던 것이다.

대체로 동북의 지형은 좌측〔동쪽〕이 바다이고 우측〔서쪽〕이 육지이다. 흑룡강 지방에서 바닷가를 따라 서남쪽으로 가면 토문강에서 바다로 들어가는 곳에 이른다. 또 바다를 따라 서남쪽으로 가면 함흥부의 도련포[294]에서 바다로 들어가는 곳에 이른다. 이처럼 비스듬히 점점 서쪽으로 치우치니, 영고탑 등지에서 우리나라를 보면 함경도의 앞바다는 바로 정남쪽에 있다. 그래서 《성경통지》에 남해라고 칭한 것은 이 때문이다.

서경 압록부

《신당서》 〈발해전〉에 "옛 고구려 지역"이라고 하였다.

《요사》 〈지리지〉에 "녹주 압록군은 본래 고구려의 옛 수도인데, 발해가 서경 압록부로 삼았다. 신주·환주·풍주·정주 등 4주의 행정을 감독하였다"고 하였고, 또 "환주는 고구려 도성으로, 고구려 왕이 이곳에 궁궐을 세우니 나라 사람들이 '새 수도'라고 일컬었다"고 하였다.

---

293 원봉 2년 : 이 해는 한나라 군대가 출병한 시점이다. 그 이듬해(원봉3, 서기전 108)에 한은 고조선을 멸망시키고 낙랑·임둔·진번군을 설치하였고, 다시 1년 후에 현도군을 설치함으로써 한사군이 성립되었다. 현토군이 서기전 109년에 설치된 것처럼 서술한 것은 원문의 중간을 생략함으로써 생긴 결과이다.

294 도련포(都連浦) : 지금의 함경남도 함주군 연포면 연포리에 있는 광포(廣浦).

《신당서》〈지리지〉에 "압록강 하구에서 배 타고 100여 리를 가다가, 다시 작은 배로 갈아타고 동북쪽으로 30리를 거슬러 올라가 박작구[295]에 도착하면 발해의 국경에 접한다. 다시 500리를 거슬러 올라가면 환도현성에 도착하니, 옛 고구려의 수도이다. 다시 동북쪽으로 200리를 거슬러 올라가면 신주에 도착한다. 다시 육로로 400리를 가면 현주에 도착하니, 천보((742~756) 연간에 발해 왕이 도읍한 곳이다"라고 하였다. 《청일통지》에 "녹주성은 조선 평양 서쪽 경계에 있다"고 하였다.

살펴보건대, '옛 수도'란 유리왕[296]의 국내성으로, 발해가 서경을 설치하였던 곳이다. '새 수도'란 산상왕[297]의 환도성으로 발해가 환주를 설치하였던 곳이다. 《신당서》〈지리지〉의 견해를 따르면, 압록강 하구에서 이정을 계산하니 뱃길로 100여 리이고 다시 동북쪽으로 30리 거슬러 올라가야 박작구에 도착한다. 박작구란 요나라의 갈소관[298]이며, 금나라의 파속로[299]이며, 원나라의 파사부로[300]이며, 지금 연경[301]으로 갈 때의 의주 나루[302]이다. 또 500리를 거슬러 올라가 도착하는 환도현성은 바로 고

---

295 박작구(泊汋口) : 압록강 하류에 가까운 지금의 애하(靉河) 또는 포석하(浦石河) 하구.

296 유리왕(琉璃王, ?~18) : 고구려의 2대 왕. 재위 22년(서기 3)에 졸본(卒本)에서 국내성으로 천도하였다. 재위기간은 서기전 19~서기18년.

297 산상왕(山上王, ?~227) : 고구려의 10대 왕. 재위 13년(209)에 환도성으로 천도하였다. 재위 기간은 197~227년.

298 갈소관(曷蘇館) : 합소관(合蘇館), 합은한(合恩罕)이라고도 하는데, 모두 여진말로 울타리라는 뜻이다. 요나라는 자국의 호적에 편입된 여진족을 갈소관여진이라 불렀다. 나중에 금나라는 갈소관로(曷蘇館路)를 설치하여 요양 이남 지역의 요동반도까지 관할하였다.

299 파속로(婆速路) : 금나라의 행정구획으로 정식명칭은 파속부로(婆速府路). 치소는 지금의 요령성 단동시 애하 서남쪽의 구련성(九連城), 또는 포석하 하구. 서쪽으로 천산산맥(千山山脈), 동쪽으로 백두산, 남쪽으로 압록강 남쪽가지 관할하였다.

300 파사부로(婆娑府路) : 금나라의 파속(부)로를 원나라 때 고친 이름.

301 연경(燕京) : 지금의 북경. 전국시대의 연(燕)나라의 도성이 있던 데서 연유하였다.

302 의주(義州) 나루 : 《신증동국여지승람》 권53, 의주목(義州牧)에는 압록강진(鴨綠江津)이라고 하였다.

구려의 새 수도이자 발해의 환주이며, 지금의 강계부이다. 또 동북으로 200리를 거슬러 올라가 도착하는 신주는 지금의 폐사군 지역이다. 《요사》〈지리지〉에 "환주는 녹주의 서남쪽 200리에 있다"고 하였고, 《통전》에 "압록강은 원류가 말갈지역의 백산에서 나와 국내성 남쪽을 지난다"고 하였다. 또 이적[303]의 상주문에도 '국내성이 압록강 이북에 있다'고 하였다. 이상에 의거하면, 발해의 서경 압록부는 지금의 강계부 동북쪽 200리 압록강 밖에 있는데, 《청일통지》에 "평양의 서쪽 경계에 있다"고 한 것은 잘못이다.

장령부

《신당서》〈발해전〉에 "옛 고구려 지역"이라고 하였다.

살펴보건대, 가탐은 '안동도호부에서 동북쪽으로 옛 개모성과 신성을 거치고, 다시 발해 장령부를 거쳐 1,500리를 가면 발해 왕성에 도착한다'고 하였다. 《청일통지》에 "신성은 흥경[304] 북쪽에 있다"고 하였다. 이로 미루어보면, 장령부는 마땅히 길림 지방에 있어야 한다.

부여부

《신당서》〈발해전〉에 "옛 부여 지역"이라고 하였다. 《요사》〈지리지〉에 "통주 안원군은 본래 부여국 왕성인데, 발해가 부여성이라 불렀다. 요나

---

303 이적(李勣) : 각주 113 참조.
304 흥경(興京) : 지금의 요령성 신빈현. 후금의 첫 수도로 원래 이름은 혁도아랍(赫圖阿拉)인데, 1634년(天聰 8, 인조 12)에 개명하였다.

라 태조가 용주로 고쳤고, 태종이 지금 이름으로 바꾸었다"고 하였고, 또 "용주 황룡부는 본래 발해 부여부"라고 하였다.

《청일통지》에 "개원현은 발해 부여부"라고 하였고, 또 "옛 삼만위[305]는 개원현성 안에 있었는데, 홍무 22년(1389)에 설치하였다. 발해 때 부여부, 요나라 때 황룡부, 금나라 때 회령부, 원나라 때 개원로[306]라 불렀다"라고 하였다.

살펴보건대, 《신당서》에 "발해는 부여부에 항상 날랜 병사를 주둔시켜 거란을 방어하였다"고 하였다. 지금 개원현은 길림오라의 목구멍에 해당되어 반드시 지켜야 할 땅이니, 이곳이 발해의 부여부이다.

막힐부

《신당서》〈발해전〉에 "옛 부여 지역"이라고 하였다. 《요사》〈지리지〉에 "한주 동평군은 본래 고리국으로 옛 치소는 유하현이다. 고구려가 막힐부를 설치하고 발해가 그대로 따랐다"고 하였다. 《청일통지》에 "요나라 한주는 금나라 때 함평로,[307] 원나라 때 함평부, 명나라 때 삼만위에 속하였다"고 하였다.

살펴보건대, 고리국은 부여가 나온 곳이니, 그 지역이 부여 북쪽에 있

---

305 삼만위(三萬衛) : 1387년(홍무 20, 고려 우왕 13)에 요동도지휘사사(遼東都指揮使司, 약칭하여 遼東都司) 아래에 설치된 위소(衛所)의 하나로, 몽골·여진 부락과의 교역을 담당하였다. 1위에는 5,600명이 속해 있었다.

306 개원로(開元路) : 원나라 때 행정구획으로, 남쪽으로 백두산, 서쪽으로 요하, 북쪽으로 외흥안령, 동쪽으로 동해까지 관할하였다.

307 함평로(咸平路) : 금나라의 행정구획으로, 치소는 지금의 요령성 개원시 노성가도(老城街道). 개원 이북에서 길림성 이통하(伊通河)까지 관할하였다.

었다. 그렇다면 막힐부는 마땅히 지금의 개원현 북쪽에 있어야 한다.

정리부

《신당서》〈발해전〉에 "옛 읍루 지역"이라고 하였다.《요사》〈지리지〉에 "심주 소덕군은 본래 읍루국 지역인데, 발해가 심주를 세웠다"라고 하였다.《청일통지》에 "봉천부는 발해가 정주와 심주의 2주를 설치하여 정리부에 속하게 하였던 곳인데, 요나라가 심주 소덕군을 설치하였다"고 하였다.

살펴보건대, 봉천부가 정리부라는 것은《요사》와《청일통지》모두 증명하였다. 다만 부여부가 거란으로 가는 길이므로 발해의 서쪽 경계인 것 같다. 그런데 정리부는 다시 부여부의 서쪽이다. 생각컨대 발해의 성쇠에 따라 그 영역의 확대와 축소가 고정적이지 않았던 것인가?

안변부

《신당서》〈발해전〉에 "옛 읍루 지역"이라고 하였다.

살펴보건대, 안변부 역시 마땅히 봉천부 지방에 있어야 한다.

솔빈부

《신당서》〈발해전〉에 "옛 솔빈 지역"이라고 하였다.

《요사》〈지리지〉에 "솔빈현은 본래 발해 솔빈부 지역"이라고 하였고, 또 "솔빈부는 옛 솔빈국 지역"이라고 하였다.《성경통지》에 "솔빈부는 본래 솔빈국의 옛 지역으로, 요나라 때 솔빈부를 설치하였고, 금나라 때 휼품로308로 고쳤다"라고 하고, 또 "휼품로에는 금나라 때 절도사를 두었다. 본래 요나라 때의 솔빈부 지역인데 원나라 때 폐기되었다. 지금의 홍경 동남쪽 변경 밖에 있었다"라고 하였다.

《금사》〈지리지〉에 "휼품로에는 요나라 때 솔빈부로서 자사를 두었다. 본래 솔빈의 옛 지역이었는데, 태종309 천회 2년(1124)에 야라로310의 도패근311이 거주하는 지역이 척박하다는 이유로, 드디어 이곳으로 옮겼다. 해릉왕312 때의 전례에 따라 만호313를 폐지하고 절도사를 설치하였는데, 이로 인하여 이름을 속빈로314 절도사라 하였다. 세종315 대정 11년(1171)에 야라로와 속빈로간의 거리가 1,000리인데 이미 속빈로에 살고 있지만 근본을 잊어서는 안된다고 하여, 드디어 석토문316이 직접 관할하는 맹안317을 압라318 맹안이라고 명명하였다. 승안 3년(1198)에 절도

---

308 휼품로(恤品路) : 금나라의 행정구획으로, 치소는 지금의 러시아 연해주 우수리스크.

309 태종(太宗, 1075~1135) : 금나라 2대 황제. 1125년에 송나라와 동맹을 맺고 요나라를 멸망시키고, 이듬해 송나라 수도인 개봉을 함락하였다. 재위기간은 1123~1135년.

310 야라로(耶懶路) : 금나라의 행정구획으로, 치소는 지금의 러시아 연해주 우수리스크 남쪽.

311 도패근(都孛菫) : 패근은 생여진 부족사회의 하위 집단의 추장에 대한 호칭으로서, 전시에는 맹안(猛安, 千夫長) 또는 모극(謀克, 百夫長)으로 불렸다. 도패근은 복수의 하위 집단을 통치하는 대추장에 대한 호칭으로 홀로패근(忽魯孛菫)이라고도 한다. 그러나 태종 때부터 점차 지방관으로 변질되었다.

312 해릉왕(海陵王, 1122~1161) : 금나라의 4대 황제. 희종(熙宗)을 살해하고 제위를 찬탈한 후, 한화정책을 적극적으로 추진하였다. 1151년(천덕 3) 11월에 세습직인 만호를 폐지하였다. 도읍을 연경(燕京)으로 옮기고 남송을 공격하다가 피살되었다. 재위 기간은 1149~1161년.

313 만호(萬戶) : 야라로·호리개로 등 생여진 본거지의 장관이자 맹안·모극의 지휘관으로 세습 관직.

314 속빈로(速頻路) : 소빈로(蘇濱路)·속빈로(速濱路)라고도 한다.

315 세종(世宗, 1123~1189) : 금나라의 5대 황제. 여진의 고유 풍속을 장려하고, 남송과의 국교 회복에 힘쓰며 금나라의 전성시대를 열었다. 재위 기간은 1161~1189년.

316 석토문(石土門, ?~?) : 야라로 완안부인(耶懶路完顔部人)으로 금나라 세조와 태조 등을 도와 많은 전공을 세웠다. 1157년(정륭 2)에 금원군왕(金源郡王)에 책봉되었다.

317 맹안(猛安) : 금나라 태조 아골타가 제정한 1,000명 단위의 군사 조직과 3,000호 단위의 행정 조직, 또는 그 우두머리[千夫長]. 그 아래의 100명 및 300호 단위의 조직, 또는 그 우두머리는 모극(謀克, 百夫長)이라 한다.

318 압라(押懶) : 지금의 러시아 연해주 우수리강의 지류인 말리노브카 강[伊曼河].

부사[319]를 설치하였다. 이곳에서 서북쪽으로 상경까지 1,570리이며, 동북쪽으로 호리개[320]까지 1,100리이며, 서남쪽으로 합라[321]까지 1,200리이며, 북쪽으로 변경의 알가련[322] 천호[323]까지 2,000리이다"라고 하였다.

《북사》〈고구려전〉[324]에 "주몽[325]이 부여에서 동남쪽으로 달아나다 큰 강을 만났는데, 물고기와 자라가 다리를 이루어 건널 수 있었다"고 하였고, 《삼국사기》에 "동명성왕[326] 고주몽이 동부여[327]에서 길을 떠나 엄사수[328]에 이르렀는데, 물고기와 자라가 다리를 이루어 건널 수 있었다. 졸본천[329]에 이르러 도읍하였다. 다른 기록에는 졸본부여[330]라고 한다"고 하였다.

---

319 절도부사(節度副使) : 금나라도 요나라처럼 큰 주에 절도사(節度使, 종3품)와 군대 이름을 두었지만, 생여진의 본거지인 흘품로 등에는 절도사만 두었다. 절도부사는 종5품으로 절도사를 보좌하는 차관.

320 호리개(胡里改) : 모란강의 옛 이름. 금나라는 이곳에 호리개로(胡里改路)를 설치하였다. 치소는 지금의 흑룡강성 의란현 오국두성(五國頭城)으로 서쪽으로 아성시(阿城市), 북쪽으로 러시아 아무르주까지 관할하였다.

321 합라(合懶) : 지금의 함경북도 북청군의 후치령(厚峙嶺)에서 발원하여 남쪽으로 흐르는 남대천(南大川)의 옛 이름인 합라수(合懶水). 갈라수(曷懶水)·삼잔수(三潺水)라고도 한다.

322 알가련(斡可憐) : 지금의 흑룡강과 우수리강이 합류하는 러시아 하바로프스크 일대.

323 천호(千戶) : 맹안(猛安)의 별칭.

324 《북사(北史)》〈고구려전〉 : 《북사》는 당나라 태종 때에 이연수(李延壽)가 북위(北魏), 북제(北齊), 북주(北周) 및 수나라 4왕조 233년 동안의 역사를 기록한 기전체 사서이다. 〈고구려전〉에는 고구려의 시조설화, 후한∼북주까지 중국왕조와 고구려의 관계 기사, 고구려의 생활상 등이 서술되어 있다.

325 주몽(朱蒙) : 고구려의 시조 동명성왕의 이름. 부여 말로 활 잘 쏘는 사람을 가리킨다. 추모(鄒牟)라고도 한다.

326 동명성왕(東明聖王, 서기전 58∼서기전 19) : 북부여의 왕 해모수(解慕漱)의 아들로, 동부여의 금와왕(金蛙王)의 아들 대소(帶素)의 핍박을 피하여 졸본(卒本)에 나라를 세우고 국호를 고구려라 하였다. 재위 기간은 서기전 37∼서기전 19년.

327 동부여(東扶餘) : 《삼국사기》와 《삼국유사》에 의하면, 북부여의 왕 해부루(解夫婁)가 상제의 명령으로 나라를 옮겨 동부여의 왕이 되었다고 한다. 그런데 원래 부여의 위치는 지금의 중국 길림성 농안시(農安市) 부근이다. 부여는 3세기 후반 모용외(慕容廆)의 침략을 받아 북옥저(北沃沮) 방면으로 옮겼다가 나중에 되돌아 갔는데, 이 지역에 남은 부류를 동부여라고 부른 것으로 추정된다. 북부여와 동부여는 고구려의 입장에서 각각 북쪽과 동쪽에 위치한 부여 집단을 가리키는 명칭이다. 따라서 여기서의 '동부여'는 '북부여' 즉 원래의 부여로 보아야 한다.

328 엄사수(淹㴲水) : 기록에 따라 엄리대수(奄利大水)·엄호수(掩㴲水)·시엄수(施掩水)·엄체수(淹滯水)·엄수(掩水)라고도 한다. 그 위치에 대해서는 송화강(松花江), 혼하(渾河), 요하(遼河) 등 여러 견해가 있다.

329 졸본천(卒本川) : 지금의 혼강(渾江). 각주 147 참조.

330 졸본부여(卒本扶餘) : 졸본지역의 부여라는 의미.

살펴보건대, 졸본과 솔빈, 훌품, 속빈은 음이 바뀐 것이지 그 실체는 같다. 《성경통지》에 "흥경 동남쪽 변경 밖에 있었다"라고 말했으니, 바로 우리나라의 삼수·갑산[331] 등지이다. 《고려사》[332]에 "선종[333] 5년(1088)에 요나라에 사신을 보내어 각장[334] 설치 계획을 중지하기를 요청하며 올린 표문에 "천황이 계신 학주성[335]으로부터 서쪽은 그쪽 땅으로 거두고, 해의 아들[336]이 자라 다리로 건넌 강으로부터 그 동쪽은 우리 경계로 베어 주었습니다"라고 하였으니, 엄사수는 압록강이며 동명왕이 부여 동남쪽으로 내려와 압록강을 건넌 곳은 또한 마땅히 삼수·갑산 등지이다.

《고려사》 〈지리지〉에 "갑주부[337]는 본래 허천부[338]로 오랫동안 여진에게 점거되었던 곳이다"라고 하였다. 《갑산부 읍지》[339]에 "여진의 도통[340]이 살던 곳"이라고 하였는데, 도통이란 생각컨대 저 도패근이나 맹안 같은 부류일 것이다. 여러 설을 참고하여 고찰하면, 지금의 삼수·갑산 등지는 고구려 때는 졸본, 발해 때는 솔빈, 금나라 때는 훌품이라고 불렀음이

---

331 삼수(三水)·갑산(甲山) : 삼수는 압록강의 지류에 면해 있는 함경남도 삼수군이며, 갑산은 그 동남쪽에 위치한 개마고원의 중심지인 함경남도 갑산군이다.

332 《고려사(高麗史)》 : 고려시대의 역사를 조선의 정인지(鄭麟趾, 1396~1478)·김종서(金宗瑞, 1383~1453) 등이 기전체로 편찬한 책. 139권.

333 선종(宣宗, 1049~1094) : 고려의 13대 왕. 승과(僧科)를 설치하고, 속장경(續藏經)의 판각을 위해 교장도감(敎藏都監)을 설치하는 등 불교 발전에 힘썼다. 재위 기간은 1083~1094년.

334 각장(権場) : 국경에 설치한 무역 시장. 당시 요나라가 압록강 연안에 각장을 설치하려는 계획에 대해, 고려는 자신과 여진의 유대 관계를 차단하려는 목적이라고 의심하여 거부하였다.

335 천황이 계신 학주성(鶴柱城) : 천황은 요나라 경종(景宗)의 황후이자 성종(聖宗)의 어머니로 982~1009년까지 성종을 대신하여 섭정한 승천황태후(承天皇太后)이며, 학주성(鶴柱城)은 요동성을 가리킨다. 요동성 출신의 정령위(丁令威)가 학이 되어 돌아와 자기 집의 화표주(華表柱)에 부리로 시를 남겼다는 고사에서 연유한 지명이다.

336 해의 아들[日子] : 주몽을 가리킨다.

337 갑주부(甲州府) : 1391년(공양왕 3)에 설치한 갑주만호부(甲州萬戶府)의 약칭.

338 허천부(虛川府) : 갑산의 고려 때 명칭.

339 《갑산부 읍지(甲山府 邑志)》 : 1757년(영조 33)~1765년에 영조 때 《여지도서(輿地圖書)》 편찬을 위해 갑산부에서 작성한 읍지. 읍지 자체는 현재 전하지 않으나 그 내용은 《여지도서》에 수록되어 있다.

340 도통(都統) : 금나라의 최고 군사 지휘관. 그 아래 만호, 군수(軍帥), 맹안이 있었다.

분명하다.

또 살펴보건대, 야라·압라·합라라는 것은 갈라³⁴¹라고도 불렀다. 고려 시중³⁴² 윤관³⁴³이 쌓은 9성³⁴⁴은 지금의 함흥 단천³⁴⁵·길주³⁴⁶ 등지가 이 곳이다.

호리개는《금사》〈지리지〉에 "서쪽으로 상경까지 630리"라고 하였고, 《금사》 본기에 "태종 천회 8년(1130) 7월에 혼덕공과 중혼후³⁴⁷를 골리개로³⁴⁸로 옮겼으며, 희종³⁴⁹이 즉위한 해(1135) 4월 병인일에 혼덕공 조길이 죽었다"고 하였다. 지금 우리나라의 회령부³⁵⁰의 동북쪽 25리에 큰 무덤이 있는데, 자주 금은 그릇과 숭녕전³⁵¹을 줍곤 한다. 옛부터 전해오는 말에 휘종이 묻힌 곳이라고 하니, 이곳이 금나라 골리개로임을 알 수 있다. 골리개란 바로 호리개이다. 그러므로 흘품로의 서북쪽이 상경이고, 동북쪽은 호리개이며, 서남쪽은 합라임이 또한 분명하다.

---

341 갈라(曷懶) : 각주 321 참조.
342 시중(侍中) : 고려시대 최고 정무기관인 중서문하성(中書門下省)의 장관.
343 윤관(尹瓘, ?~1107) : 고려 예종 때의 문신·장군. 자는 동현(同玄). 본관은 파평(坡平). 어사대부·한림학사·이부상서 등을 지내고 예종 2년(1107)에 여진 정벌을 하고 9성을 쌓았다. 이 공으로 문하시중에 올랐다.
344 9성 : 함주(咸州), 영주(英州), 웅주(雄州), 복주(福州), 길주(吉州), 공험진(公嶮鎭), 숭녕진(崇寧鎭), 진양진(眞陽鎭), 통태진(通泰鎭). 9성의 위치에 대해서는 함흥평야설, 두만강 유역설, 길주 부근설, 간도 지역설 등으로 갈린다.
345 단천(端川) : 함경북도 길주군 아래 위치하며 동해안에 접한 함경남도 단천군 일대.
346 길주(吉州) : 함경남도 단천군 위에 위치한 함경북도 길주군 일대.
347 혼덕공(昏德公)과 중혼후(重昏侯) : 북송의 8대 황제인 휘종(徽宗, 재위 1100~1125)과 그 아들인 흠종(欽宗, 재위 1125~1127). 정치보다 예술에 탐닉한 휘종은 금의 압박이 가해지자 흠종에게 선양하였다. 금은 1127년 북송을 멸망시킨 후 휘종과 흠종을 금의 상경으로 이주시켰다. 이것이 '정강(靖康)의 변(變)'이다.
348 골리개로(鶻里改路) : 호리개로(胡里改路, 각주 320 참조)의 다른 표기.
349 희종(熙宗, 1119~1150) : 금나라 3대 황제. 한화정책을 적극적으로 추진하고, 남송에 대한 공격을 강화하였다. 말년에 해릉왕에게 피살되었다. 재위 기간은 1135~1150.
350 회령부(會寧府) : 함경북도 회령에 있던 회령도호부(會寧都護府)의 줄임말.
351 숭녕전 : 송나라 휘종의 연호인 숭녕(崇寧) 연간(1102~1106)에 주조된 숭녕통보(崇寧通寶)와 숭녕중보(崇寧重寶) 등의 동전을 가리킨다.

《성경통지》에 이미 "휼품로는 흥경 동남쪽 변경 밖에 있었다"고 하였고, 또 "솔빈부의 건주는 흥경 경계 안에 있고, 솔빈부 및 화주·익주 2주는 봉황성 경계 안에 있다. 화주의 옛 터는 고찰할 수 없고, 익주는 지금 조선 경계에 의주성[352]이 있는데, 조선인들이 애주[353]라고 부른다"라고 하였다. 그런데 '흥경 동남쪽 변경 밖에 있다'고 말한 것은 확실히 맞지만, 다시 봉황성을 가리킨 것은 잘못이다. 봉황성은 발해 때에 마땅히 압록부에 속하였는데, 어찌 다시 솔빈부를 설치하였겠는가? 금나라 때 만약 휼품로였다면, 갈라 지역과 동서로 현격히 떨어져 서로 이어질 수 없을 것이다.

동평부

《신당서》〈발해전〉에 "옛 불녈 지역"이라고 하였다. 《요사》〈지리지〉에 "자몽현은 본래 한나라 누방현 지역인데, 나중에 불녈국이 있었다. 발해가 동평부를 설치하였다"고 하였고, 또 "요주 시평군은 본래 불녈국 성인데, 발해가 동평부로 삼았다"고 하였다.

살펴보건대, 마땅히 흑룡강 지방에 있어야 하니, 《요사》〈지리지〉가 잘못이다.

철리부

《신당서》〈발해전〉에 "옛 철리 지역"이라고 하였고, 《요사》〈지리지〉에

---

352 의주성(義州城) : 평안북도 의주(義州)의 치소에 설치한 성.
353 애주(愛州) : 압록강의 지류인 애하(靉河)에서 연유한 명칭으로, 조선이 아니라 중국에서 주로 불렀다.

"철리부는 옛 철리국 지역"이라고 하였다.

살펴보건대, 마땅히 흑룡강 지방에 있어야 한다.

회원부

《신당서》〈발해전〉에 "옛 월희 지역"이라고 하였고, 《요사》〈지리지〉에 "신주 창성군은 본래 월희의 옛 성인데, 발해가 회원부를 설치하였다"고 하였다.

살펴보건대, 마땅히 흑룡강 지방에 있어야 하니, 《요사》〈지리지〉가 잘못이다.

안원부

《신당서》〈발해전〉에 "옛 월희 지역'라고 하였고, 《요사》〈지리지〉에 "모주는 본래 발해 안원부 지역이다"라고 하였다. 《청일통지》에 "모주성은 녹주 서쪽 200리에 있다"고 하였다.

살펴보건대, 마땅히 흑룡강 지방에 있어야 한다. 《신당서》〈흑수말갈전〉에 "불녈·월희·철리 등의 부족이 있다. 그 지역은 남쪽으로 발해에 이르고, 북쪽과 동쪽으로 바다와 접하고, 서쪽으로 실위에 다다르는데, 남북으로 길이가 2,000리이며, 동서로 1,000리이다"라고 하였으니, 지금의 흑룡강 지방이 바로 이곳이다. 동평부는 옛 불녈 지역이고, 철리부는 옛 철리 지역이며, 회원부와 안원부는 옛 월희 지역으로 4부는 모두 흑룡강 지방에 있었다. 그런데 《요사》〈지리지〉가 요동의 주현을 끌어다 합치시켰다. 《청일통지》가 그 잘못을 고증한 것이 매우 상세하지만, '모주가 녹주의 서쪽 200리에 있다'고 한 것은 또한 잘못이다.

발해와 신라의 경계

《신당서》〈발해전〉에 "발해는 남쪽으로 신라와 접하는데, 이하[354]를 경계로 삼았다"고 하였고, 《가탐군국지》에 "신라 천정군에서 발해 책성부까지 39역"이라고 하였다.

《청일통지》에 "평양부[355]는 한나라 낙랑군이 있던 곳이며, 고구려 장안성[356]이 있던 곳인데, 일명 왕험성[357]이다. 당나라가 안동도호부를 설치하였는데, 나중에 발해에 함락되었다"고 하였다.

《동국문헌비고》에 "신라가 삼국을 통합한 후 동북쪽으로 천정군의 탄항관[358]을 경계로 삼았는데, 천정군은 지금의 덕원부이다. 또 서북쪽으로 당악현[359]을 경계로 삼았으니, 지금의 중화부[360]이다. 중화에서 동쪽으로는 지금의 상원·수안·곡산[361]을 거쳐 덕원에 다다르니, 모두 변방의 요

---

354 이하(泥河) : 함경남도 정평군 고산면에서 동해로 흐르는 금진강(金津江)으로 보는 견해(池內宏, 《滿鮮史硏究》上世 2, 吉川弘文館, 1960, 69쪽)도 있지만, 낭림산맥에서 시작하여 영흥만으로 흘러드는 용흥강(龍興江)으로 보는 견해 (박시형, 《발해사》, 이론과 실천, 1989, 152쪽)가 유력하다.

355 평양부(平壤府) : 지금의 평양시에 설치한 조선시대 최고 지방행정기관의 하나. 평안도의 행정을 총괄하는 종2품 이상의 관찰사(觀察使, 監司)와 함께 평양의 행정을 담당하는 종2품의 부윤(府尹)이 파견되었다.

356 장안성(長安城) : 586년(평원왕 28)~668년(보장왕 27)까지 고구려의 도성.

357 왕험성(王險城) : 고조선의 도성인 왕검성(王儉城)의 다른 표기.

358 탄항관(炭項關) : 《삼국사기》 권35, 잡지4, 지리2에는 '탄항관문(炭項關門)'으로 되어 있으며, 그 위치는 지금의 함경남도 문천군 덕원면(북한의 강원도 원산시 덕원동) 고성리로 추정된다.

359 당악현(唐嶽縣) : 신라 때 한주(漢州) 취성군(取城郡)에 속한 현으로, 지금의 평안남도 중화군 당정면(唐井面) 일대.

360 중화부(中和府) : 1592년(선조 25)에 군(郡)에서 승격된 중화도호부(中和都護府)의 줄임말.

361 상원(祥原)·수안(遂安)·곡산(谷山):각각 지금의 평안도 중화군 상원면, 황해도 수안군 수안면, 황해도 곡산군 곡산면.

새이다"라고 하고, 또 "이하는 마땅히 덕원 경계 안에 있어야 한다"고 하였다.

　살펴보건대, 발해 지리에 대해서는 《신당서》〈발해전〉이 비록 소략하지만 어느 지역이 어느 부라고 서술한 것이나 5경의 위치는 매우 상세하다. 그러나 《요사》〈지리지〉에 의해 어지럽게 되었다. 요나라가 발해를 병합하고 주민과 마을을 이주시킬 때, 대부분 옛 명칭을 그대로 사용하였는데도 〈지리지〉 편찬자가 다시 구별하지 않았던 것이다. 《청일통지》에 "발해가 설치한 5경 15부 62주는 대부분 지금의 길림오라, 영고탑 및 조선 경계에 있었다. 요동의 옛 지역은 비록 발해에 편입되었지만, 부·주의 설치에 대해서는 전해지는 것이 없다. 요사는 모두 발해의 영토라고 하였지만, 실제로는 다 그러한 것은 아니다"라고 한 것은 확론이라고 할 수 있다.

　만약 《요사》〈지리지〉를 따른다면 동경은 서경의 서쪽에 있고, 중경은 다시 동경의 서쪽에 있게 되니 매우 불가하다. 그렇지만 《요사》〈지리지〉가 아니면 발해 군현의 이름을 볼 수 없다. 그러므로 먼저 《신당서》〈발해전〉을 서술하고, 그 다음에 《요사》〈지리지〉를 서술하며, 산천의 위치를 비정하고, 마지막으로 다른 역사서로 함께 증명해야 한다. 그런 뒤에야 5경 15부가 질서정연하게 되어, 북쪽으로 흑룡강 동쪽의 바닷가까지 미치고, 서쪽으로 개원·심양 등에 이르고, 남쪽으로 함경도 덕원부와 평안도 평양부를 경계로 하는 그 넓이를 비로소 볼 수 있다. 《요사》〈지리지〉에 발해의 군현을 각각 부에 따라 서술하고 있는데, 이것은 가죽옷의 옷깃을 잡듯이 개요만 서술한 것이라고 할 수 있다.

또 살펴보건대, 《삼국사기》에 "궁예[362]가 '옛날 신라가 당나라에 군사를 요청하여 고구려를 멸망시켰다. 그래서 평양의 옛 수도는 모두 잡초가 무성하게 되었다'라고 말하고, 참람되게 성책 원년(905)으로 개원하고 패서[363] 지역을 13진[364]으로 나누어 설치하니 평양 성주 검용이 항복하였다"고 하였다. 이때 대인선이 한창 거란과 서로 대립하고 있었고, 압록부 남쪽 경계는 이미 궁예에게 빼앗겼다. 발해가 망하자 고려가 흥하여 서북쪽으로 안북부[365]를 경계로 삼고 동북쪽으로 도련포를 경계로 삼으니, 그 밖은 모두 여진의 구역이 되었다. 성종[366] 때 비로소 서여진[367]을 내쫓아 압록강 이남 지역을 차지하여 주진[368]을 설치하였다. 도련포 이북은 여진이 옛 기반에 의지하며 갈라전[369]이라 칭하였으니, 금나라가 일어난 곳이다. 원나라 초에 합란부[370]를 설치하고 나아가 화주의 쌍성[371]을 차지하여 고려와 여진의 경계 지역이라고 불렀다. 말년이 되어 쌍성이 고려에 격파되고, 우리나라의 왕업이 북방에서 일어났다.

---

362 궁예(弓裔, ?~918) : 후고구려·마진(摩震)·태봉(泰封)의 건국자. 재위 기간은 901~918년.

363 패서(浿西) : 예성강의 서쪽 지역, 즉 지금의 황해도 서부 지역.

364 진(鎭) : 한 지역을 편안하게 진정시키는 군대. 또는 그 군대가 지배하는 지역.

365 안북부(安北府) : 고려시대에 영주(寧州, 지금의 평안남도 안주)에 설치되었던 안북대도호부(安北大都護府)의 줄임말.

366 성종(成宗, 960~997) : 고려의 6대 왕. 고려 초기의 문물제도를 정비하고, 유교 이념을 토대로 중앙 집권적인 봉건 제도를 확립하였다. 재위 기간은 981~997년.

367 서여진(西女眞) : 고려의 서북쪽, 즉 압록강 방면에 거주하던 여진족.

368 주진(州鎭) : 고려 시대에, 동북면과 서북면의 진에 주둔하던 군대인 주진군(州鎭軍)의 줄임말.

369 갈라전(曷懶甸) : 함경남도 함흥 평야에서 두만강 유역에 이르는 토착 여진의 거주지

370 합란부(合蘭府) : 원대에 함경남도 함흥에 설치한 지방행정 기구.

371 화주(和州)의 쌍성(雙城) : 화주는 함경남도 영흥의 고려 때 지명이며, 쌍성은 원나라가 화주 이북을 통치하기 위해 설치한 쌍성총관부(雙城摠管府).

227

태조 강헌대왕[372]은 하늘이 내린 신이한 무력으로 강역을 회복하였다.

세종 장헌대왕[373]은 장수에게 명하여 야인[374]을 신속하게 토벌하고 6진을 설치하여 두만강을 경계로 삼았다. 그런 뒤에야 발해의 용원부·남해부·솔빈부 등지가 모두 판도 내에 들어오게 되었으니, 원대한 계획과 아름다운 공적이 전대를 훨씬 뛰어넘었다.

또 살펴보건대, 압록부가 관할하는 신주·환주·풍주·정주 등 4주 가운데 환주가 지금의 강계부[375]이며, 신주가 지금의 폐사군 지역임은 이미 《신당서》〈지리지〉를 인용하여 밝혔는데, 풍주와 정주 2주의 연혁에 대해서도 증명할 만한 것이 있다. 고구려가 풍홍[376]을 북풍[377]에서 죽이고 시호를 소성황제라 하였다. 지금 운산군에 황제 무덤이 있는데, 세상에 전하기를 풍홍이 묻힌 곳이라고 한다.[378] 그렇다면 운산은 바로 고구려의 북풍이며, 발해의 풍주이다. 《요사》〈지리지〉에 "정주는 본래 비류

372 태조 강헌대왕(太祖康獻大王, 1335~1408) : 조선의 1대 왕 이성계(李成桂). 왕위에 오른 후에 이름을 단(旦)으로 고쳤다. 태조는 묘호이고, 강헌대왕은 시호이다. 재위 기간은 1392~1398년.

373 세종 장헌대왕(世宗莊憲大王, 1397~1450) : 조선의 4대 왕. 세종은 묘호이고, 장헌대왕은 시호이다. 재위 기간은 1418~1450년.

374 야인(野人) : 조선 시대에, 압록강과 두만강 유역에 거주하던 여진족을 낮추어 부르는 말.

375 강계부(江界府) : 강계도호부(江界都護府)의 줄임말.

376 풍홍(馮弘) : 중국 5호 16국 시대 북연(北燕)의 마지막 황제. 436년(장수왕 24)에 북중국을 통일한 북위(北魏)의 공격을 받아 고구려로 망명하였다.

377 북풍(北豊) : 지금의 요령성 개주시(蓋州市) 일대.

378 지금 운산군(雲山郡)에 ~ 한다 : 《대동지지(大東地志)》 권23, 평안도, 운산, 능묘(陵墓)에 '연왕 풍홍묘(燕王馮弘墓)가 운산 동쪽으로 10리에 있는 구봉산(九峯山)의 서쪽에 있는데, 읍지(邑志)에는 위만묘(衛滿墓)가 있어 속칭 위만동(衛滿洞)이라 한다'라고 하였듯이, 전설일 뿐 사료적 근거는 없다.

왕의 옛 지역"이라고 하였고, 《동국여지승람》[379]에 "성천부[380]는 본래
비류왕 송양[381]의 옛 수도'라고 하였으니, 성천부가 발해의 정주임은 분
명하다.

---

379 《동국여지승람(東國輿地勝覽)》: 조선 성종(成宗)의 명에 따라 노사신(盧思愼, 1427~1498) 등이 편찬한 우리나라
　　 의 인문지리서. 《대명일통지》를 참고하여 팔도의 지리·풍속과 그 밖의 사항을 기록하였다. 중종 25년(1530)에 이행
　　 (李荇, 1478~1534) 등이 증보한 것이 《신증동국여지승람(新增東國輿地勝覽)》이다.

380 성천부(成川府): 지금의 평양 동쪽에 위치한 성천군에 설치한 성천도호부(成川都護府)의 줄임말.

381 비류왕 송양(松讓): 《삼국사기》 권13, 고구려본기1, 동명성왕에 나오는, 주몽과 활쏘기 시합에서 패하여 항복한 비류
　　 국의 송양왕. 그런데 비류국은 비류수 근처의 나라이며, 비류수는 압록강의 북쪽 지류인 혼강(渾江)에 비정된다. 따라
　　 서 비류국이 함경남도 성천에 있었다는 《동국여지승람》의 견해는 잘못이다.

직관고

문관직

선조성[1]에는 좌상[2]·좌평장사[3]·시중[4]·좌상시[5]·간의[6]를 둔다.

중대성[7]에는 우상[8]·우평장사[9]·내사[10]·조고[11]·사인[12,13]을 둔다.

---

1 선조성(宣詔省) : 왕의 명령[詔]을 선포하는 관청으로, 당나라의 문하성(門下省)에 해당한다. 당의 문하성은 중서성에서 초안을 작성하여 올린 조령(詔令)을 심의하여 결정한다.

2 좌상(左相) : 남면(南面)하는 국왕의 왼쪽(=동쪽)에 위치한 재상. 당나라의 문하성 및 그 장관인 시중(侍中)의 별칭이 동 대(東臺) 및 좌상인 데서 유래하였다.

3 좌평장사(左平章事) : '평장'은 상의하여 처리한다는 뜻. 당나라에서는 원래 3성(상서성·중서성·문하성)의 장관을 재상 (宰相)이라 불렀는데 관직이 높고 권세가 무겁다는 이유로 상설하지 않았다. 그 대신 다른 관원으로 재상의 직무를 대행 하게 할 때 '동중서문하평장사(同中書門下平章事, 중서성·문하성에서 함께 주요 사무를 상의하여 처리한다는 뜻)'라는 이름을 부여하였다. 그 줄임말인 '동평장사(同平章事)', '평장사'가 재상의 별칭이 되어 명나라 초기까지 사용되었다. 다 만 좌우평장사는 발해에서만 사용되었다.

4 시중(侍中) : 세상의 중앙[中]에 있는 천자를 모신다[侍]는 의미에서 당나라에서는 원래 문하성의 장관으로 황제의 명령 의 출납하고 관리의 직무를 총괄하였다. 인원은 2명이며, 품계는 정3품이었다. 그러나 동중서문하평장사의 직함을 갖지 못하는 경우에는 대신을 우대하는 명칭으로 전락하였다. 그래서 발해에서도 좌평장사보다 낮은 관직이 되었다.

5 좌상시(左常侍) : 좌산기상시(左散騎常侍)의 줄임말. 좌우산기상시(左右散騎常侍)는 진한대에 황제의 좌우로 흩어져 [散] 말타며[騎] 항상 호위하는 관직이었는데, 삼국 이후로 황제의 좌우에서 잘못을 간하거나 황제의 고문(顧問) 역할을 맡았다. 당나라에서 인원은 2명이며, 품계는 종3품이었다.

6 간의(諫議) : 간의대부(諫議大夫)의 줄임말. 황제를 보좌하고 간언하였다. 당나라에서 인원은 4명이며, 품계는 정5품상 이었다.

7 중대성(中臺省) : 중앙에 있는 왕의 명령을 받들어 문서로 작성하는 관청으로, 당나라의 중서성(中書省)에 해당한다.

8 우상(右相) : 남면(南面)하는 국왕의 오른쪽(=서쪽)에 위치한 재상. 당나라의 중서성 및 그 장관인 중서령(中書令)의 별 칭이 서대(西臺) 및 우상인 데서 유래하였다.

9 우평장사(右平章事) : 833년(대이진 함화 3년, 당 문종 태화 7년) 7월에 정월에 입당한 발해 사신 고보영(高寶英, 또는 高賞英)의 직함이 동중서우평장사(同中書右平章事)였다. 권2 신고 고보영 참조.

10 내사(內史) : 당나라 측천무후 시기에 한때 중서령을 고쳐 부른 이름.

11 조고(詔誥) : 왕의 조서(詔書)를 작성하고 관리하는, 당나라의 중서시랑(中書侍郎, 정4품상)에 해당한다.

12 사인(舍人) : 조서의 초고를 작성하는, 당나라의 중서사인(中書舍人, 정5품상)에 해당한다.

13 조고, 사인 : 조고사인(詔誥舍人)을 하나의 관직으로 보는 견해(왕승례, 《발해의 역사》, 송기호역, 한림대학교 아시아문 화연구소, 1987, 144쪽)도 있으나, 좌상시·간의에 대응하는 관직이라는 점에서 조고와 사인을 별개의 관직으로 보는

정당성[14]에는 대내상[15] 1인이 있는데, 지위는 좌상과 우상 위이다. 또 좌사정[16]과 우사정[17] 각 1인이 있는데, 지위는 좌평장사와 우평장사의 아래이며, 당나라의 복야[18]에 해당한다. 좌윤과 우윤[19]은 당나라의 2승 즉 좌승[20]과 우승[21]에 해당한다.

좌육사[22]의 충부[23]·인부[24]·의부[25]에는 각각 경[26] 1인이 있는데, 지위

것이 타당하다(李丙燾, 《韓國史》古代篇, 乙酉文化社, 1959, 658쪽 및 李基白·李基東, 《韓國史講座》1 古代篇, 一潮閣, 1982, 355쪽). 한편 김육불(金毓黻)은 좌상시와 간의는 별개의 관직이라고 하였고, 조고사인은 하나의 관직인 지 두 개의 관직인지 알 수 없다고 하였다(발해사연구회 옮김, 《신편 발해국지장편》 중, 신서원, 2008, 377쪽).

14 정당성(政堂省) : 정책을 집행하는 관청으로, 당나라의 상서성(尙書省)에 해당한다.

15 대내상(大內相) : 대내(=왕이 거주하는 궁궐)에서 내려오는 왕명을 받아 집행하는 재상으로, 당나라의 상서령(尙書令) 에 해당한다.

16 좌사정(左司政) : 좌육사(左六司)의 행정 사무를 담당하는 재상.

17 우사정(右司政) : 우육사(右六司)의 행정 사무를 담당하는 재상.

18 복야(僕射) : 진(秦)나라 때 시중·상서·박사(博士)·낭(郞) 등 문관의 활쏘기를 담당하는 속관(屬官)이었으나, 한나라 이후로 상서복야만 남으면서 재상으로 승격되었다. 당나라에서는 상서령이 실제로 임명되지 않았기 때문에 좌복야와 우복야가 각각 좌승상과 우승상으로 불렸다. 품계는 종2품.

19 좌윤(左允)과 우윤(右允) : 좌사정과 우사정을 보좌하는 관직.

20 좌승(左丞) : 좌승상을 돕는[丞] 관직으로, 상서성의 금법, 종묘 제사, 조정 의례, 관리 선발, 위법 행위에 대한 규찰 등을 주관하였다. 품계는 정4품상.

21 우승(右丞) : 우승상을 돕는 관직으로, 창고와 막사, 각종 기물, 형벌과 감옥, 병장기 등을 주관하였다. 품계는 정4품하.

22 좌육사(左六司) : 좌사정이 관할하는 충부·인부·의부·작부·창부·선부 등 여섯 관청.

23 충부(忠部) : 6부의 순서와 소속 관청인 작부의 명칭으로 보아 당나라의 이부(吏部)에 해당한다. 관리의 선발과 임용, 훈관(勳官)과 봉작(封爵)의 수여, 인사 고과 등을 담당하였다. 소속 관청으로서의 충부는 그중 문관 임명에 관한 업무를 담당하였을 것이다.

24 인부(仁部) : 당나라의 호부(戶部)에 해당하며, 호구와 토지 등을 담당하였다. 소속 관청으로서의 인부는 그중 호구와 세금에 관한 업무를 담당하였을 것이다.

25 의부(義部) : 당나라의 예부(禮部)에 해당하며, 의례·제사·연회·과거 등을 담당하였다. 소속 관청으로서의 의부는 그중 의례에 대한 업무를 담당하였을 것이다.

26 경(卿) : 충부·인부·의부·지부·예부·신부 등 발해 6부의 장관.

는 좌사정 아래이다. 소속 관청[27]으로 작부[28]·창부[29]·선부[30]가 있다. 부마다 낭중과 원외[31]가 있다.

우육사[32]에는 지부[33]·예부[34]·신부[35]와 소속 관청인 융부[36]·계부[37]·수부[38]가 있는데, 경과 낭중은 좌육사에 준한다. 이들은 당나라의 육관[39]에 해당한다.

중정대[40]의 대중정[41] 1인은 당나라의 어사대부[42]에 해당하는데, 지위는 좌·우사정 아래이다. 그리고 소정[43] 1인이 있다.

---

27 소속 관청[支司] : 당나라의 6부는 각각 4개의 소속 관청을 두었다. 즉 이부는 이부·사봉(司封)·사훈(司勳)·고공(考功), 호부는 호부·탁지(度支)·금부(金部)·창부(倉部), 예부는 예부·사부(祠部)·선부(膳部)·주객(主客), 병부는 병부·직방(職方)·가부(駕部)·고부(庫部), 형부는 형부·도관(都官)·비부(比部)·사문(司門), 공부는 공부·둔전(屯田)·우부(虞部)·수부(水部)를 둠으로써 모두 6부 24사(司)가 된다. 6부의 명칭과 동일한 관청에 대해, 나머지 18사는 그에 소속된 관청 즉 지사(支司)에 해당된다. 발해도 마찬가지로 충부는 충부·작부, 인부는 인부·창부, 의부는 의부·선부, 지부는 지부·융부, 예부는 예부·계부, 신부는 신부·수부로 구성되었다.

28 작부(爵部) : 명칭으로 보아 품계와 관작(官爵)에 대한 업무를 관장하였을 것이다.

29 창부(倉部) : 명칭으로 보아 조세 수납과 녹봉 지출에 대한 업무를 관장하였을 것이다.

30 선부(膳部) : 명칭으로 보아 제사와 관련된 희생과 그릇 및 음식에 대한 업무를 관장하였을 것이다.

31 낭중(郎中)과 원외(員外) : 당나라의 6부에는 장관과 차관에 해당하는 상서(尙書, 정3품)와 시랑(侍郎, 정4품상)이 있고, 6부의 소속 관청에는 실무를 담당하는 낭중(郎中, 종5품상)과 원외랑(員外郎, 종6품상)이 있었다.

32 우육사(右六司) : 우사정이 관할하는 지부·예부·신부·융부·계부·수부 등 여섯 관청.

33 지부(智部) : 당나라의 병부(兵部)에 해당하며, 군대와 무관 임명 등을 담당하였다. 소속 관청으로서의 지부는 그중 무관 임명에 대한 업무를 담당하였을 것이다.

34 예부(禮部) : 당나라의 형부(刑部)에 해당하며, 형벌과 죄수 및 이와 관련된 중앙과 지방 관청의 사무 등을 담당하였고, 소속 관청으로서의 예부는 그중 법률에 대한 업무를 담당하였을 것이다.

35 신부(信部) : 당나라의 공부(工部)에 해당하며, 각종 토목 공사와 둔전(屯田) 및 산림·하천 등을 담당하였고, 소속 관청으로서의 신부는 그중 토목 공사와 수리에 대한 업무를 담당하였을 것이다. 그런데 925년에 고려로 망명한 대복모의 관직이 공부경인 경우를 보면, 발해에는 신부와 공부를 혼용했던 것 같다. 권2〈신고〉대복모 참조.

36 융부(戎部) : 명칭으로 보아 군대의 병장기에 대한 업무를 담당하였을 것이다.

37 계부(計部) : 명칭으로 보아 관리의 봉급과 관청의 경비 등에 대한 업무를 담당하였을 것이다.

38 수부(水部) : 명칭으로 보아 하천과 호수, 수로와 제방 등에 업무를 담당하였을 것이다.

39 육관(六官) : 이·호·예·병·형·공의 6부(部)를 가리킨다.

40 중정대(中正臺) : 관리가 한쪽으로 치우치지 않고[中] 정직하게[正] 업무를 수행하도록 감찰하는 관청으로 당나라의 어사대(御史臺)에 해당한다.

41 대중정(大中正) : 중정대의 장관.

42 어사대부(御史大夫) : 원래 어사의 임무는 어명(御命)을 기록하여[史] 해당 관청에 전달하는 것이었으나, 진한 이후로 관리의 잘못을 규찰하고 탄핵하는 것으로 바뀌었다. 어사대의 장관인 어사대부의 품계는 종3품이다.

43 소정(少正) : 소중정(少中正)의 줄임말이며, 당나라의 (어사)중승(中丞, 정5품상)에 해당한다.

전중시⁴⁴·종속시⁴⁵에는 대령⁴⁶이 있고, 문적원⁴⁷에는 감⁴⁸이 있다. 영과 감 밑에는 소령과 소감⁴⁹이 있다.

태상시⁵⁰·사빈시⁵¹·대농시⁵²에는 경이 있다.

사장시⁵³·사선시⁵⁴에는 영과 승⁵⁵이 있다.

주자감⁵⁶에는 감장⁵⁷이 있다.

항백국⁵⁸에는 상시⁵⁹가 있다.

---

44 전중시(殿中寺) : 궁전의 중앙에 있는 왕의 수레와 복식, 음식과 탕약 등을 담당하는 관청으로, 당나라의 전중성(殿中省)에 해당한다.

45 종속시(宗屬寺) : 왕실[宗]의 친척[屬]에 관한 업무를 담당하는 관청으로, 당나라의 종정시(宗正寺)에 해당한다.

46 대령(大令) : 차관으로 '소령(少令)'이 있기 때문에, 전중시·종속시의 장관을 사장시 등과 달리 '대령'으로 높였던 것 같다.

47 문적원(文籍院) : 경전과 도서에 관한 업무를 담당하는 관청으로, 당나라의 비서성(秘書省)에 해당한다.

48 감(監) : 문적원의 장관으로, 당나라의 비서감(秘書監, 종3품)에 해당한다.

49 소감(少監) : 833년(대현석 13) 일본에 파견된 대사 배정(裴頲)의 직함이 문적원 소감이었다.

50 태상시(太常寺) : 종묘와 사직에 대한 제사를 담당하는 관청으로, 당나라의 태상시에 해당한다.

51 사빈시(司賓寺) : 외국 사신에 대한 접대를 담당하는 관청으로, 당나라의 홍려시(鴻臚寺)에 해당한다. 발해에서 일본에 파견된 사신 중에는 사빈소령(司賓少令)의 직함을 띤 경우가 적지 않다.

52 대농시(大農寺) : 나라의 곡물 창고를 담당하는 관청으로, 당나라의 사농시(司農寺)에 해당한다.

53 사장시(司藏寺) : 재물과 화폐를 담당하는 부서로, 당나라의 태부시(太府寺)에 해당한다.

54 사선시(司膳寺) : 국가 의례에 사용되는 술과 음식을 담당하는 부서로, 당나라의 광록시(光祿寺)에 해당한다.

55 승(丞) : 장관인 영을 돕는[丞] 차관. 당나라의 경우에도 태부시와 광록시의 장관인 경(종3품) 아래 승이 있었는데, 품계는 종6품상이었다.

56 주자감(冑子監) : 유학을 중심으로 하는 최고 교육 기관으로, 당나라의 국자감(國子監)에 해당한다.

57 감장(監長) : 주자감의 장관으로, 당나라의 좨주(祭酒, 종3품)에 해당한다. 한편 '감장'을 '감'과 '장'으로 나누어 각각 당나라의 좨주와 사업(司業, 종4품)에 해당하는 관직으로 보는 견해(왕승례, 앞의책, 146쪽)도 있다.

58 항백국(巷伯局) : 왕후의 시중과 명령 전달 및 후궁의 출입을 담당하는 관청으로, 당나라의 내시성(內侍省)에 해당한다.

59 상시(常侍) : 항백국의 장관으로, 당나라의 내시(종4품상)에 해당한다. 다만 당나라에서는 내시 아래에 내상시(內常侍, 정5품하)가 있다.

무관직

    좌맹분위[60] · 우맹분위[61] · 좌웅위[62] · 우웅위 · 좌비위[63] · 우비위 · 남좌우위 · 북좌우위[64]에는 각각 대장군[65] 1인과 장군[66] 1인이 있다.

    살펴건대, 영원장군, 충무장군, 운휘장군, 보국장군, 귀덕장군, 자수대부, 청수대부, 헌가대부, 광간대부, 상주국, 개국공, 개국자, 개국남의 칭호들이 《속일본기》, 《일본일사》, 《고려사》 등의 역사서에 보이는데, 그 제도에 대해서는 모두 고찰할 수 없다.

---

60 좌맹분위(左猛賁衛) : '위'는 왕이 거주하는 도성을 호위하는 중앙군. '맹분'은 전국시대 제(齊)나라의 유명한 전사의 이름[孟賁]에서 유래한. 용맹하고 크다는 뜻이다.

61 우맹분위(右猛賁衛) : 872년(대현석 2)에 일본에 파견된 부사(副使) 이흥성(李興晟)의 직함이 우맹분위 소장(少將)이었다.

62 좌웅위(左熊衛) : 798년(강왕 정력 4)에 일본에 파견된 대사 대창태(大昌泰)의 직함이 좌웅위 도장(都將)이었다.

63 우웅위(右熊衛) · 좌비위(左羆衛) : 곰[熊]과 말곰[羆]은 용감한 군사를 뜻한다.

64 남좌우위(南左右衛) · 북좌우위(北左右衛) : '남좌우위'와 '북좌우위'는 다시 세분하여 남좌위 · 남우위, 북좌위 · 북우위로 파악하여 발해의 중앙군은 8위가 아니라 10위라고 보는 견해가 일반적이다. 유득공도 초고본에서는 10위로 파악하였다. 그러나 925년 9월 고려로 망명한 대심리(大審理)의 직함이 좌우위장군(左右衛將軍)인 점을 감안하면, 남좌우위와 북좌우위로 보는 것이 타당하다(李基白 · 李基東, 앞의 책, 357쪽). 유득공은 초고본에서 발해 관직을 이해하기 편하게 도표식으로 정리하며 무관도 10위로 구분하였다가 수정본에서는 굳이 《신당서》 발해전의 사료를 그대로 전재하였다. 이는 좌우위장군 대심리의 사례로 볼 때 10위를 자신할 수 없었기 때문으로 추정된다.

65 대장군(大將軍) : 당나라에서 16위 대장군의 품계는 정3품이었다. 각주 62에 보이는 도장은 대장군의 별칭인 듯하다.

66 장군(將軍) : 당나라에서 16위 대장군의 품계는 종3품이었다. 각주 61에 보이는 소장은 장군의 별칭인 듯하다.

품계에 따른 의복 규정

3질⁶⁷ 이상은 자주색 관복을 입고 상아홀⁶⁸을 쥐고 금어대⁶⁹를 찬다.

5질 이상은 주홍색 관복을 입고 상아홀을 쥐고 은어대를 찬다.

6질과 7질은 연홍색 관복을 입고 나무홀을 쥔다.

8질은 녹색 관복을 입고 나무홀을 쥔다.

---

67 질(秩) : 차례, 순서라는 의미에서 파생되어 여기서는 관직의 품계를 가리킨다.
68 상아홀(象牙笏) : 조회에서 신하가 손에 쥐는 상아로 만든 장방형의 판이다.
69 금어대(金魚袋) : 당나라 때 3품 이상의 관리가 허리에 차던 금으로 만든 물고기 모양의 부절을 넣는 주머니. 4품은 은,
    5품은 동으로 만든 부절을 찼다.

예문고[70]

당나라 현종이 무왕에게 내리는 칙서 4수_장구령[71]이 짓다

제1수[72]

홀한주자사[73]·발해군왕 대무예에게 칙서를 보낸다.

경이 형제지간에 서로 다툰 탓에 문예가 곤궁하여 나에게 귀순하였으니 어찌 그 뜻을 따르지 않겠는가?[74] 그러나 그를 서쪽 변경에 두었던 것은 경을 위한 까닭이었으니, 또한 잘못은 아니라고 할 수 있으며 자못 제자리를 얻은 것이 되었다. 그 이유는 다음과 같다.

경은 바다 모퉁이에 있으면서 당의 문화를 항상 익혔다. 그렇지만 형제간의 우애 같은 것을 어찌 익힐 필요가 있겠는가? 골육의 정은 깊어 스스로 차마하지 못하는 바이다. 문예가 비록 과오가 있더라도 또한 그 뉘우침을 받아들여야 할 것이다. 경이 마침내 문예를 데리고 동쪽으로 돌아가고자 요청하지만, 그를 죽이려는 의도인 것 같다. 짐은 효도와 우애로써 천하에 가르쳐 왔으니 어찌 이런 일을 차마 들을 수 있겠는가? 참으로 경

---

71 장구령(張九齡, 678~740) : 당나라 현종 때의 재상·시인. 자는 자수(子壽). 소주(韶州, 지금의 광동성) 곡강(曲江) 출신. 과거에 합격하여 한직이 있다가 발해 무왕에게 보내는 칙서 제1수의 작성을 계기로 공부시랑(工部侍郎)에 발탁되어 나중에 중서령(中書令)까지 역임하였다. 저서에 《곡강집(曲江集)》이 있다.

72 제1수 : 작성 시점은 731년 8·9월로 추정된다(김종복, 〈발해와 당의 사신 파견을 통해 본 大門藝 亡命 사건의 추이〉, 《역사와 경계》 76, 2010 참조).

73 홀한주자사(忽汗州刺史) : 당 현종이 처음 내린 관직은 홀한주 도독이었으나, 이 무렵 자사로 강등시켰다.

74 어찌 ~ 않겠는가[安得不從] : 원문의 '從'이 《곡강집(曲江集)》에는 '容'으로 되어 있다. 이에 따르면 '어찌 그를 받아들이지 않겠는가'로 해석된다.

의 명성과 행실을 아까워하기 때문이지, 어찌 도망친 자를 보호하려는 것이겠는가?

경은 나라의 은혜를 모르고 마침내 짐을 배반하려고 한다.[75] 경이 믿는 것은 멀리 있다는 것뿐이지, 다른 것은 있을 수 없다. 짐은 근래 관용을 품고 중원을 보살펴왔다. 그러나 경이 명령을 받들지 않으면 언젠가는 무슨 일이 있겠지만, 경이 잘못을 뉘우치고 충성을 바친다면 전화위복이 될 것이다. 경이 말은 공손하게 하면서도 뜻은 여전히 완미하여, 문예를 죽인 뒤에 귀국하겠다고 하니 이 무슨 말인가? 경의 표문을 보니 또한 충성스러움이 있지만, 자세히 생각해 보면 그렇게 믿기 쉽지 않다.

지금 내사[76]를 보내 짐의 뜻을 펼쳐 알리도록 하니, 일일이 갖추어 말로 전할 것이다. 사신 이진언[77]도 짐이 직접 지시해 둔 것을 모두 알려줄 것이다.

가을이라 날씨가 찬데, 경 및 아관[78]·수령[79]·백성들은 모두 평안하라. 아울러 최심읍[80]을 함께 보낸다. 편지를 보내지만 뜻이 미치지 못하는 것이 많다.

---

75 짐을 배반하려고 한다[遂爾背朕] : 원문의 '朕'이 《곡강집》에는 '德'으로 되어 있다. 이에 따르면 '은덕을 저버리려고 한다'로 해석된다.

76 내사(內使) : 황제의 명령을 전달하기 위해 궁중에서 파견된 사신. 내시성 소속으로 환관이 주로 임명되었다.

77 이진언(李盡彦) : 대문예의 송환을 요청하기 위해 파견된 발해의 사신.

78 아관(衙官) : 당나라의 지방관인 자사(刺史)에 속한 관원의 하나. 여기서는 홀한주자사인 무왕에게 속한 발해의 중앙 관료를 가리킨다.

79 수령(首領) : 일정한 집단의 우두머리. 여기서는 문맥상 백성을 통치하는 지방관을 가리키지만, 중앙 관료까지 포함하는 경우도 있다.

80 최심읍(崔尋揖) : 각주 76에 보이는 당나라의 내사.

제2수 [81]

발해군왕·홀한주도독 대무예에게 칙서를 보낸다.

다몽고[82]가 보낸 뱃사람 및 예전 전투의 포로들이 도착하였다. 경이 충성을 바치는 데 다하지 않음이 없구나. 장기간 이 마음을 보존하고 영원히 변방을 지킨다면, 스스로 많은 복을 구하여 더할 것이 없으리라.

날이 점점 차가워지는데 경 및 아관·백성 이하는 모두 평안하라. 글을 보내지만 뜻이 미치지 못하는 것이 많다.

제3수 [83]

홀한주자사·발해군왕 대무예에게 칙서를 보낸다.

경이 지난날 잘못 판단하여 재앙을 초래하였지만, 도리에서 멀리 떨어지지 않고 옳은 것을 듣자 바로 잘못을 고쳤으니 얼마나 지혜로운가? 짐은 남의 허물은 버리고 정성만 받아들이는데, 경의 고친 마음이 드러났으니 진실로 그 뜻을 위로한다. 경이 이미 정성스러운 절개를 다하여 영원토록 동쪽 울타리로서의 역할을 굳건히 하였으니, 자손 대대로 다시 무슨 근심이 있겠는가?

근래 사신이 이르러 자세한 사정을 다 알았다. 아울러 숙위 교체를 요청한 것도 이미 뜻대로 시행했다. 대낭아[84] 등은 앞서 국법을 어긴 탓에 남쪽 변방으로 유배 보냈으나, 모두 죄를 용서하고 너희 나라로 돌려보낸

---

81 제2수 : 작성 시점은 735년 8·9월로 추정된다(김종복, 앞의 글).
82 다몽고(多蒙固) : 735년 8월에 발해 사신으로 입당하여 좌무위장군(左武衛將軍)을 제수받고 자주색 도포와 금어대 및 비단 100필을 하사받았다.
83 제3수 : 작성 시점은 735년 4월로 추정된다(김종복, 앞의 글).
84 대낭아(大郞雅) : 권2 〈신고〉 각주 10 참조.

다. 경이 알 수 있듯이 모두 짐의 뜻이다.

초여름에 점차 더워지는데 경 및 수령·백성들은 모두 평안하라. 글을 보내지만 뜻이 미치지 못하는 것이 많다.

제4수[85]

발해군왕·홀한주도독 대무예에게 칙서를 보낸다.

순리와 반역의 단서도 기억하지 못하고 생존과 멸망의 조짐도 알지 못하면서 나라를 다스릴 줄 아는 자는 듣지 못했다. 경이 왕년에 은덕을 저버려 이미 재앙에 이르렀으나, 근래 잘못을 뉘우치고 신하의 절개를 잃지 않았으며, 잘못에 빠져 있다가 착한 상태를 회복하였으니 어찌 기쁘지 않은가? 짐은 남의 장점을 기억하고 단점을 잊어버리는데, 하물며 경이 귀순해 오니 가상하고 감탄스럽구나! 영원히 동쪽 땅에서 복을 누림이 또한 마땅하지 않은가?

경의 명을 받은 대무경[86] 등이 입조하여 요청한 것은 모두 이미 처분하였고, 각자에게 관직과 포상을 내려주었으니, 다 알 것이라 생각한다. 인원 교체를 요청한 바 또한 그를 너희에게 돌려보내도록 명령하였다.

또 근래 경의 표문에 돌궐[87]이 사신을 보내 연합하기를 요구하였다고 하니, 양번[88]을 공격하려는 모양이다. 해[89]와 거란[90]이 지금 우리에게 복속해서 돌궐이 사사로이 원한을 품고 이들에게 복수하려는 것이다. 경이

---

85 제4수 : 작성 시점은 735년 3월로 추정된다(김종복, 앞의 글).

86 대무경(大茂慶) : 발해의 등주 공격 이후 당과의 화해를 위해 파견된 발해의 사신.

87 돌궐(突厥) : 권1 〈군고〉 각주 23 참조.

88 양번(兩蕃) : 거란과 해를 함께 부르는 말.

89 해(奚) : 권1 〈군고〉 각주 30 참조.

90 거란(契丹) : 권1 〈군고〉 각주 6 참조.

따르지 않으면 그만이지 어찌 사신을 방해하는가? 아마도 사신을 결박한 모양인데 의리상 그러는 게 아니다. 이것이 인정이거늘 하물며 임금의 도리로서 그래서야 되겠는가!

그렇지만 경의 충성스러운 마음을 알았으니, 행동할 때마다 아뢰도록 하라. 영원히 이런 정성을 보존하면 경사스러운 일이 그치지 않을 것이다.

봄이 깊었는데 경 및 수령·백성들은 모두 평안하라. 글을 보내지만 뜻이 미치지 못하는 것이 많다.

무왕이 일본국 성무천황[91]에게 보내는 국서[92]

무예가 아룁니다. 산하가 다른 지역이고 국토가 같지 않지만, 멀리서 대왕의 풍채와 품격을 들으니 정성을 다해 우러러 보는 마음이 더할 뿐입니다.

엎드려 생각건대, 대왕의 조정은 천명을 받아 일본에 기틀을 열었으며, 대대로 번성하여 후손이 백대까지 이어졌습니다. 무예는 분에 넘치게 독립된 나라를 맡게 되고[93] 외람되이 주변 족속들을 다스리게 되어, 고구려의 옛 땅을 회복하고 부여가 남긴 풍속을 간직하고 있습니다.

다만 먼 하늘 끝에 있어 길이 가로막히고 바다가 아득히 멀어, 아직껏 소식이 통하지 못하여 좋은 일과 불행한 일에 대해 묻지도 못했습니다. 어진 이와 가까이 하고 도움을 맺는 일을 예전의 법도에 맞게 하고자, 사신을 보내 이웃을 방문하는 일을 오늘에야 시작하게 되었습니다.

삼가 영원장군·낭장 고인의와 유장군·과의도위 덕주, 별장 사나루[94]

---

91 성무천황(聖武天皇, 701~756) : 일본의 45대 천황. 743년에 간전(墾田)의 개발을 공인하는 간전영년사재법(墾田永年私財法)을 제정하였고, 745년에 동대사(東大寺)를 건립하고 대불(大佛)을 조성하였다. 재위 기간은 724~749년.

92 무왕이 ~ 보내는 국서 : 728년(무왕 11) 1월에 고제덕이 이 국서를 전달하였다.

93 독립된 나라[列國]를 맡게 되고 : 원문의 '忝當列國'을 '여러 나라를 주관하고'라고 해석하기도 한다(송기호 옮김, 《발해고》, 홍익출판사, 2000, 129쪽). 그러나 이렇게 해석하면 뒤의 '외람되이 주변 족속들을 다스리게 되어(濫總諸藩)'와 동어 반복이 된다. 더구나 '열국'은 춘추전국 시대의 제후국, 즉 각국이 병존하던 시기에 개별 국가를 가리키는 말이다. 따라서 이 구절은 발해가 당 중심의 세계질서 속에서 일본과 신라 등과 함께 열국의 지위에 올랐다는 의미로 보아야 한다.

94 영원장군 ~ 사나루 : 권2 〈신고〉 고인의, 덕주, 사나루, 고제덕 참조.

등 24인을 파견하되 편지를 지니게 하고, 아울러 담비 가죽 300장을 받들어 보냅니다. 토산물이 비록 천하지만 미나리처럼 변변치 못한 물건을 바치는 정성이나마 드러내고자 하며, 가죽 예물이 진귀하지도 않아 도리어 비웃음을 사지 않을까 부끄럽습니다. 생명은 이치상 유한하니 마음속을 열어보일 수 없습니다. 그렇지만 수시로 소식을 전하여 영원히 우호 관계를 돈독하게 하고자 합니다.

문왕이 일본국 성무천황에게 보내는 국서[95]

흠무가 아룁니다. 산하가 멀리 떨어져있고 국토가 아득히 멀지만, 풍채와 품격을 우러러 보니 정성을 다해 우러러 보는 마음이 더할 뿐입니다.

엎드려 생각건대, 천황이 계시는 성스러운 궁궐[96]에서 나오는 지극한 덕은 멀리 퍼지고, 대대로 거듭된 빛나는 공덕은 그 은택이 만백성에게 미치고 있습니다. 흠무는 분에 넘치게 조상의 대업을 이어받아 외람되게 나라를 예전처럼 다스리게 되었습니다. 의리에 맞고 정을 깊게 하려고 매번 이웃과 우호 관계를 맺고자 합니다.

지금 그쪽 나라 사신 조신광업[97] 등이 풍파에 길을 잃고 표류하다가 이곳에 도착하였습니다. 매번 후한 상을 내려주며 내년 봄에 돌려보내려고 하였는데, 사신들이 빨리 가고 싶어서 굳이 올해에 돌아가기를 요청하였습니다. 호소하는 말이 매우 무겁고 이웃과의 의리도 가볍게 여길 수 없어, 떠날 차비를 갖추는 대로 즉시 보내도록 하였습니다. 이에 따라 약홀주도독 서요덕[98] 등을 사신에 임명하여, 광업 등을 데리고 그

---

95 문왕이 ~ 보내는 국서 : 739년(문왕 3) 12월에 기진몽이 이 국서를 전달하였다.
96 성스러운 궁궐[聖殿] : 원문의 '전(殿)'을 '예(睿)'로 판독하여 '천황의 뛰어난 인격' 또는 '천황의 성스러운 예지'로 해석하는 견해(靑木和夫 외 校注,《續日本紀》2, 358쪽 및 송기호 옮김, 앞의 책, 130쪽)도 있다.
97 조신광업(朝臣廣業) : 권2 〈신고〉 각주 78 참조.
98 약홀주도독(若忽州都督) 서요덕(胥要德) : 권2 〈신고〉 서요덕 참조.

쪽 나라로 돌려보냅니다. 아울러 호랑이 가죽과 말곰[99] 가죽 각각 7장, 표범 가죽 6장, 인삼 30근, 벌꿀 3곡[100]을 진상하니, 그곳에 도착하면 살펴 거두어 주십시오.

---

99 말곰(羆) : 불곰의 아종으로 몸은 크고 귀와 꼬리는 작다. 몸은 붉은 갈색이고 목 아래는 검붉으며 가슴과 어깨에 얼룩무늬가 있다. 한국 북부와 중국 동북지역, 러시아의 사할린·우수리강 등지에 분포한다.

100 곡(斛) : 1곡은 10말.

강왕이 일본국 환무천황[101]에게 보내는
국서 4수

제1수[102]

하늘에서 재앙을 내려 할아버지 대행대왕[103]께서 대흥[104] 57년(793) 3월 4일 돌아가셨습니다. 선린관계에 있는 나라 사이에는 반드시 좋은 일과 나쁜 일에 대해 아뢰어야 하는데, 푸른 바다에 가로막혀 뒤늦게 알리게 되었습니다.

숭린은 못나서[105] 재앙을 초래하고도 스스로 죽지도 못했으니, 불효한 죄에 대해서는 혹독한 벌로 고난을 당하게 될 것입니다. 삼가 편지를 보내 따로 받들어 아뢰니, 여기서는 복잡하게 다 적지 않고 이만 줄입니다. 고손[106] 대숭린은 머리를 조아려 인사드립니다.

애통한 소식에 대해서는 별도의 편지에 갖추었습니다. 엎드려 생각건대, 천황 폐하는 하시는 모든 일에 다복하고 먹고 자는 일상 생활도 항상 편안하신지요.

---

101 환무천황(桓武天皇, 737~806) : 일본의 50대 천황. 791년에 하이(蝦夷)를 토벌하고, 794년 평안경(平安京)으로 천도하였다. 재위 기간은 781~806년.

102 제1수 : 795년(강왕 2) 4월에 여정림이 이 국서를 전달하였다.

103 대행대왕(大行大王) : 선왕이 죽은 뒤 아직 시호(諡號)를 올리기 전에 높여 부르는 말.

104 대흥(大興) : 문왕의 연호. 권1 군고 각주 67 참조.

105 못나서[無狀] : 원문의 '무상'은 잘못한 일이 많아 말로 형언할 수 없음을 가리키는 겸사. 여기서는 자신의 잘못으로 할아버지 문왕이 돌아가셨다는 의미로 썼다.

106 고손(孤孫) : 할아버지를 잃은 상주(喪主)가 자신의 외로운[孤] 처지를 이르는 말.

250

숭린은 상중에 구차하게 연명하며 어느덧 대상[107]에 이르렀습니다. 관료들이 새 임금이 즉위해야 한다는 의리에 감응하여, 제가 계속 상복을 입으려는 뜻을 빼앗고 마음을 억눌렀습니다. 그래서 상복을 벗고 일어나 국가의 대업을 잇고 삼가 조상의 위업을 따르니, 조정의 기강은 예전대로 되고 나라의 강역은 처음과 같게 되었습니다.

스스로 생각하건대, 천황의 보살핌을 받았지만 푸른 바다가 땅을 가로막고 파도가 하늘까지 넘쳐서, 선물을 올리고자 해도 어찌할 방법이 없어 정성을 다해 우러러 보는 마음만 더할 뿐입니다. 삼가 광간대부·공부낭중 여정림[108] 등을 파견하여 바다 건너 문안을 드리고 아울러 예전의 우호를 맺고자 합니다. 약소한 토산물은 다른 편지에 갖추었으니, 여기서는 복잡하게 다 적지 않고 이만 줄입니다.

제2수[109]

숭린이 아룁니다. 세찬 파도에도 사신을 보내 인정과 예의를 펼쳐주시니, 가만히 따뜻한 보살핌을 받고 우러러 뵙기만 할 뿐입니다. 천황께서 갑자기 도타운 애정을 내려 사신을 보내주시니, 아름다운 말씀이 귀에 넘치고 진기한 선물이 눈에 가득합니다. 고개를 숙이거나 들 때마다 저절로 즐겁고, 위로를 받아 기쁘기가 더할 뿐입니다.

저 여정림 등은 변방의 오랑캐를 헤아리지 못하여 도적 지역에 떨어졌는데, 천황께서 굽어살펴 구제해 주시어 본국으로 살아 돌아왔습니다.

---

107 대상(大祥) : 사람이 죽은 지 두 돌 만에 지내는 제사.

108 광간대부(匡諫大夫)·공부낭중(工部郞中) 여정림(呂定琳) : 권2 〈신고〉 여정림 참조.

109 제2수 : 여정림의 송사인 어장진인광악(御長眞人廣岳)이 796년(강왕 3) 10월에 일본에 귀국하는 편에 부친 국서이다.

받들어 생각컨대 천황께 일의 성패가 모두 의지하고 있었던 것입니다.

숭린은 외람되이 덕이 부족하지만 다행히 시운을 만나, 관직이 선왕의 작위를 잇고 영토도 옛 강역을 다스리게 되었습니다. 황제의 책봉 조서가 한겨울에 내려와서,[110] 황금 도장과 자줏빛 도장 끈이 요하[111] 바깥까지 빛나고 있습니다.

생각 같아서는 훌륭한 나라와 예의를 닦고 고귀한 나라[112]와 교분을 맺어, 철마다 찾아뵈러 가는 배들의 돛이 서로 이어지기를 바랍니다. 그러나 큰 배를 만들 녹나무[113]가 저희 땅에서는 자라기 어렵고, 작은 배로 바다에 띄우면 침몰하지 않더라도 위험합니다. 또한 때로는 바닷길에 잘못 올라 오랑캐에게 박해를 당하기도 하니, 비록 성대한 교화를 사모하더라도 이러한 난관을 어찌 하겠습니까?

혹시라도 옛 우호를 영원히 유지하도록 다행히 왕래를 허락해 주신다면, 보내는 사신의 숫자는 20명을 넘지 않도록 이를 한도로 삼아 영구 규정으로 삼겠습니다. 사신을 파견하는 햇수의 간격은 그쪽의 재가에 따르겠으니, 결정을 알리는 사신을 내년 가을까지 기다리겠습니다. 사신이 가는 기한을 허락하시면 유덕자의 이웃이 항상 있을 것입니다.[114] 일이 바라는 바와 다르면 따르지 않는다는 뜻을 표명해도 좋습니다. 보내주신 견 20필, 시 20필, 명주실 100타래, 명주솜 200둔 등은 수량대로 받았습

110　황제의 ~ 내려와서 : 당나라 덕종(德宗)은 795년(貞元 11) 2월에 내상시(內常侍) 은지섬(殷志瞻)을 파견하여 강왕 대숭린을 발해군왕에 책봉하였다.

111　요하(遼河) : 권1 《군고》 각주 14 참조.

112　훌륭한 나라[勝邦] ~ 고귀한 나라[貴國] : 상대방인 일본을 높여 부르는 말.

113　녹나무 : 녹나뭇과의 상록 활엽 교목으로 건축과 가구의 자재로 사용된다.

114　유덕자(有德者)의 이웃이 항상 있을 것입니다 : 《논어(論語)》 〈이인(里仁)〉의 "덕 있는 사람은 외롭지 않으니, 반드시 이웃이 있다[德不孤 必有隣]"를 인용하여, 일본은 덕 있는 나라이니 이웃인 발해의 제안을 받아들이라고 완곡하게 요청하는 표현이다.

니다.

지금 광악[115] 등의 사신 업무가 대략 끝나 그 마음이 돌아갈 때를 구하고 있어서, 곧 사람을 뽑아 사신을 환송하고 새로 하명하실 은혜에 감사드리고자 하였으나, 사신들이 본국 조정의 뜻을 받들지 못하였다고 사양하였습니다. 그러므로 감히 지체시킬 수 없어서 그들의 뜻과 마음에 따르기로 하였습니다. 삼가 사신들이 돌아가는 편에 토산물을 받들어 부칩니다. 그 내역을 다른 편지에 갖추어 놓았지만, 스스로 비루하고 천박한 줄 알기에 부끄러움을 이길 수 없습니다.

제3수[116]

숭린이 아룁니다. 사신 하만[117] 등이 도착하여 내려주신 편지와 선물로 비단과 거친 명주 각 30필, 명주실 200타래, 솜 300둔을 수량대로 받았으니, 위안이 되어 기쁘기가 실로 그지없습니다.

비록 다시 큰 바다가 하늘까지 닿을 정도로 넓고 푸른 파도만 햇볕에 비치더라도, 갈 길은 끝이 없어 구름과 노을이 보이지 않을 때까지 바라만 볼 뿐이었습니다. 그러다가 동남쪽에서 부는 바람 기운에 돛단배를 띄어 보내며 옛 포구에 도착할 것을 기약하고, 서북쪽 끝의 형편을 살펴 식량에 모자람이 없게 사신을 보내셨습니다. 어찌 그쪽과 이쪽이 서로 뜻이 통하여 가만히 사람의 도리에 합치되고, 남쪽과 북쪽이 서로 만날 의리를 느껴 특히 하늘의 뜻에 부합한 것이 아니겠습니까?

---

115 광악(廣岳) : 각주 109 참조.

116 제3수 : 일본 사신 숙녜하무마려(內藏宿禰賀茂麻呂)은 798년(강왕 4) 5월에 발해를 방문하였다가, 12월에 발해 사신 대창태 등과 함께 귀국하였다. 이 국서는 이때 부친 것이다.

117 하만(賀萬) : 하무마려의 한문식 표기.

숭린은 옛 영토를 다스리고 선왕의 위업을 계승하였으며, 멀리서 좋은 격려를 받아 항상 조상의 덕업을 닦고 있습니다. 천황께서 멀리서 좋은 말씀을 내리고 거듭 사신을 보내시니, 그 은혜가 마음속에 무겁고 위로와 깨우침이 간절합니다. 하물며 다시 간단한 편지를 기억하여 지난 요청대로 하도록 보살펴 주시며, 선물도 빠뜨리지 않고 사신 파견 기간까지도 허락해 주셨습니다. 오가는 편지에 허물을 면할 수 있어 기쁘고 감싸 안아주시는 보살핌이 예전보다 각별함을 알겠습니다.

그런데 갈대처럼 작은 배로 항해하기 어려움에 대해서는 살펴 깨우쳐 주심을 받들어 알겠지만, 6년을 기한으로 삼으신 것은 사신 파견이 너무 늦어 은근히 꺼려집니다.[118] 청컨대 다시 좋은 계책을 내리시고 아울러 뛰어난 식견을 돌려보내시어,[119] 그 기한을 단축하여 원래의 뜻에 두루 부합되게 해주십시오. 그렇다면 천황의 풍모를 향하는 뜻을 저 자신에게 게을리 하지 않고, 천황의 교화를 사모하는 근면함을 고구려에서 그 자취를 찾도록 하겠습니다. 또 편지에서 허락하신바 비록 사신 숫자는 제한하지 않으셨지만, 사신 가는 일의 실정에 의거하여 사신 숫자를 줄이겠습니다.

삼가 위군대장군·좌웅위도장·상주국·개국자 대창태[120] 등을 사신에

---

118 갈대처럼 ~ 꺼려집니다 : 일본 환무천황(桓武天皇)이 숙녜하무마려를 통해 보낸 국서에 "그쪽(발해)이 요청한 대로 왕래를 허락하여 사신의 숫자는 제한하지 않는다. 다만 끝없이 큰 바다를 돌아보면 갈대처럼 작은 배로 항해할 수 있는 것이 아니니, 거친 풍랑에 오다가 재해를 당한다. 만약 매년 오기로 기약한다면, 어려움을 헤아리기 어렵다. 6년을 간격으로 두면 기간이 적당하다[所以依彼所請, 許其往來. 使人之數, 勿限多少. 但顧巨海之無際, 非一葦之可航, 驚風踊浪, 動罹患害. 若以每年爲期, 艱虞叵測. 間以六歲, 遠近合宜]"에 대한 발해의 반대 의견이다.

119 뛰어난 식견을 돌려보내시어 : 원문의 '병회귀감(幷廻通鑑)'은 "두루 귀감이 될 만한 답장을 보내시길 바라오니"(송기호 옮김, 앞의 책, 136쪽)로 해석한 견해도 있다. 그러나 좋은 계책[嘉圖]과 대구를 이루는 '통감(通鑑)'은 세상 이치에 통달한[通] 성감(聖鑑:사물을 분별하는 제왕의 안목)을 가리키는 것으로 보아, 여기서는 '뛰어난 식견'으로 의역하였다.

120 위군대장군(慰軍大將軍)·좌웅위도장(左熊衛都將)·상주국(上柱國)·개국자(開國子) 대창태(大昌泰) : 권2 〈신고〉 대창태 참조.

254

임명하여 귀국에 보내며, 아울러 선물을 받들어 부칩니다. 그 내역을 다른 편지에 갖추어 놓았지만, 토산물에 진귀한 것이 없어 스스로 부끄러운 줄 알고 있습니다.

제4수[121]

숭린이 아룁니다. 사신 선대[122] 등이 도착하여 황공하게도 좋은 소식을 내려주시고 아울러 선물로 비단과 거친 명주 각 30필·명주실 200타래·솜 300둔도 수량대로 받았습니다. 부끄러운 마음이 진실로 깊고 아름다운 선물이 정을 두텁게 하는 줄을 거듭 알게 되었습니다.

연전에 편지를 부치며 햇수를 헤아려 사신 왕래를 허락하도록 요청하였는데, 작년에 국서를 받아보니 드디어 6년[123]을 기한으로 하셨습니다. 숭린이 멀리서 그리워하는 마음을 정성껏 품으며 정해진 기한의 단축을 구하니, 천황께서 자신의 생각을 버리고 남의 의견을 따라서 곧 요청한 대로 해주셨습니다. 광주리에 담아 가는 것이 비록 진기함은 없지만, 특별히 윤허를 받으니 은혜 받은 기쁨이 어찌 다할 수 있겠습니까?

근래 천황의 국서가 환하게 내려오고 이를 전하는 칙사가 조정에 임하시니, 아름다운 명령이 더욱 넉넉하고 은총으로 내려주신 징표가 모두 빛나고 있습니다. 반열이 정승에 오르고 서열이 재상과 같도록 하셨으니, 재주와 덕행이 부족하지만 각별한 보살핌을 받고 있음에 유념하겠습

---

121 제4수 : 대창태의 송사인 자야숙녜선백(滋野宿禰船白)은 799년(강왕 5) 4월에 발해에 도착하여 9월에 귀국하였다. 강왕은 그의 귀국편에 이 국서를 보냈다.

122 선대(船代) : 일본 사신 자야숙녜선백(滋野宿禰船白)의 한문식 표기.

123 6년 : 원문의 '반기(半紀)의 기(紀)'는 세성(歲星), 즉 목성이 지구를 한 바퀴 도는 데 12년이 걸리는 시간을 가리키므로, 반기(半紀)는 6년이다.

니다.

사신 대창태 등은 일을 홀로 처리하기에 재주가 부끄러울 정도이고 말을 전하는 데도 능력이 없습니다만, 너그러이 받아주셨으니 기쁨과 위안이 배로 늘었습니다.

이제 가을 햇살이 잦아들며 계절에 찬바람이 섞이니, 멀리서 온 손님은 돌아갈 생각에 애타게 그날만 바라보고 있었습니다. 적당한 때가 되어 지체 없이 돛단배를 돌려보냅니다. 마음대로 하도록 허락한 이상 바로 배웅해야 마땅하지만, 기한이 되지 않아 우리 사신을 감히 동행하지 못하겠습니다. 삼가 돌아가는 사신 편에 사소한 물품을 받들어 부칩니다. 그 내역은 다른 편지에 갖추어 놓았습니다.

살펴보건대, 《삼국사기》에서는 고구려가 일본과 통교한 사실이 보이지 않지만 일본 사서에는 꽤 있다. 고구려 때는 마땅히 서해안에서 출범하여 백제의 오른쪽〔서쪽〕해안가를 따라가서 축자도[124]에 정박하였을 것이다. 발해라면 곧바로 동해 바다를 건너 출우[125] · 능등[126] · 가하[127] 지방에 정박하였다.

한나라[128] 이래로 왜[129]와 한[130]은 대방군[131]에 속하여 왜와 한은 동

---

124 축자도(筑紫道) : 권2 〈신고〉 각주 158 참조.
125 출우(出羽) : 권2 〈신고〉 각주 58 참조.
126 능등(能登) : 권2 〈신고〉 각주 151 참조.
127 가하(加賀) : 권2 〈신고〉 각주 214 참조.
128 한(漢)나라 : 중국 고대 왕조인 전한(前漢, 서기전 202~서기 8)과 후한(後漢, 25~220)을 통틀어 이르는 말.
129 왜(倭) : 일본의 옛 이름. 서기 전후에서 7세기까지 사용되었다.
130 한(韓) : 한반도 중남부에 있었던 삼한(三韓, 馬韓 · 辰韓 · 弁韓)의 줄임말.
131 대방군(帶方郡) : 204년부터 요동지역을 지배한 공손강이 낙랑군 둔유현(屯有縣, 지금의 황해도 황주) 남쪽에 설치한 군.

등하였다. 그런데 왜왕 진[132]이 일찍이 '사지절[133] 도독왜·백제·신라·임라·진한·모한육국제군사[134] 안동대장군[135] 왜국왕'이라 자칭하였으나,[136] 신라와 백제 등 여러 나라의 병사가 어찌 왜의 지휘를 받았겠는가? 대체로 자신을 과장하는 말이다.

성무천황은 일본이 고구려의 고씨와 형제였음을 숨기지 못하고 오직 발해의 대씨가 조카라고 자칭한 일을 비난하였다.[137] 그러나 발해 국서를 고찰해 보니, 또한 발해가 이웃과 대등한 예를 취하였다. 이것은 사신이 맡은 일이기 때문에 모를 수 없었다.

---

132 왜왕(倭王) 진(珍) : 5세기 전반의 왜왕으로 《일본서기(日本書紀)》에 전하는 18대 천황 반정천황(反正天皇, 406~410)에 비정하는 견해가 유력하다.

133 사지절(使持節) : 권1 〈군고〉 각주 63 참조.

134 도독왜·백제·신라·임나·진한·모한육국제군사(都督倭·百濟·新羅·任羅·秦韓·慕韓六國諸軍事) : 왜~모한까지 6국의 군사와 관련된 일들을 지휘·감독하는 관직. 임나는 가야 지역, 모한은 마한(馬韓)의 다른 표기로 백제에 정복되지 않은 영산강 일대의 정치체로 추정된다.

135 안동대장군(安東大將軍) : 남조 송(宋, 420~478) 나라의 관품(官品) 제도에서 3품에 속하는 안동장군(安東將軍)에 왜왕 진이 '대'를 붙인 것.

136 왜왕 진이 ~ 자칭하였으나 : 438년(원가(元嘉) 15) 4월에 왜왕 진은 송나라에 사신을 보내 사지절 도독왜·백제·신라·임나·진한·모한육국제군사 안동대장군 왜국왕을 자칭하며 이를 정식으로 인정해 달라고 요청하였으나, 송나라 문제(文帝)는 안동장군·왜국왕만 제수하였다.

137 성무천황은 ~ 비난하였다 : 772년(문왕 36)의 일이다. 권2 〈신고〉 일만복 참조.

정안국고

정안국[1]은 본래 마한[2]의 종족인데 발해가 거란에게 격파되자 그 추장이 남은 무리를 규합하여 서쪽 변경을 차지하였다. 나라를 세워 연호를 사용하고 자칭 정안국이라 하였다. 송나라 태조[3] 개보 3년(970)에 그 왕 열만화[4]가 여진[5] 사신 편에 표문을 올리고 가죽옷을 바쳤다. 태종[6]이 태평흥국(976~983) 연간에 원대한 계획을 세워 거란을 토벌하려고 하였다. 이로 인하여 이 나라에 조서를 내려 송나라와 함께 앞뒤에서 거란을 몰아

1 　정안국(定安國) : 발해 유민이 압록강 중류 지역에서 세운 나라. 송나라에 사신을 보낸 970년 이전에 건국하여 거란 성종(聖宗)의 정벌을 받아 985년에 멸망하였다.

2 　마한(馬韓) : 당나라에서는 삼한(三韓)을 삼국과 혼용하면서, 특히 자신과 대적하던 고구려를 환기시키지 않기 위해 삼한이나 마한으로 표기한 사례가 적지 않다.

3 　송(宋)나라 태조(太祖) : 권2 〈신고〉 각주 273 참조.

4 　열만화(烈萬華) : 《오대회요(五代會要)》 권30, 발해전에 따르면, 935년(청태 2) 12월에 '발해'의 남해부도독(南海府都督) 열주도(列周道)가 후당에 입당하였다. 여기서의 '발해'를 보통 발해 유민이 처음으로 세운 '후발해'로 부른다. 이를 토대로 지금의 함흥에 있던 남해부 지역의 열씨가 압록강 일대로 이동하여 후발해에 대항하여 정안국을 세웠다고 추정된다.

5 　여진(女眞) : 권1 〈군고〉 각주 207 참조.

6 　태종(太宗) : 권1 〈군고〉 각주 186 참조.

치는 형세를 펼치도록 하였다. 이 나라도 원수로부터 침탈과 멸시가 그치지 않는 것을 원망하고 있어서 중국이 군사를 일으켜 북벌한다는 소식을 듣고 송나라 군대에 의지하여 오래된 울분을 풀려던 차에 조서를 받고 크게 기뻐하였다.

6년(981) 겨울에 마침 여진이 사신을 보내 송나라에 조공하러 가는 길에 이 나라를 거쳤다. 이에 사신 편에 다음과 같이 표문을 올렸다.

"정안국왕이자 황제의 신하인 오현명[7]이 아룁니다. 성군께서 천지의 은혜를 펼쳐 동쪽 오랑캐의 풍속을 어루만지시는 시절을 삼가 만나게 되니, 신 현명은 진실로 기뻐서 손뼉 치며 머리를 조아립니다. 신은 본래 고구려의 옛 땅에 사는 발해의 유민으로서 한쪽 구석을 차지하여 여러 해를 지내오며, 우러러 크나큰 은덕을 받고 한없는 은택을 입어 저마다 제 자리를 얻어 본성대로 살아왔습니다.

그런데 근래 거란이 거칠고 사나운 힘만 믿고 국경을 침략하여, 성과 요새를 함락하고 사람들을 사로잡아 갔습니다. 신의 할아버지는 절개를 지켜 항복하지 않고 무리들과 피난 가서, 간신히 살아남아 국력을 길러 지금에 이르렀습니다. 또 부여부가 얼마 전에 거란을 등지고 우리나라에 귀순하였으니,[8] 저들에게 닥쳐올 재앙이 이보다 큰 것이 없을 것입니다. 마땅히 천자의 조정으로부터 받은 비밀 계획은 정예병을 이끌고 토벌을 돕는 일입니다. 반드시 적에게 보복하고 싶으니 감히 명령을 어기지 않겠습니다. 신 현명은 진실로 간절히 원하며 머리를 조아립니다." 그 마지막

---

[7] 오현명(烏玄明) : 열씨에서 오씨로 국왕이 교체되었다는 점에서 정안국이 후발해에 복속되었다고 추정된다.

[8] 부여부가 ~ 귀순하였으니 : 975년(遼 保寧 7) 7월에 황룡부(黃龍府) 위장(衛將) 연파(燕頗)가 요나라에 반란을 일으킨 것을 가리킨다(和田淸, 《東亞史研究(滿洲篇)》, 東洋文庫, 1955, 182~183쪽).

서명은 다음과 같다. "원흥[9] 6년 10월 일에 정안국왕으로 신하인 현명은 성스러운 황제 앞에 표문을 올립니다."

태종이 우대하는 조서로 회답하였으니, 이때 송나라가 거란을 토벌하려고 하였기 때문이다.

단공 2년(989)에 그 나라 왕자가 여진 사신 편에 말과 수리 깃이 달린 우는살[10]을 바쳤다. 순화 2년(991)에 그 나라 왕자 태원이 여진 사신 편에 표문을 올렸으나, 그 후로 다시 오지 않았다. 고려 현종[11] 9년(1018)에 정안국 사람 골수가 고려로 망명하였다.

살펴보건대, 송나라 태종 태평흥국 연간에 여진이 송나라에 조공하러 가는 길은 바다를 건너 사문도[12]를 경유하는데, 도중에 정안국을 지나므로 사신에게 부탁하여 표문을 부쳤던 것이다. 그 표문에 또 "부여부가 거란을 등지고 우리나라에 귀순하였다"고 하였으니, 부여부는 지금의 개원현[13]이다. 이로 미루어보면, 이 나라는 마땅히 지금의 흥경[14]·봉황성[15] 등지에 있었을 것이나, 더 이상 고찰하지 못하겠다.

---

9 원흥(元興) : 정안국의 연호.
10 수리 깃이 달린 우는살[雕羽鳴鏑] : '우는살'은 화살 끝에 속이 빈 깍지를 달아 붙여, 쏘면 공기에 부딪혀 소리가 난다.
11 현종(顯宗) : 권2 〈신고〉 각주 243 참조.
12 사문도(沙門島) : 산동반도와 요동반도 사이에 위치한 묘도열도(廟島列島) 가운데의 묘도(廟島)를 가리킨다.
13 개원현(開原縣) : 지금의 중국 요령성 개원시(開原市). 권3 〈지리고〉 부여부 참조.
14 흥경(興京) : 권3 〈지리고〉 각주 304 참조.
15 봉황성(鳳凰城) : 권3 〈지리고〉 각주 245 참조.

발해고 원문

目錄

▌讀渤海攷······························266

▌渤海考跋(李圭景)·················268

▌渤海考序(成海應)·················270

▌渤海考序(朴齊家)·················272

▌渤海考序(柳得恭)·················274

▌引用書目····························276

▌五京表······························277

| 卷之一 |

君考[1] ···························281

震國公 • 283 | 高王 • 284 | 武王 • 286 | 文王 • 288 | 廢王 • 290 | 成王 • 291 |

康王 • 292 | 定王 • 293 | 僖王 • 294 | 簡王 • 295 | 宣王 • 296 | 王彝震 • 297 |

王虔晃 • 298 | 王玄錫 • 299 | 王諲譔 • 300 | 琰府王 • 303 | 興遼王[2] • 304

---

1 君考 : 이규경필사본에는 '世家'로 되어 있다.
2 興遼王 : 이규경필사본에는 '興遼主'로 되어 있다.

臣考[3] 309

大門藝, 大壹夏, 馬文軌, 葱勿雅 •311 | 大野勃, 大宏臨, 大新德 •312 | 任雅相, 張文休, 大郎雅[4] •313 | 大常淸〔靖〕, 大貞翰, 大淸允 •314 | 大能信, 茹富仇 •315 | 大(聰)叡 •316 | 大明俊, 高寶英, 大先晟 •317 | 高元固 •318 | 大元兼 •319 | 衛均〔鈞〕 •320 | 大素賢 •321 | 高模翰 •322 | 崔烏斯 •323 | 大鷺河, 李勳〔勛〕 •324 | 高仁義, 德周, 舍那婁, 高齋〔齊〕德 •325 | 胥要德, 己珍蒙, 己闕棄蒙 •326 | 慕施蒙 •327 | 楊承慶, 楊泰師, 馮方禮 •328 | 高南申, 高興福, 李能本, (解臂鷹), 安貴寶〔琮〕 •330 | 楊方慶 •331 | 王新福, 楊懷珍, 達能信 •332 | 壹萬祿〔福〕, 慕昌拜〔祿〕 •333 | 烏須弗 •334 | 史都蒙, 高祿思, 高鬱琳, 高淑源, 史道〔通〕仙, 高珪〔肆〕宣 •335 | 張仙壽 •337 | 高伴粥〔洋粥〕, 高說昌 •338 | 呂定琳 •339 | 大昌泰 •340 | 高南容, 高多弗 •341 | 馬〔烏〕孝慎[5] •342 | 王孝廉, 高景秀, 高莫〔英〕善, 王昇基 •343 | 王文矩 •344 | (高)貞泰, 璋璿 •345 | {烏孝慎}, 楊成矩〔規〕 裵頲, {裵文}, 裵璆〔璙〕 •346 | 烏炤度, 子 光贊 •347 | 申德 •348 | 大和均〔鈞〕, 大元均〔鈞〕, 大福謨, 大審理 •349 | 冒豆干, 朴漁 •350 | 吳興, 僧戴〔載〕雄 •351 | 金神 •352 | 大儒範 •353 | 隱繼宗 •354 | 洪見 •355 | 正近 •356 | 大光顯 •357 | 陳琳〔林〕 •358 | 朴昇 •359 | 高吉德 •360 | 大延定 •361 | 劉忠正, 大慶翰 •362 | 李匡祿 •363 | 大道行郎, 高眞祥, 王光祿 •364 | 沙志明童, 史通, 薩五德, 亏音若己, 所乙史, 高城, 李南松, 首乙分, 可守, 奇叱火, 先宋, 奇叱火 •365 | 開好 •366

---

3 臣考 : 이규경필사본에는 '列傳'으로 되어 있다.
4 大郎雅 : 원본에는 다른 서체로 추기되어 있으며, 이규경필사본에는 없다.
5 馬孝慎 : 원본에는 행간에 추기되어 있으며, 이규경필사본에는 없다.

| 卷之三 |

地理考[6] ·· 367

京府建置・369 | 州縣沿革・370 | 山川古今名[7]・381 | 十五府辨[8]・384 | 渤海
・新羅分界・396

| 卷之四 |

職官考[9] ·· 399

文職・401 | 武職・402 | 品服・403

藝文考[10] ·· 405

唐玄宗勅武王書 四[11]・407 | 武王與日本國聖武天皇書・410 | 文王與日本國
聖武天皇書・411 | 康王與日本國桓武天皇書 四・412

附: 定安國考[12] ·· 417

6 地理考 : 이규경필사본에는 '地理'로 되어 있다.
7 山川古今名 : 이규경필사본에는 '山川'으로 되어 있다.
8 十五府辨 : 원본에는 행간에 추기되어 있으며, 이규경필사본에는 없다.
9 職官考 : 이규경필사본에는 '職官'으로 되어 있다.
10 藝文考 : 이규경필사본에는 '藝文'으로 되어 있다.
11 唐玄宗勅武王書 四 : 원본에는 행간에 추기되어 있으며, 이규경필사본에는 없다.
12 定安國考 : 이규경필사본에는 '定安國'으로 되어 있다.

讀渤海玫[1]

柳惠風渤海玫序에 曰, 渤海史를 不修ㅎ니 高麗의 不振홈을 知ㅎ리로다 ㅎ얏스니, 氏는 實로 國家와 民族에 關ㅎ야 歷史力이 重要혼 것을 深知혼 者라 謂홀지로다. 夫 歷史者는 人民의 國性를 培養ㅎ는 要素오, 祖宗의 彊土[疆土][2]를 保守ㅎ는 契劵이오, 國家의 光榮을 發表ㅎ는 文章이오, 民族의 系統을 維持ㅎ는 譜牒인 故로 曰, 何國을 勿論ㅎ고 宗敎와 歷史가 不亡ㅎ면 其國이 不亡이라홈이 豈不信哉리오? 大抵 渤海의 建國 歷史로 言ㅎ면, 高句麗의 宗社가 邱墟됨이 渤海 高王이 餘燼을 收拾ㅎ야 一呼에 四拾萬衆을 得ㅎ야 五千里版圖를 開拓ㅎ얏스며, 武王이 支那의 登州[登州][3]를 攻ㅎ야 其刺史를 誅ㅎ야 先王의 恥를 雪ㅎ고 南交日本ㅎ며 西通突厥ㅎ야 外交를 發展ㅎ얏스며, 文王

---

1 讀渤海玫 :《皇城新聞》1910년 4월 28일자에 실려 있다.
2 彊土 : 문맥상 '疆土'가 맞다.
3 登州 : '㽙'은 '登'의 오식(誤植).

266

이 禮樂文物을 修明ᄒ야 蔚然히 海東盛國의 譽를 四海에 發表ᄒ얏스니, 其彬彬郁郁ᄒ 菁華가 萬代史家의 眼目를 啓發ᄒ 者가 不一而足ᄒ지어늘 高麗五百年間에 文人學士들이 全不收拾ᄒ야 三百年名國의 歷史로ᄒ야곰 冷烟荒草를 化ᄒ야 隨風飆滅에 影響이 不存케 ᄒ얏스니 是其罪가 一이오, 渤海는 高句麗의 遺族이라 同族의 國이 盛衰興亡ᄒ 歷史를 對ᄒ야 全然히 愛惜ᄒᄂ 思想도 無ᄒ고 收拾ᄒ 注意도 無ᄒ얏슨즉 況且 同族을 爲ᄒ야 扶顚持危ᄒ 義舉가 有ᄒ잇ᄂ가 是其罪가 一이오, 渤海의 疆土는 高句麗의 版圖라 五千里山河가 即我祖先의 所有니 渤海史를 按ᄒ면 西로 可히 契丹에게 責還ᄒ며 北으로 可히 女眞에게 責還ᄒ야 我의 疆土를 不失ᄒ야 東洋世界에 一大强國의 勢力을 擴張ᄒ지어늘 乃高麗의 文人學士들이 此를 他人의 彊土[疆土][4]로 等視ᄒ야 五京拾三[五][5]府의 赫赫ᄒ 版圖로ᄒ야곰 異域에 淪沒케ᄒ고 東南一隅에 蹙處ᄒ야 弱小ᄒ 邦國을 自做ᄒ얏스니 是其罪가 一이로다.

嗚呼라, 五百年間에 一個史學家가 此에 見及ᄒ 者ㅣ 未有ᄒ얏스니 誰가 國粹를 保存ᄒ며 國光을 發揮ᄒ리오? 余ㅣ 于是에 吾國史學家의 疎謬ᄒ을 痛恨ᄒ고 且 國家와 民族에 對ᄒ야 歷史의 關係가 重要ᄒ을 益信ᄒ노니 一般史學家ᄂ 前輩의 謬轍를 不蹈ᄒ고 拾分精力을 更加ᄒ야 四千年歷史의 神聖ᄒ 光彩를 益益發達케ᄒ을 顒祝不己ᄒ노라.

---

4 彊土 : 문맥상 '疆土'가 맞다.

5 三 : '五'의 오식.

渤海考跋(李圭景)

渤澥[1], 海東盛國也. 雖在荒裔, 必有石室之藏, 而文獻無徵, 何也? 疑其比亡, 累經大難, 盡歸燒燼, 無人留心於傳後. 故到今, 則幾不知渤海之何國, 可慨也. 夫我國古蹟, 素稱難攷, 豈有若是之陋耶?

泠齋柳公得恭氏, 非徒詩學之博洽警絶而己, 兼有董狐之筆. 嘗嘆渤海之無稽, 廣摭史傳, 博採事實, 編撰此書, 深得史家體裁. 卷凡四目凡五, 於是擧世始知渤海之立國於東方矣. 渤澥之亡迄千載, 幸逢先生, 得有史冊之垂傳, 令人可感. 異日補東史者, 因此修潤, 大書特書曰, "東史闕文, 渤澥無攷, 志士齎咨, 柳公補亡, 逸史復傳云爾" 則其於先生, 大有光焉.

若渤海之蹟, 外此可求, 則僧〔曾〕顏[2]渤海行年記十卷·唐張建封〔章〕[3]

---

1 澥 : '海'와 통용되는데, 이규경은 발문에서 '澥'와 '海'를 혼용하고 있다.

2 僧顏 : 《宋史》 권204, 志157, 藝文3, 史類2, 霸史類에 曾顏이 《渤海行年記》 10권을 저술했다고 하였으므로, '僧'은 '曾'의 오기이다.

3 張建封 : 《新唐書》 권58, 志48, 藝文2, 乙部史錄, 地理類에는 張建章이 《渤海國記》 3권을 저술했다고 하였으므로,

渤海國記三卷 及唐書·遼史·宋史·三國史·高麗史·日本逸史·李
益齋櫟翁稗說·許眉叟渤海列傳·韓久菴海東地理誌·李星湖僿說·
李厚菴紀年兒覽·王考紀年兒覽·盛京通志等書在矣. 乙亥, 與會心
人, 擬輯小華叢書, 敢將此編, 列于史之類, 謹跋于篇後.

乙亥暮春祓禊日, 五洲居士李圭景跋.

'封'은 '章'의 오기이다.

269

渤海考序(成海應)[1]

泠齋柳公惠甫, 嘗檢中秘書, 得渤海事, 比唐書渤海傳, 益加詳, 編其
世系·傳記·地理等, 爲一卷. 渤海大氏, 起於粟末水, 粟末卽今混同
江也. 大氏以區區之衆, 雄張於東北, 能交聘鄰國, 文辭爛然. 而職官
·品服與夫州府建置, 頗倣効唐制.

五京十五府, 其南京南海府, 今南關也, 其東京栅城府, 今北關也, 其
西京鴨綠府, 今關西之北境也, 其餘二京十五府, 亦皆在鴨綠·豆滿
二江之外, 與我境不遠. 是時, 高麗新滅, 唐雖建安東都護以鎭之, 然
荒遠不治, 其民多徙江·淮而地空. 所以渤海漸侵牟自大者, 數百年,
爲契丹所滅.

夫自肅愼以後, 或稱勿吉, 或稱靺鞨, 或稱渤海, 其部帳之盛衰興滅,
固不足道. 方其忿鷔魁傑, 負力怙氣, 屯結山林, 互相傾奪, 跳踉自

---

1 《研經齋全集》續集 册17, 文3에 실려 있다.

恣, 有足以考其得失之跡. 而彊事[彊事]² 進退, 山川險阻, 皆可爲籌國
者, 所當究解.

但賈耽郡國志, 簡而不備, 脫脫遼史, 又多繆誤, 金史雖詳, 其山名
水名, 多茫然無徵. 惠甫素明於地理之學, 其所援据辨核, 皆秩然有
序, 如南海府定爲咸興, 柵城府定爲鏡城. 獨以鴨綠府謂在江界東北
二百里鴨綠江北, 余以其所領神·桓諸州觀之, 在江南而不在江北
也. 公之費精罷力, 考校尋繹, 爲此書者, 固出於好奇, 非欲人知之.
然人苟能詳閱, 得其開創設置之意, 則有裨於經濟之策者不細. 而知
者鮮少, 顧漫棄之, 可勝惜哉?

---

2 彊 : 문맥상 '疆'이 맞다.

271

渤海考序(朴齊家)[1]

余嘗西踰鴨綠, 道靉陽至遼陽. 其間五六百里, 大抵皆大山深谷, 出狼子山, 始見平原無際, 混混茫茫. 日月飛鳥, 升沈于野氣之中. 而回視東北諸山, 環天塞地, 亙若畫一. 向所稱大山深谷, 皆遼東千里之外障也. 乃喟然而歎曰, "此天限也."

夫遼東, 天下之一隅也. 然而英雄帝王之興, 莫盛於此. 蓋其地接燕齊, 易覘中國之勢. 故渤海大氏, 以區區散亡之餘, 劃山外而棄之, 猶足以雄視一方, 抗衡天下. 高麗王氏, 統合三韓, 終其世, 不敢出鴨綠一步, 則山川割據得失之跡, 槪可以見矣. 夫婦人之見, 不踰屋脊, 孩提之遊, 僅及門閾, 則固不足語垣墻之外矣. 士生新羅九州之內, 錮其目而廢其耳, 且不知漢唐宋明興亡戰伐之事, 而況於渤海之故哉!

吾友柳君惠風, 博學工詩, 嫺於掌故, 旣撰二十一都詩註, 以詳域內

1 초고본과 《貞蕤閣集》 권1에 실려 있다.

之觀. 又推之爲渤海考一卷, 人物·郡縣·世次·沿革, 組縷纖悉, 錯綜可喜. 而其言也, 歎王氏之不能復句驪舊疆也. 王氏之不復舊疆, 而鷄林·樂浪之墟, 遂貿貿焉, 自絶於天下矣. 吾於是有以知前見之相符, 而歎柳君之才能審天下之勢·闚王覇之略. 又豈特備一國之文獻, 與胡恢·馬令[2]之書, 挈其長短而已哉? 故序而論之如此.

渤海考序(柳得恭)[1]

高麗不修渤海史, 知高麗之不振也. 昔者, 高氏居于北, 曰高句驪, 扶餘氏居于西南, 曰百濟, 朴昔金氏居于東南, 曰新羅, 是爲[2]三國. 宜其有三國史, 而高麗修之, 是矣. 及[3]扶餘氏亡高氏亡, 金氏有其南, 大氏有其北, 曰渤海, 是謂南北國. 宜其有南北國史, 而高麗不修之, 非矣.

夫大氏者,[4] 何人也? 乃高句驪之人也. 其所有之地, 何地也? 乃高句驪之地也, 而斥其東斥其西斥其北而大之耳. 及夫金氏亡大氏亡, 王氏統而有之, 曰高麗. 其南有金氏之地則全, 而其北有大氏之地則不全, 或入於女眞, 或入於契丹.

當是時, 爲高麗計者, 宜急修渤海史. 執而責諸女眞曰, "何不歸我渤

---

1 초고본과 《泠齋集》 권7에 실려 있다.

2 爲: 《泠齋集》에는 '謂'로 되어 있다.

3 及: 《泠齋集》에는 없다.

4 者: 《泠齋集》에는 없다.

海之地? 渤海之地, 乃高句驪之地也”, 使一將軍往收之, 土門以北, 可有也. 執而責諸契丹曰, “何不歸我渤海之地? 渤海之地, 乃高句驪之地也”, 使一將軍往收之, 鴨綠以西, 可有也. 竟不修渤海史, 使土門以北·鴨綠以西, 不知爲誰氏之地, 欲責女眞而無其辭, 欲責契丹而無其辭. 高麗遂爲弱國者, 未得渤海之地故也, 可勝歎哉!

或曰, “渤海爲遼所滅, 高麗何從而修其史乎?”, 此有不然者. 渤海憲象中國, 必立史官. 其忽汗城之破也, 世子以下奔高麗者, 十餘萬人. 無其官, 則必有其書矣. 無其官無其書, 而問於世子, 則其世可知也, 問於隱繼宗,[5] 則其禮可知也, 問於十餘萬人, 則無不可知也. 張建章唐人也, 尙著渤海國記. 以高麗之人, 而獨不可修渤海之史乎?

嗚呼, 文獻散亡, 幾百年之後, 雖欲修之, 不可得矣. 余以內閣屬官,[6] 頗讀秘書,[7] 撰[8]次渤海事, 爲君·臣·地理·職官·儀章·物産·國語·國書·屬國九考. 不曰世家·傳·志, 而曰考者, 未成史也. 亦不敢以史自居云.

甲辰閏三月二十五日.[9]

---

5 隱繼宗：《泠齋集》에는 '其大夫隱繼宗'으로 되어 있다.

6 余以內閣屬官：《泠齋集》에는 '余在內閣'으로 되어 있다.

7 頗讀秘書：《泠齋集》에는 '頗讀中秘書'로 되어 있다.

8 撰：《泠齋集》에는 '遂撰'로 되어 있다.

9 甲辰～二十五日：《泠齋集》에는 없다.

引用書目[1]

- 舊唐書 _ 劉煦〔昫〕[2]
- 新唐書 _ 宋祁
- 五代史 _ 歐陽修
- 宋史 _ 脫脫
- 遼史 _ 脫脫
- 資治通鑑 _ 司馬光
- 三國史 _ 金富軾
- 高麗史 _ 鄭麟趾
- 東國通鑑 _ 徐居正
- 續日本紀 _ 管野朝臣眞道
- 日本逸史
- 通典 杜佑
- 通志 鄭樵
- 文獻通考 _ 馬端臨
- 文獻備考
- 大明一統志
- 淸一統志
- 盛京通志
- 萬姓統譜 _ 凌迪知
- 永順太氏族譜
- 輿地勝覽
- 全唐詩

---

1 引用書目 : 초고본에만 실려 있다.
2 劉煦 : 관행적으로 우리나라에서는 '劉煦'로, 중국에서는 '劉昫'로 표기한다. '煦'와 '昫'는 통용된다.

五京表

上京龍泉府	
周	肅慎氏地
漢	挹婁地
唐	屬渤海
遼	隸東丹國 尋屬女直
金	上京會寧府
元	水達達路
明	毛憐衛
清	寧古塔
本朝	

277

中京顯德府	
周	肅慎氏地
漢	挹婁地
唐	屬渤海
遼	隸東丹國 尋屬女直
金	隸會寧府
元	水達達路
明	毛憐衛
清	吉林
本朝	

東京龍原府	
周	
漢	沃沮地 隸玄菟郡 後屬高句麗 號柵城
唐	屬渤海
遼	屬女眞
金	耶嬾路
元	恤品路
明	
清	
本朝	鏡城府

南京南海府	
周	
漢	沃沮地 元封二年 置玄菟郡 尋隸樂浪 東部都尉 後屬高句麗 號南海
唐	屬渤海
遼	女直曷懶甸 高麗築九城 復屬女直
金	耶嬾路
元	哈蘭府
明	
清	
本朝	咸興府

西京鴨淥府	
周	箕子朝鮮地
漢	衛滿朝鮮地 隸玄菟郡 後屬高句麗 置國內城
唐	隸安東都護府 尋屬渤海
遼	置淥州鴨淥軍 尋屬女直
金	隸會寧府
元	開元路
明	建州衛
清	吉林
本朝	江界府廢四郡等地

279

君考[1]

---

1 君考 : 이규경필사본에 '世家'로 되어 있다.

震國公

震國公, 姓大氏, 名乞乞仲象, 粟末靺鞨人也. 粟末靺鞨者, 依粟末水以居,[2] 臣於高句麗者也. 唐高宗總章元年, 高句麗滅, 仲象與子祚榮, 率家屬徙居營州, 稱舍利. 舍利者, 契丹語帳官也. 武后萬歲通天二〔元〕年,[3] 契丹松漠都督李盡忠·歸誠州刺史孫萬榮, 叛唐陷營州, 殺都督趙文翽. 仲象懼, 與靺鞨酋乞四比羽及高句麗破部, 東走渡遼水, 保太白山之東北. 阻奧婁河, 樹壁自固. 武后封仲象爲震國公, 比羽爲許國公, 比羽不受命. 武后詔(右)玉鈐衛大將軍[4]李楷固·中郎將索仇, 擊斬比羽. 是時, 仲象已卒.

---

2 依粟末水以居 : 초고본에 없다.

3 二 : 이진충의 난이 일어난 해는 만세통천 2년(697)이 아니라 원년(696)이므로, '二'는 '元'의 오기이다.

4 右 : 《신당서》 발해전에는 '玉鈐衛大將軍'으로 되어 있지만, 《구당서》 발해말갈전에는 '右玉鈐衛大將軍'으로 되어 있다.

高王

高王, 名⁵祚榮, 震國公子也. 嘗爲高句麗將, 驍勇善騎射. 及震國公卒, 乞四比羽敗死, 祚榮遁. 李楷固窮躡度天門嶺, 祚榮引高句麗・靺鞨兵大破之, 楷固僅以身免. 祚榮卽並比羽之衆, 據挹婁之東牟山, 靺鞨及高句麗舊人悉歸之. 遂遣使交突厥, 略有夫餘⁶・沃沮・朝鮮・弁韓海北十餘國. 東窮海, 西契丹, 南接新羅, 以泥河爲界. 地方五千里, 戶十餘萬, 勝兵數萬. 學習書契, 俗與高句・麗契丹略同. 聖曆中, 國號震,⁷ 亦稱震朝,⁸ 自立爲震國王. 築忽汗城以居, 直營州東二千里. 時奚・契丹皆叛唐, 道路阻絶, 武后不能致討焉. 中宗卽位, 遣侍御史張行岌, 慰撫之, 王亦遣子入侍. 玄宗開元元年,⁹ 遣郎將崔訢, 冊王左驍衛大將軍・渤海郡王, 以所統爲忽汗州, 領忽汗州都督. 始去靺鞨號, 專稱渤海. 自是以後, 世朝獻唐, 與幽州節度府相聘問. 屯

---

5 名 : 초고본에 '諱'로 되어 있다. 선왕까지 같으므로 이하 표기를 생략한다.

6 夫餘 : 초고본에 '扶餘'로 되어 있다.

7 聖曆中國號震 : 이 다음에 초고본에는 '新唐書作振 文獻備考曰震朝'라는 세주가 삽입되어 있다.

8 亦稱震朝 : 초고본에 없다.

9 開元元年 : 초고본에 '先天二年'으로 되어 있다.

勁兵於夫餘府,[10] 以備契丹. 新羅孝昭王九年, 遣使聘新羅.[11] 開元[12]
七年, 王薨.[13]

10　夫餘府 : 초고본에 '扶餘府'로 되어 있다.

11　新羅孝昭王九年 遣使聘新羅 : 초고본에 없다.
　　《東史綱目》第4下 "孝昭王九年 … 是歲 唐武曌 擊契丹餘黨平之 靺鞨大祚榮 遁去〈初 契丹之亂 有乞乞仲象者
　　… 祚榮因高句麗・靺鞨兵拒之 楷固敗還〉靺鞨酋大祚榮 遣使來附〈時 契丹附突厥 唐兵道絶 不克討 祚榮卽並
　　比羽之衆 恃荒遠 乃建國 自號震國王 欲憑隣援 遣使來附 授以第五品大阿湌之秩〉

12　開元 : 초고본에 '玄宗開元'으로 되어 있다.

13　王薨 : 이 다음에 초고본에 '三月丙辰赴唐'이 삽입되어 있다.

武王

武王, 名武藝, 高王子也. 初封桂婁郡王. 開元七年六月丁卯, 唐以左監門率吳思謙攝鴻臚卿, 充使弔祭, 冊王左驍衛大將軍 · 忽汗州都督 · 渤海郡王. 王遂改元仁安, 開斥土宇,[14] 置州郡.[15] 大州[16]有[17]都督, 次曰剌[18]史.[19] 東北諸夷皆畏而臣之. 開元十四年, 黑水靺鞨使者入朝, 唐玄宗以其地建黑水州, 置長史臨總. 王召群臣, 謀曰, "黑水始假道於我, 與唐通, 異時請吐屯於突厥, 皆先告我, 與我使偕行. 今請唐官不吾告, 是必與唐謀, 腹背攻我也." 乃遣弟門藝及舅任雅相,[20] 發兵擊黑水. 門藝諫不從, 奔唐. 由是貳於唐. 開元二十年 遣大將張文休,[21] 越海攻登州, 殺刺史韋俊, 進兵馬都山, 屠陷城邑.[22] 謂之雪

---

14 開斥土宇 : 이 다음에 초고본에는 '因其俗不立館驛, 處處置村落, 以靺鞨爲民'이 삽입되어 있다.

15 置州郡 : 초고본에 없다.

16 州 : 초고본에 '村'으로 되어 있다.

17 有 : 초고본에 '置'로 되어 있다.

18 刺 : 초고본에 '制'로 잘못되어 있다.

19 刺史 : 이 다음에 초고본에는 '其下曰首領'이 삽입되어 있다.

20 任雅相 : 초고본에 '雅雅相'으로 잘못되어 있다. 한편 《新唐書》 발해전의 '任雅相'이 《구당서》 발해말갈전에는 "任雅"로 되어 있다.

21 張文休 : 이 다음에 초고본에는 '率海賊'이 삽입되어 있다.

22 進兵馬都山 屠陷城邑 : 초고본과 이규경필사본에 없다. 원본에는 행간에 추기되어 있다.
  《新唐書》 권136, 列傳 61 烏承玼 "烏承玼, 字德潤, 張掖人. 開元中, … 渤海大武藝與弟門藝戰國中, 門藝來, 詔與太僕卿金思蘭發范陽 · 新羅兵十萬討之, 無功. 武藝遣客刺門藝於東都, 引兵至馬都山, 屠城邑. 承玼窒要路, 塹以大石, 亘四百里, 虜不得入."

先王之恥,[23] 其實恨[24]門藝事也. 玄宗大怒, 命右領軍將軍葛福順, 發兵討之. 二十一年, 又遣門藝, 發幽州兵擊之, 又遣內史〔使〕[25]高品何行成 · 太僕員外郎〔卿〕[26]金思蘭, 使新羅, 授新羅王金興光開府儀同三司 · (使)[27]持節 · 充寧海軍使 · 鷄林州大都督, 諭曰, "渤海外稱藩翰, 內懷狡猾. 今欲出兵問罪, 卿亦發兵擊其南鄙." 又勅新羅名將金庾信孫允中爲將, 賜金帛. 新羅王遣允中等四將, 率兵, 會唐師共擊.[28] 會大雪丈餘, 山路阻隘, 士[29]凍死過半, 皆罷歸. 明年, 新羅人金忠信上書於唐, 請奉旨歸國討渤海. 玄宗許之, 竟無功, 而黑水之地皆服於渤海矣. 王始通好于日本,[30] 日本使朝臣蟲麻呂來聘.[31] 開元二十六〔五〕[32]年, 王薨.[33]

---

23 雪先王之恥:《旅菴全書》권5, 疆界考 2, 渤海 "大氏起於高句麗亡十年之後, 能噓起殘燼, 恢復舊疆, 而又能越海加兵, 殺居家刺史, 以雪前王之恥."

24 恨 : 초고본에 '限'으로 잘못되어 있다.

25 內史 : 원사료(《三國史記》권46, 列傳6, 崔致遠에 수록된 〈上太師侍中狀〉)의 內史는 황제의 조칙을 기초하는 中書省의 장관인 中書令의 별칭이다. 그런데 또다른 사료(《文苑英華》권471, 翰林制詔, 蕃書4, 勅新羅王金興光書 1)에는 '中使何行成'으로 나온다. 따라서 여기서의 '內史'는 황제의 특명을 받은 환관을 가리키는 中使와 같은 말인 '內使'의 오기이다.

26 郞 : 원사료(《三國史記》권8, 新羅本紀8, 聖德王 12년 및 같은 책 권46, 列傳6, 崔致遠)에는 '卿'으로 되어 있다.

27 使 : 원사료(《三國史記》권46, 列傳6, 崔致遠)에는 '使'가 없지만, 이 무렵 당 현종이 보낸 칙서(《文苑英華》권471, 翰林制詔, 蕃書4, 勅新羅王金興光書)에는 '勅新羅王 · 開府儀同三司 · 使持節 · 大都督鷄林州諸軍事 · 上柱國金興光'이라고 되어 있다. 이에 의거하여 삽입한다.

28 共擊 : 초고본에 '來伐'로 되어 있다.

29 士 : 초고본에 '士卒'로 되어 있다.

30 王始通好于日本 : 초고본에 '王遣使聘日本'으로 되어 있다.

31 聘 : 초고본에 없다.

32 二十六 :《구당서》발해말갈전에 '二十五'로 되어 있다. 초고본에도 '二十六年' 다음에 '舊唐書作二十五年'이라는 세 주가 삽입되어 있다.

33 王薨 : 이 다음에 초고본에는 '八月辛巳赴唐'이 삽입되어 있다.

文王

文王, 名欽茂, 武王子也. 改元大興. 開元二十六年, 唐遣內侍[34]段守簡, 冊王左驍衛大將軍·忽汗州都督·渤海郡王. 王承詔赦境內, 遣使, 隨守簡入朝, 求寫唐禮及三國志·晉書·三十六國春秋. 帝許之, 因[35]授王左金吾大將軍. 天寶中, 累加特進·太子詹事賓客. 天寶末, 徙上京. 訖玄宗之世, 凡二十九入朝.[36] 至德[37]元載, 平盧留後(事)[38]徐歸道, 遣果毅都尉·(行)[39]柳城縣四府經略判官張元簡〔澗〕[40]來聘曰, "今載十月, 當擊安祿山, 王須發騎[41]四萬來助.[42]" 王疑其有異留之. 十二月丙午, 歸道果鴆劉正臣于北平, 潛與祿山·幽州節度使史思明, 通謀擊唐. 安東都護王知玄〔玄志〕[43]知其謀, 率精兵六千餘人, 攻

34　侍 : 이규경필사본에 '待'로 잘못되어 있다.
35　求寫唐禮~帝許之, 因 : 초고본에 '玄宗'으로만 되어 있다.
　　《唐會要》권36, 蕃夷請經使 "(開元)二十六年六月二十七日, 渤海遣使求寫唐禮及三國志·晉書·三十六國春秋, 許之."
36　入朝 : 초고본에 '朝唐'으로 되어 있다. 아래도 같으므로 이하 표기를 생략한다.
37　至德 : 초고본에 '肅宗至德'으로 되어 있다.
38　事 : 원사료(《續日本紀》권21, 天平寶字 2년 12월 戊申)에 의거하여 삽입한다.
39　行 : 원사료에 의거하여 삽입한다. 초고본에도 있다.
40　簡 : 초고본과 원사료에 '澗'으로 되어 있다.
41　騎 : 초고본에 '兵'으로 되어 있다. 원사료도 수정본과 같다.
42　來助 : 초고본과 원사료에 '來援平賊'으로 되어 있다.
43　知玄 : 초고본에 '志玄'으로 되어 있다. 원사료에 '玄志'로 되어 있다.

破柳城, 斬歸道. 自稱(權知)⁴⁴平盧節度, 進屯北平. 四[三]⁴⁵載四月, 志
玄[玄志]⁴⁶遣將軍王進義來聘曰, "天子己歸西京, 迎太上(天)⁴⁷皇于蜀
居別宮, 勦滅賊徒, 故遣下臣來告." 王爲其事難信, 留進義, 別遣使
詳問, 肅宗賜王勅書.⁴⁸ 寶應元年, 詔以渤海爲國, 進封渤海國王, 授
檢校太尉. 代宗大曆二年至十年, 或間歲, 或歲內二三, 遣使入朝, 獻
馬腦榼 · 紫瓷盆.⁴⁹ 十二年正月, 又⁵⁰獻日本舞女十一人及方物.⁵¹ 累
加司空 · 太尉 德宗⁵²貞元中,⁵³ 徙東京⁵⁴ 日本使朝臣田守⁵⁵ · 忌村全
成⁵⁶ · 陽侯史玲璆⁵⁷ · 連盆麻呂⁵⁸ · 武生鳥守⁵⁹ · 朝臣殿繼等來聘. 貞
元十[九]年三月四日, 王薨, 寔大興五十七年.⁶⁰

---

44 權知 : 원사료에 의거하여 삽입한다.

45 四 : 원사료에 '三'로 되어 있다.

46 志玄 : 원사료에 '志玄'으로 되어 있다.

47 天 : 원사료에 의거하여 삽입한다.

48 勅書 : 이 다음에 초고본과 원사료에 '一卷'이 삽입되어 있다.

49 獻馬腦榼 · 紫瓷盆 : 원본의 행간에 추가되었으며, 초고본과 이규경필사본에 없다.
《杜陽雜編》下, "武宗會昌元年(841) 夫餘國貢火玉三斗 … 又渤海貢瑪瑙榼 · 紫瓷盆"

50 又 : 초고본과 이규경필사본에 '王'으로 되어 있다.

51 及方物 : 이 다음에 초고본과 이규경필사본에 '于唐'이 삽입되어 있지만 원본에 두 자가 삭제되었다. 뒤이어 초고본에
는 '四月十二月又遣使朝唐'이 삽입되어 있다.

52 德宗 : 이 다음에 초고본에는 '建中三年五月 貞元七年正月八月 十年正月 皆遣使朝唐'이 삽입되어 있다.

53 貞元中 : 이 다음에 초고본에는 '復'가 삽입되어 있다.

54 徙東京 : 이 다음에 초고본에는 '王十遣使聘日本'이 삽입되어 있다.

55 朝臣田守 : 이 다음에 초고본에 '來'가 삽입되어 있다.

56 忌村全成 : 이 다음에 초고본에 '來'가 삽입되어 있다.

57 陽侯史玲璆 : 이 다음에 초고본에 '來'가 삽입되어 있다.

58 連盆麻呂 : 이 다음에 초고본에 '來'가 삽입되어 있다.

59 武生鳥守 : 이 다음에 초고본에 '來'가 삽입되어 있다.

60 貞元十[九]年三月四日王薨 寔大興五十七年 : 초고본에 大興五十七年三月四日王薨 卽貞元十年'으로 되어 있
다. 대흥 57년은 서기 793년이며, 이는 정원 10년이 아니라 9년에 해당되므로 수정한다.

廢王

廢王, 名元義, 文王族弟也. 文王子宏臨, 早卒, 元義立. 一歲猜虐, 國人弑之.

成王

成王, 名華璵,[61] 宏臨子也. 國人弑元義, 推立王. 改元中興, 還上京.

---

[61] 華璵 : 초고본에 '華與'로 잘못되어 있다.

康王

康王, 名嵩璘,[62] 文王孫也.[63] 改元正曆. 貞元十一年二月乙巳, 唐遣
內常侍殷志瞻,[64] 冊王右〔左〕[65]驍衛大將軍 · 忽汗州都督 · 渤海郡王.
十四年, 王遣使以祖王[66]故事敍理, 唐加王銀靑光祿大夫 · 檢校司空,
進封國王.[67] 貞元中, 凡四入朝. 順宗時[68]加王金紫光祿大夫, 憲宗元
和元年十月, 加王檢校太尉.[69] 日本使眞人廣岳[70] · 宿彌〔禰〕[71]賀茂[72] ·
宿彌〔禰〕船白等來聘.[73] 元和四年, 王薨.[74]

62 嵩璘 : 초고본에 '崇璘'으로 잘못되어 있다.

63 文王孫也 : 초고본에 '文王少子也'로 되어 있다.

64 殷志瞻 :《舊唐書》渤海靺鞨傳에는 '殷志瞻',《冊府元龜》冊冊에는 '殷志瞻'으로 되어 있다.

65 右 :《新唐書》渤海傳만 '右驍衛大將軍'으로 되어 있고,《책부원귀》등 다른 기록에는 모두 '左驍衛大將軍'으로 되
    어 있다. 또 高王과 武王, 文王 모두 즉위시에 당으로부터 '左驍衛大將軍'을 제수받았으므로, '右'는 '左'의 잘못이다.

66 祖王 : 초고본에 '父王'으로 되어 있다.

67 進封國王 : 이 다음에 초고본에 '二十一年 遣使朝唐'이 삽입되어 있다.

68 順宗時 : 초고본에 '順宗'으로 되어 있다.

69 檢校太尉 : 이 다음에 초고본에 '十二月 遣使朝唐 王二遣使聘日本'이 삽입되어 있다.

70 眞人廣岳 : 이 다음에 초고본에 '來'가 삽입되어 있다.

71 彌 : 원사료에는 '禰'로 되어 있다. 아래도 같다.

72 賀茂 : 이 다음에 초고본에 '來'가 삽입되어 있다.

73 船白等來聘 : 초고본에 '船白來'로 되어 있다.

74 王薨 : 이 다음에 초고본에 '正月赴唐'이 삽입되어 있다.

定王

定王, 名元瑜, 康王子也.[75] 改元永德. 元和四年, 唐冊王銀靑光祿大夫 · 檢校秘書監 · 忽汗州都督 · 渤海國王. 八年, 王薨.[76]

僖王

僖王, 名言義, 定王弟也.[77] 定王薨,[78] 王權知國務, 改元朱雀. 元和八
年正月庚子〔午〕,[79] 唐遣內侍李重旻, 冊王銀青光祿大夫·檢校秘書
監·忽汗州都督·渤海國王.

---

77 定王弟也 : 이 다음에 초고본에 '改元朱雀'이 삽입되어 있었으나, 수정본에 뒤로 옮겨졌다.

78 薨 : 초고본에 '卒'로 되어 있다.

79 庚子 : 원사료(《구당서》憲宗 本紀 및 《資治通鑑》)에 '庚午'로 되어 있다.

簡王

簡王, 名明忠, 僖王弟也. 改元太始, 立一歲薨.

宣王

宣王, 名仁秀, 簡王從父, 高王弟野勃四世孫也.[80] 簡王薨, 王權知國務, 改元建興. 元和十三年正月乙巳, 遣使告喪于唐. 五月, 唐冊王銀靑光祿大夫 · 檢校秘書監 · 忽汗州都督 · 渤海國王. 王南定新羅, 北略諸部, 開大境宇. 十五年閏正月,[81] 唐加王金紫光祿大夫 · 檢校司空.[82] 元和中, 凡十六入朝. 穆宗[83]長慶中,[84] 四入朝. 敬宗寶曆中, 二入朝. 文宗太和[85]四年, 王薨.[86]

---

80 四世孫也 : 이 다음에 초고본에 '改元建興'이 삽입되어 있었으나, 수정본에 뒤로 옮겨졌다.

81 閏正月 : 이 다음에 초고본에 '遣使朝唐'이 삽입되어 있다.

82 檢校司空 : 이 다음에 초고본에 '十二月又遣使朝唐'이 삽입되어 있다.

83 穆宗 : 이 다음에 초고본에 '長慶二年正月 四年二月皆遣使朝唐'이 삽입되어 있다.

84 長慶中 : 이 다음에 초고본에 '凡'이 삽입되어 있다.

85 太和 : 초고본에 '元年遣使朝唐'이 삽입되어 있다.

86 四年王薨 : 초고본에 '四年又遣使朝唐 是年〈舊唐書五年〉王薨'으로 되어 있다.

王彝震

宣王孫也. 父新德早卒, 王立, 改元咸和. 太和五年, 唐冊王銀靑光祿
大夫·檢校秘書監·忽汗州都督·渤海國王.[87] 訖文宗之世, 凡十二
入[88]朝. 武宗會昌中, 四入朝. 宣宗大中十二年, 王薨.[89]

87　渤海國王 : 이 다음에 초고본에 '六年遣使朝唐 七年正月二月皆遣使朝唐'이 삽입되어 있다.

88　入 : 이규경필사본에 누락되어 있다.

89　王薨 : 이 다음에 초고본에 '二月赴唐'이 삽입되어 있다.

王虔晁

彝震弟也. 大中十二年二月癸未, 唐詔襲王.

王玄錫

虔晃子也. 懿宗咸通中, 三遣使入朝.

王諟譔

史失系. 梁太祖朱全忠開平元年, 王遣王子入朝, 獻方物. 二年 · 三年及乾化[90]二年, 又遣使入朝.[91] 後唐莊宗同光二年, 遣王子入朝,[92] 又遣王族.[93] 明宗天成元年, 遣使入朝,[94] 進兒口女口.

渤海之俗, 呼[95]王, 曰可毒夫, 後稍憲象中國, 曰聖主,[96] 曰基下. 其命曰敎. 王之父曰老王, 母曰太妃, 妻曰貴妃, 長子曰副王, 諸子曰王子. 其殖貨則太白山菟, 南海昆布, 柵城豉, 扶餘鹿, 鄚頡豕, 率賓馬, 顯州布, 沃州綿, 龍州紬, 位城鐵, 盧城稻, 丸都李, 樂游梨, 湄沱湖鯽,[97] 擅東北之利. 自唐世, 數遣諸生詣京師太學, 習識古今制度, 稱爲海東盛國. 及至朱梁 · 後唐三十年間, 貢士登科者十數人, 學士彬彬焉.

遼太祖耶律阿保機神冊二〔三〕[98]年, 王遣使聘遼. 四年, 遼修遼陽故

---

90 乾化 : 초고본에 '乾和'로 잘못되어 있다.
91 入朝 : 초고본에 '朝梁'으로 되어 있다.
92 入朝 : 초고본에 '朝唐'으로 되어 있다.
93 王族 : 초고본과 이규경필사본에 '王姪'로 되어 있다.
94 入朝 : 초고본에 '朝唐'으로 되어 있다.
95 之俗呼 : 원본은 '國語呼'로 쓰인 것을 '之俗呼'로 수정하였는데, 이규경필사본에 '國語呼'로 되어 있다.
96 聖主 : 원사료(《신당서》 발해전)의 百衲本에는 '聖王'으로 되어 있다.
97 王曰可毒夫~湄沱湖鯽 : 초고본에서는 〈國語考〉와 〈物産考〉에 실려 있었다. 〈物産考〉의 말미는 '盧城稻' 다음에 '湄沱湖鯽 九都李 樂遊梨 富州銀'순으로 되어 있다.
98 二 : 원사료(《遼史》 권1, 本紀1, 太祖 上)에는 '三'으로 되어 있다.

城, 掠渤海戶實之. 天贊三年, 王遣兵攻遼, 殺遼州刺史張秀實, 掠其民而歸. 四年十二月乙亥, 遼主詔其國中曰 "所謂二事, 一事己畢. 惟渤海世讐未雪 豈宜安住?" 遂擧兵來寇. 皇后及太子倍·大元帥[99]堯骨從. 閏十二月壬辰, 遼主祠[100]木葉山. 壬寅, 以靑牛白馬祭天地. 己酉, 次撒〔撒〕[101]葛山射鬼箭. 丁巳, 次高〔商〕[102]嶺, 是夜遼兵圍夫餘[103]府. 天顯元年正月己未, 白氣貫日. 庚申, 夫餘城陷, 守將死之. 遼又別攻東平府破之. 丙寅, 王使老相統兵三萬, 禦遼兵, 敗降.[104] 是夜, 遼太子倍·大元帥堯骨·南部〔府〕[105]宰相蘇·比〔北〕[106]院夷離菫斜涅赤·南院夷離菫迭里等, 圍忽汗城. 己巳, 王請降. 庚午, 遼主駐軍忽汗城南. 辛未, 王素服藁索牽羊, 率臣僚三百餘人出降, 遼主禮而[107]遣之. 丙子, 遼主使其近侍康末怛等十三人, 入城索兵器, 爲邏卒所殺. 丁丑, 王復城守, 斜涅赤等復攻破之. 遼主入城, 王請罪馬前. 遼主以兵衛王及王族以出. 二月庚寅, 安邊·莫頡·南海·定理四〔等〕府(及諸道)節度(刺)使[108] 皆降于遼.[109] 丙午, 遼改渤海國爲東丹, 忽汗城爲天福. 封其太子倍爲人皇王以主之, 拜老相爲東丹國右大相.[110] (三

---

99 帥 : 이규경필사본에 '師'로 되어 있다.

100 祠 : 초고본에 '祀'로 되어 있다.

101 撒 : 원사료(《遼史》 권2, 本紀2, 太祖 下)에 '撒'로 되어 있다.

102 高 : 원사료에 '商'으로 되어 있다.

103 夫餘 : 초고본에 '扶餘'로 되어 있다. 아래도 같으므로 이하 표기를 생략한다.

104 丙寅王使老相統兵三萬禦遼兵敗降 : 초고본에 '丙寅老相兵敗'로 되어 있다. 노상의 군사 3만은 《遼史》 권73, 列傳3, 阿古只에 "攻渤海 破扶餘城 獨將騎兵五百 敗老相軍三萬"에 나온다.

105 部 : 원사료에 '府'로 되어 있다.

106 比 : 초고본에 '以', 원사료에 '北'으로 되어 있다.

107 而 : 초고본에 '以'로 되어 있다.

108 四府節度使 : 원사료에 '等府及諸道節度刺使'로 되어 있다.

109 庚寅~ 皆降于遼 : 초고본의 臣考 謹譔諸臣史失名者의 해당 부분을 이곳으로 옮겼다.

110 拜老相爲東丹國右大相 : 초고본에 없다.

月)[111] 乙酉, 遼主以王及王族歸, 築城于臨潢之西, 使[112]居之, 賜王名曰烏魯古, 王后名曰阿里只. 烏魯古・阿里只者, 遼主及皇后受王降時, 所乘二馬名也, 因以其馬賜王及后. 是年三月, 安邊・莫頡・定理三府復城守, 遼惕隱安端來攻. 丁丑, 三府皆敗安邊將二人死之. 五月, 南海・定理二府復城守, 遼大元帥[113]堯骨來攻. 六月丁酉, 二府皆敗. 長嶺府自忽汗城始破時, 城守不下. 遼夷離畢康黙記・左僕射韓延徽等來攻. 七月辛巳, 遼主殂, 述律后決軍國事. 八月辛卯, 長嶺府陷.[114] 自是以後, 渤海之地, 盡入於遼矣.[115]

111 三月:《遼史》권2, 本紀2, 太祖 下 "天顯元年 … 三月 … 乙酉, 班師, 以大諲譔舉族行. 秋七月 … 辛未, 衞送大諲譔于皇都西, 築城以居之. 賜諲譔名曰烏魯古, 妻曰阿里只."에 의거하여 삽입한다.

112 使: 이 다음에 초고본에 '王'이 삽입되어 있다.

113 大元帥: 이규경필사본에 '大元師'로 되어 있다.

114 是年三月~長嶺府陷: 초고본의 臣考 諲譔諸史失名者의 해당 부분을 이곳으로 옮겼다.

115 是年三月安邊~盡入於遼矣: 초고본에 없다.

琰府王[116]

居烏舍城浮渝府.[117] 宋太宗太平興國六年, 賜王詔曰, "朕纂[118]紹丕基, 奄有四海, 普天之下, 罔不[119]率俾. 矧太原封域, 國之保障, 頃因竊據, 遂相承襲, 倚遼爲援, 歷世逋誅. 朕前歲親提銳旅, 盡護諸將, 拔屏〔幷〕[120]門之孤壘, 斷匈奴之右臂. 眷言弔伐, 以蘇黔黎. 蠢玆北戎, 非理搆怨, 輒肆荐食, 犯我封略.[121] 日昨出師逆擊, 斬獲甚衆, 今欲鼓行深入, 席卷長驅. 焚其龍庭, 大殲醜類. 素聞爾國密邇寇讐, 迫於吞幷, 力不能制, 因而服屬, 困於率割. 當靈旗破賊之際, 是鄰邦雪憤之日. 所宜盡出族帳, 佐予兵鋒. 俟其剪滅, 沛然封賞. 幽薊土宇, 復歸中朝, 朔漠之外, 悉以相與. 勖乃協力,[122] 朕不食言." 是時, 宋欲大擧伐遼, 故有是詔. 琰府王, 蓋亦渤海之部族也.[123]

---

116 琰府王 : 이 항목이 초고본에서는 '烏舍城浮渝府琰府王'라는 제목으로 '興遼王' 뒤에 배치되어 있다.

117 居烏舍城浮渝府 : 초고본에 '史失名'으로 되어 있다.

118 纂 : 초고본에 '簒'으로 잘못되어 있다.

119 不 : 초고본에 '有'로 잘못되어 있다.

120 屏 : 초고본에 '並', 이규경필사본과 원사료(《宋史》 권491, 渤海國)에는 '幷'으로 되어 있다.

121 略 : 초고본에 '畧'로 잘못되어 있다.

122 力 : 초고본에 '乃'로 잘못되어 있다.

123 琰府王蓋亦渤海之部族也 : 초고본에 없다.

名延琳, 高王七代孫也. 仕遼爲東京舍利軍詳穩. 初東遼之地, 自神
冊中附遼, 未有¹²⁵榷酤¹²⁶鹽麴¹²⁷之法, 關市之征亦寬弛. 及馮延休韓
紹勳等, 相繼爲戶部使, 以燕地平山¹²⁸之法繩之, 民不堪命. 燕又仍
歲大饑. 副使王嘉獻計造船, 使其民諳海事者, 漕粟以賑燕. 水路艱
險, 多覆沒. 雖言不信, 鞭楚榜掠, 民怨思亂. 遼聖宗太平九年八月丁
〔己〕¹²⁹丑, 延琳殺紹勳及嘉, 以快其衆.¹³⁰ 復殺四捷軍都指揮使蕭頗
得〔德〕,¹³¹ 因留守駙馬都尉蕭孝先. 國號興遼, 擧位號, 改元天慶〈高
麗史云¹³²天興¹³³〉. 選智勇之士, 置左右. 於是諸部響應, 南北女眞皆
附, 而高麗與遼絶. 先是, 延琳與副留守王道平謀擧事, 又召黃翩於
黃龍府. 道平夜踰城, 走與黃翩俱上變. 遼主徵諸道兵攻之. 渤海太

---

124 興遼王 : 이규경필사본에 '興遼主'로 되어 있다.

125 未有 : 초고본과 이규경필사본에 '末有'로 되어 있다.

126 榷酤 : 초고본에 '榷沽'로 되어 있다.

127 麴 : 초고본과 이규경필사본에 '麴'으로 잘못되어 있다.

128 燕地平山 : 초고본에 '燕山平地'로 되어 있으나, 원사료(《요사》 권17, 본기17, 聖宗8)도 원본과 같다.

129 丁 : 원사료에 '己'로 되어 있다.

130 以快其衆 : 이규경필사본에 '以收其衆'으로 되어 있다.

131 得 : 원사료에 '德'으로 되어 있다.

132 云 : 초고본과 이규경필사본에 '曰'로 되어 있다.

133 天興 :《高麗史》권5, 世家5, 顯宗 20년 9월 무오 "契丹東京將軍大延琳遣大府丞高吉德 告建國 兼求援 延琳
渤海始祖大祚榮七代孫 叛契丹 國號興遼 建元天興"

保夏行美, 渤海人也, 時主兵, 戍[134]保州. 延琳馳書, 使圖統帥耶律蒲古. 行美以實告蒲古, 殺渤海兵八百人, 而斷其東路. 黃龍 · 保州旣皆不附. 國舅詳穩蕭匹敵, 又率兵斷西路. 延琳遂分兵攻瀋州, 節度副使張傑聲言欲降, 故不急攻. 知其詐而己有備, 攻之不克而還. 遼兵大集, 十月, 遼以南京留守燕王蕭孝穆爲都統, 蕭匹敵[135]爲副部署, (奚)[136]六部大王蕭蒲奴爲都監, 與戰蒲水. 中遼兵却, 匹敵 · 蒲奴張左右翼擊之, 延琳兵潰. 又戰于手山, 敗走, 入城固守. 孝穆築重城, 起樓櫓, 內外不相通. 城中撤屋以爨. 蒲奴先據高麗 · 女直[137]要衝, 故無救兵. 十年八月丙午, 延琳將楊詳世, 密送款于遼.[138] 夜開門納遼師, 延琳被執. 是時, 諸部豪傑吼山等兵蜂起, 尋皆敗滅. 獨南海城帥[139]堅守, 經年始降.

按, 忽汗城之破, 在遼太祖天顯元年, 後唐明宗天成元年. 讚[譔][140]遷于臨潢, 光顯奔于高麗.[141] 然而遼史稱'太祖有君人之德, 以其不滅渤海族帳也'.[142] 聖宗統和十四年[興宗重熙四年],[143] 蕭韓家奴奏曰, "渤

---

134 戍 : 이규경필사본에 '戌'로 되어 있다.
135 敵 : 이규경필사본에 '爲'로 되어 있다.
136 奚 : 원사료(《요사》 권17, 본기17, 聖宗8, 9년 10월 병술조)에 의거하여 삽입한다.
137 女直 : 초고본에 '女眞'으로 되어 있다.
138 于遼 : 초고본에 '於遼'로 되어 있다.
139 帥 : 초고본에 '守'로 되어 있다.
140 譔讀 : '譔譔'의 오기이다.
141 譔讀遷于臨潢, 光顯奔于高麗 : 초고본에 '人謂是時渤海己亡'으로 되어 있다.
142 太祖有君人之德 以其不滅渤海族帳也 : 《遼史》 권45, 志15, 百官志1, 北面, 北面諸帳官 "遼太祖有帝王之度者三, 代遙輦氏, 尊九帳於御營之上, 一也, 滅渤海國, 存其族帳, 亞於遙輦, 二也. 併奚王之衆, 撫其帳部, 擬於國族, 三也"
143 聖宗統和十四年 : 《遼史》 권103, 列傳33, 蕭韓家奴 "統和十四年始仕 … 重熙初, 同知三司使事, 四年, 遷天成軍節度使, 徙彰愍宮使. 帝與語, 才之, 命爲詩友 … 時詔天下言治道之要, 制問 … 韓家奴對曰 '臣伏見比年以來, 高麗未賓, 阻卜猶强, 戰守之備, 誠不容已. … 其鴨涤江之東, 戌役大率如此. 況渤海 · 女直 · 高麗合從連衡,

305

海·高麗·女直,[144] 合從連衡". (統和)[145]二十一年, 渤海來貢. 開泰中, 南部〔府〕[146]宰相大康乂言, "蒲盧毛朶[147]界多渤海人, 乞取之". 詔從之, 領兵至大石河馳準城, 掠數百戶而歸. 又親征渤海黃皮室軍.[148] 五代史云, '訖周世宗顯德 渤海使常來'.[149] 宋史宋琪傳, 琪論邊事曰, "渤海兵馬土地, 盛於奚帳. 雖勉事契丹, 俱懷殺主破國之怨".[150] 文獻通考[151] '阿保機攻夫餘城下之, 爲東丹府. 阿保機死, 諲譔命其弟, 率兵攻夫餘城, 不克而還. 後唐天成四年, 長興二年·三年·四年, 清泰二年·三年, 俱遣使貢方物.[152] 宋太宗淳化二年冬, 以渤海不通朝貢, 詔女眞攻之'.[153] 胡三省云, '渤海更五代至於宋, 耶律雖數加兵,

---

不時征討. …"에 의거하여 興宗重熙四年으로 수정한다.

144 女直: 초고본에 '女眞'으로 되어 있다.

145 統和: 앞 문장의 "聖宗統和十四年"를 "興宗重熙四年"으로 수정함에 따라 '統和'를 삽입한다. 따라서 앞 기사와 이 기사는 순서가 바뀌어야 한다.

146 南部: 원사료(《遼史》 권88, 列傳18, 大康乂)에는 '南府'로 되어 있다.

147 蒲盧毛朶: 초고본에 '蒲蘆毛朵'로 잘못되어 있다.

148 又親征渤海黃皮室軍:《遼史》 권92, 列傳22, 耶律古昱 "開泰間, 爲烏古敵烈部都監. 會部人叛, 從樞密使耶律世良討平之, … 上親征渤海, 將黃皮室軍, 有破敵功"
《遼史》 권15, 本紀15, 聖宗6, 開泰4년 4월 壬申 "耶律世良討烏古, 破之"

149 五代史云~渤海使常來:《新五代史》 권74, 渤海 "訖顯德常來朝貢"

150 宋史宋琪傳~俱懷殺主破國之怨:《宋史》 권264, 列傳23, 宋琪 "(端拱)二年, 將討幽薊. 詔羣臣各言邊事. 琪上疏謂, '奚·霫部落, … 人馬疆土少劣於契丹, 自被脅從役屬以來, 常懷骨髓之恨. 渤海兵馬土地, 盛於奚帳, 雖勉事契丹, 俱懷殺主破國之怨. … 其奚·霫·渤海之國, 各選重望親嫡, 封冊爲王, 仍賜分器·鼓旗·車服戈甲以優遣之, 必竭赤心, 永服皇化. … 兼得奚·霫·渤海以爲外臣, 乃守在四夷也. … 其主自阿保機始強盛, 因攻渤海, 死於遼陽. … 又有渤海首領大舍利高模翰步騎萬餘人, 並髠髮左衽, 竊爲契丹之飾. …'"

151 文獻通考: 이 다음에 초고본에 '云'이 삽입되어 있다.

152 文獻通考~俱遣使貢方物:《文獻通考》 권326, 四裔3, 渤海 "契丹大首領邪律阿保機, … 攻渤海國夫餘城下之, 改夫餘城爲東丹府. … 阿保機死, 命其弟率兵攻夫餘城, 不克而還, 四年及長興二年三年四年·清泰二年三年, 俱遣使貢方物."

153 宋太宗淳化二年冬~詔女眞攻之:《文獻通考》 권327, 四裔4, 女眞 "淳化二年 … 是冬, 又以渤海不通朝貢, 詔女眞發兵攻之, 凡斬一級, 賜絹五疋爲賞."

不能服也'.¹⁵⁴ 以此觀之, 渤海雖亡, 而猶有餘部, 烏舍城琰府王之類,
是也. 淩迪知萬姓通〔統〕¹⁵⁵譜云, '東夷之有大氏 自大連始也',¹⁵⁶ 渤海
得姓, 或出於大連, 而奔高麗以後, 變大爲太.¹⁵⁷

---

154 胡三省云~不能服也 : 《資治通鑑》 권235, 唐紀51, 德宗貞元10년(794) "初, 渤海文王欽茂卒. … 復立欽茂少子
　　嵩隣, 是爲康王, 改元正曆〈渤海, 自大祚榮立國. … 更五代以至于宋, 耶律雖數加兵, 不能服也. 故通鑑歷敍其
　　世爲詳〉"

155 通 : 淩迪知가 편찬한 책은 《萬姓統譜》이므로, '通'은 '統'의 誤記이다. 초고본의 〈引用書目〉에도 '統'으로 되어 있다.

156 東夷之有大氏 自大連始也 : 《萬姓統譜》 권97에는 "大〈大廷氏之後 見風俗通〉"라고 하였을 뿐, 이 기사는 없다.
　　한편 《資治通鑑》 권210, 唐紀26, 玄宗 開元元年(713) 2월조에는 발해의 건국 내력을 약술한 다음에 "風俗通, 大
　　姓, 大廷氏之後, 大款爲顓帝師. 按禮記曰, 大連善居喪, 東夷之子也. 蓋東夷之有大姓尙矣"라는 주석이 있다.
　　유득공은 이 기사를 인용하면서 그 전거를 오해한 것으로 추정된다.

157 渤海雖亡~變大爲太 : 초고본에 '渤海未嘗亡也 其浮渝府琰府王 雖不言姓名 見太宗詔 可知其爲大氏之裔也
　　然渤海之亡在何時 未可考'로 되어 있다.

臣考[1]

大門藝, 大壹夏, 馬文軌, 葱勿雅

門藝, 武王弟也. 武王使門藝擊黑水靺鞨. 門藝嘗質於唐, 知利害. 謂王曰, "黑水請史, 而我擊之, 是背唐也. 唐大國, 兵萬倍我, 與之産怨, 我且亡. 昔高句麗盛時, 士三十萬, 抗唐爲敵, 可謂雄强. 唐兵一臨, 掃地盡矣. 今我衆比高句麗三之一, 王將違之, 不可." 王不從, 强遣之, 兵至黑水境, 又以書² 固諫.³ 王怒, 遣從兄壹夏代將, 召門⁴藝, 將殺之. 門藝懼, 棄其衆, 儳路奔唐, 玄宗拜爲右[左]⁵驍衛將軍. 王遣馬文軌 · 葱勿雅, 上書極言門藝罪狀, 請殺之. 唐處門藝安西, 好報曰, "門藝窮來歸我, 誼不可殺, 已投之嶺南矣." 並留文軌 · 葱勿雅, 別遣鴻臚少卿李道邃 · 源復諭旨. 王知之, 上書言, "大國示人以信, 豈有欺詒之理? 今聞門藝不向嶺南, 伏請依前殺却." 玄宗怒. 道邃 · 復不能督察官屬, 致有漏泄, 左除道邃曹州刺史, 復同[澤]⁶州刺史. 暫遣門藝詣嶺南以報之. 王望門藝不已, 密遣使入東都募⁷客. 刺門藝於天津橋南. 門藝格之, 得不死. 玄宗勅河南, 捕⁸刺客, 悉殺之.

2　書 : 초고본에 없다.

3　諫 : 초고본에 '謙'으로 잘못되어 있다.

4　門 : 초고본에 '文'으로 잘못되어 있다.

5　右 : 《舊唐書》 권199하, 列傳149하, 渤海靺鞨 및 《新唐書》 권219, 列傳144, 渤海傳에는 '左'로 되어 있다.

6　同 : 원사료에 '澤'으로 되어 있다.

7　募 : 원본 상단에 '慕改募'로 되어 있고, 이규경필사본에는 '慕'로 되어 있다.

8　捕 : 초고본에 '捕捕'로 잘못되어 있다.

大野勃, 大宏臨, 大新德

野勃, 高王弟.[9] 宏臨, 文王世子.[10] 新德, 宣王世子.[11]

---

9 弟 : 이 다음에 초고본에 '也'가 삽입되어 있다.
10 世子 : 이 다음에 초고본에 '也'가 삽입되어 있다.
11 世子 : 이 다음에 초고본에 '也'가 삽입되어 있다.

任雅相, 張文休, 大郞雅¹²

雅相, 武王舅.¹³ 文休, 武王大將.¹⁴ 郞雅, 武王時, 入唐被謫, 後放
還.¹⁵

---

12 大郞雅 : 초고본과 이규경필사본에 없다.

13 舅 : 이 다음에 초고본에 '也'가 삽입되어 있다.

14 大將 : 이 다음에 초고본에 '也'가 삽입되어 있다.

15 郞雅～放還 : 초고본과 이규경필사본에 없다.

大常淸〔靖〕,[16] 大貞翰, 大淸允

貞元七年正月, 文王使常淸〔靖〕朝唐, 唐授衛尉卿同正, 還國. 貞翰·淸允, 皆文王時王子也. 貞翰, 貞元七年八月, 朝唐, 請備宿衛. 淸允, 貞元十年正月, 朝唐, 唐授右衛將軍同正, 其下三十餘人, 拜官有差.

---

16 淸 : 《新唐書》 권219, 渤海에는 '淸'으로 되어 있으나, 《舊唐書》 권199하와 渤海靺鞨, 《冊府元龜》 권976, 褒異3 등
에는 '靖'으로 되어 있다.

大能信, 茹富仇

能信, 康王姪也. 富仇, 官虞候婁番長都督. 貞元十四年, 王遣[17]朝唐.
是年十一月, 唐授能信左驍衛中郎將, 富仇[18]右武衛將軍, 放還國.

大(聰)叡[19]

長慶四年二月, 宣王遣(聰)叡等五(十)人[20]朝唐, 請備宿衛.

---

19 大(聰)叡 : 《구당서》 발해전에는 '大叡'로 되어 있지만, 《구당서》 本紀와 《책부원귀》 권111, 宴享 등에는 '大聰叡로 되
    어 있다. 이에 의거하여 '聰'를 삽입한다.
20 五(十)人 : 《구당서》 발해전에는 '五人'으로 되어 있지만, 다른 사료들에는 '五十人'으로 되어 있다. 이에 의거하여 '十'
    을 삽입한다.

大明俊, 高寶英,²¹ 大先晟²²

明俊, 彝震時王子也. 太和六年, 王遣明俊等朝唐. 寶英, 官同中書右
平章事. 太和七年正月, 王遣朝唐, 謝冊命. 因遣學生三人, 請赴上都
學問, 先遣學生三人, 事業稍成, 請歸本國. 唐許之. 先晟, 亦彝震時
王子也. 是年二月, 王遣先晟等六人朝唐. 唐詩人溫庭筠, 送渤海王
子歸本國, 詩曰, "疆理雖重海, 車書本一家. 盛勳歸舊國, 佳句在中
華. 定界分秋漲, 開帆到曙霞. 九門風日〔月〕²³好, 回首是天涯"

21　高寶英 : 《冊府元龜》 권972, 朝貢5와 권999, 請求에는 '高賞英'으로 되어 있다.

22　大先晟 : 《冊府元龜》 권976, 褒異3에는 '大光晟'으로 되어 있다.

23　日 : 초고본과 이규경필사본 및 원사료(《全唐詩》 권583)에는 '月'로 되어 있다.

高元固

諲譔時, 賓貢. 嘗²⁴訪唐進士徐寅於閩中, 爲道本國人, 以金書寅斬蛇劍·御溝水·人生幾何三賦, 列爲屛障. 寅喜而贈詩²⁵曰, "折桂何年下月中, 閩山來問我雕蟲. 肯銷²⁶金翠書屛上, 誰把蒭蕘過日東. 剡〔郯〕²⁷子昔時遭孔聖, 由余往代諷秦宮. 嗟嗟大國金門士, 幾箇人能振素風²⁸"

---

24 諲譔時 賓貢嘗 : 초고본에 '元固'로 되어 있다.
25 贈詩 : 이 다음에 초고본에 '稱爲渤海賓貢高元固先輩 其詩'가 삽입되어 있다.
26 銷 : 이규경필사본에 '鎖'로 잘못되어 있다.
27 剡 : 원사료(《全唐詩》 권709)에 '郯'으로 되어 있다.
28 素風 : 이 다음에 초고본에 "其曰先輩曰折桂 已成進士之稱也 徐寅中乾寧進士 時依王審知 元固當諲譔詩人"이 삽입되어 있다. 여기서의 '中乾寧'은 '乾寧中'의 잘못이다.

大元兼

諲譔族〔姪〕[29]也. 官學堂親衛. 後唐同光二年, 王遣朝唐 試國子監丞.[30]

---

29 族 : 초고본과 이규경필사본에 각각 '侄'과 '姪'로 되어 있다. 원사료(《五代會要》 권30, 渤海 및 《冊府元龜》 권976, 褒
異3)에는 '姪'로 되어 있다.

30 丞 : 이규경필사본에 '承'으로 잘못 되어 있다.

衛均〔鈞〕[31]

官鐵州刺史. 遼天顯元年正月, 忽汗城破, 七月, 均〔鈞〕城守. 遼大元帥堯骨帥[32]師來攻, 乙丑城陷.

31 衛均〔鈞〕: 衛均, 大素賢, 高模翰 기사는 초고본에 王文矩 뒤에 배치되었다. 한편 衛均의 '均'이 초고본과 원사료(《遼史》 권2, 本紀2, 太祖 하)에는 '鈞'으로 되어 있다.
32 帥: 초고본에 '率'로 되어 있다.

大素賢

官司徒. 忽汗城破, 素賢降遼, 遼拜爲東丹國(左)³³次相. 太宗會同三
年, 東京宰相耶律羽之言其貪墨, 見黜.

---

33 左 : 원사료(《遼史》 권2, 本紀2, 太祖 하)에 의거하여 삽입한다.

高模翰

一名松. 有膂力善騎射, 好讀〔談〕34兵. 忽汗城破, 避地高麗. 高麗王妻
以女, 因罪亡歸遼. 屢立戰功, 官至中臺省左相, 封35悊郡開國公. 遼
史自有傳.

34 讀 : 원사료(《遼史》 권76, 列傳6, 高模翰)에는 '談'으로 되어 있다.
35 封 : 이규경필사본에 '封封'으로 되어 있다.

崔烏斯[36]

周世宗顯德初, 烏斯與其屬[37]歸周, 蓋其酋豪也. 亦稱烏斯羅.

36　崔烏斯: 崔烏斯, 大鸞河 · 李勣 기사는 초고본에 朴昇 뒤에 배치되었다. 한편 초고본에 崔烏斯라는 제목 다음에 '文
　　獻通考曰 烏斯羅'라는 세주가 있었는데, 원본에서는 이를 본문의 말미로 옮기며 '亦稱烏斯羅'라고 하였다.

37　其屬: 이 다음에 초고본에 '三十人'이 삽입되어 있다.

大鸞河, 李勣〔勛〕[38]

宋太宗太平興國四年, 平晉陽, 移兵幽州, 鸞河率小校李勣〔勛〕等
十六人部族三百騎投降. 太宗以爲渤海都指揮使. 九年春, 太宗宴大
明殿, 召鸞河慰撫久之. 謂殿前都校劉延翰曰, "鸞河渤海豪帥, 束身
歸我, 嘉其忠順. 夫夷落之俗, 以馳聘爲樂. 候高秋戒侯, 當與駿馬數
十匹, 令出郊遊獵, 以遂其性." 因以緡錢十萬, 幷酒賜之.

---

38 勛 : 초고본과 원사료(《宋史》 권491, 列傳250, 渤海國)에는 '勖'으로 되어 있다.

高仁義, 德周, 舍那婁, 高齋〔齊〕[39]德

仁義官寧遠將軍·郞將, 德周游將軍·果毅都尉, 舍那婁別將, 齋德
首領. 武王時, 同使日本, 着蝦夷境, 仁義以下十六人被殺害, 齋〔齊〕
德與八人走出羽國僅免. 致國書于倭皇,[40] 與其使朝臣蟲麻呂俱來.
送[41]綵帛一十疋·綾一十疋·絁二十疋·絲一百絇[42]·綿二百屯.

---

39 齋 : 원사료의 역주본(青木和夫 외 校注, 《續日本紀》 2, 岩波書店, 1990, 186쪽)에는 '齊'로 되어 있다.

40 于倭皇 : 초고본에 없다. 한편 '皇'이 이규경필사본에 '國'으로 되어 있다.

41 送 : 초고본에 '獻'으로 되어 있다.

42 絇 : 초고본에 '鉤'로 잘못되어 있다.

胥要德, 己珍蒙, 己閼棄蒙

要德官若忽州都督 · 忠武[大]將軍,[43] 珍蒙雲麾將軍, 棄蒙首領. 文王
時, 同使日本, 要德船覆, 與棄蒙等四十人俱死. 倭皇御太極殿, 觀
珍蒙射, 又御中宮, 使珍蒙奏本國樂聽之. 送[44]美濃絁三十疋 · 絹十
[卅][45]疋 · 絲一百五十絇[46] · 調綿二[三][47]百屯. 初日本人[48]朝臣廣成
等朝唐回, 從蘇州入海, 漂着崑崙國, 多被殺執, 廣成與八人, 僅免復
歸唐. 從登州入海, 到渤海界, 王令隨要德等歸國.

43　忠武將軍 : 초고본과 원본에 '忠武大將軍'으로 되어 있지만, 원사료(靑木和夫 외 校注, 앞의 책, 360쪽)에는 '大'가 없
　　다.

44　送 : 초고본에 '附獻'으로 되어 있다.

45　十 : 원사료의 역주본에 '卅'으로 되어 있다.

46　絇 : 초고본에 '鉤'로 잘못되어 있다.

47　二 : 원사료의 역주본에 '三'으로 되어 있다.

48　人 : 초고본에 '入'으로 잘못되어 있다.

慕施蒙

官輔國大將軍. 文王時, 率七十五人使日本, 以王旨問十餘年無使之
故. 倭皇答書, 援高⒁麗舊記,[49] 責國書違例.

---

49 高麗舊記 : 초고본과 원본에는 '高句麗舊記'로 되어 있으나 원사료(靑木和夫 외 校注, 《續日本紀》 3, 132쪽)에는
'句'가 없다.

楊承慶, 楊泰師, 馮方禮

承慶官輔國(大)[50]將軍, 泰師歸德將軍, 方禮判官. 文王時同使日本. 先時,[51] 日本使朝臣田守等, 來渤海[52]問大唐消息, 歸言於倭皇曰, "天寶十四載歲次乙未十一月九日, 御史大夫兼范陽節度使安祿山, 擧兵作亂, 自稱大燕聖武皇帝, 改范陽爲靈武郡, 其宅爲潛龍宮, 年號聖武. 留其子(安)[53]卿[慶][54]緒, 知范陽郡事, 自將精騎二十餘萬南下直入洛陽, 署置百官. 天子遣安西節度使哥舒翰, 將三十萬衆, 守潼津關, 使大將封常淸, 將十五萬衆, 別圍洛陽. 天寶十五載, 祿山遣其將[將軍][55]孫孝哲等, 率二萬騎攻潼津關, 哥舒翰壞潼津岸墜黃河, 絶其通路而歸. 孝哲鑿山開路, 引兵入至新豐, 六月六日天子, 遊[遜][56]于劍南. 七月甲子, 皇太子璵, 卽皇帝位于靈武(郡)[57]都督府, 改元至

---

50 大 : 원사료의 天平寶字 2년 9월 丁亥에는 '大'가 있고, 天平寶字 3년 1월 庚午에는 '大'가 없다. 그러나 輔國大將軍은 唐代 武散官 정2품 관직이므로, 전자가 맞다. 전자의 기록에 따르면, 이때 양승경의 공식 직함은 '輔國大將軍兼將軍 · 行木底州刺史兼兵署少正 · 開國公'이다. 이에 의거하여 '大'를 삽입한다.

51 先時 : 초고본에 '初'로 되어 있다.

52 渤海 : 초고본에 없다.

53 安 : 원사료(《續日本紀》3, 296쪽)에 의거하여 삽입한다. 초고본에도 있다.

54 卿[慶] : 초고본에 '慶'으로 되어 있다. 원본은 원사료에 따라 '卿'으로 고쳤으나, 《舊唐書》 등 다른 사료에 따르면 '慶'이 맞다.

55 其將 : 초고본과 원사료에 '將軍'으로 되어 있다.

56 遊 : 원사료의 역주본에 '遜'으로 되어 있다.

57 郡 : 원사료에 의거하여 삽입한다.

德矣.[58]" 倭皇下令[59]太宰府曰, "安祿山者, (是)[60]狂胡狡豎也. 違天起
逆, 事必不利. 疑其不能西, 必還掠海東. 大貳吉備朝臣眞備, 俱是碩
學, 委以重任. 宜知此狀, 預設奇謀. 縱使不來, 儲備無悔. 其所謀上
策及應備雜事, 一一俱錄報來." 及[61]承慶等至日本, 倭皇授承慶正三
位, 泰師從三位, 方禮從五位(下),[62] 賜錄事以下十九人祿.[63] 因[64]使忌
村全成, 隨承慶來, 欲自渤海迎其入唐大使朝臣河淸. 送[65]絹三十匹
· 美濃絁三十匹 · 絲二百絇[66] · 綿三百屯 · 錦四匹 · 兩面二匹 · 纈羅
四匹 · 白羅十匹 · 綵[67]帛三十〔卅〕[68]匹 · 白綿[69]一百帖.

---

58 改元至德矣 : 이 다음에 초고본에 '並言安東都護王志玄聘渤海 天子賜渤海勅勅書事'가 삽입되어 있다. 원사료에
　　따르면, 이 부분은 至德 3년(758) 4월의 일을 축약한 것이다.

59 下令 : 이 다음에 초고본에 '于'가 삽입되어 있다.

60 是 : 원사료에 의거하여 삽입한다. 초고본에도 있다.

61 及 : 초고본에 '至是'로 되어 있다.

62 下 : 원사료에 의거하여 삽입한다. 초고본에도 있다.

63 祿 : 초고본에 없다.

64 因 : 초고본에 '仍'으로 되어 있다.

65 送 : 초고본에 '獻'으로 되어 있다.

66 絇 : 초고본에 '鉤'로 잘못되어 있다.

67 綵 : 원사료의 역주본에 '彩'로 되어 있다.

68 三十 : 원사료의 역주본에 '卅'으로 되어 있다.

69 白綿 : 초고본에 '白錦'으로 잘못되어 있다.

南申[73]官輔國大將軍(兼將軍)[74]·玄菟州刺史兼押衛〔衛〕[75]官·開國公,
興福副使, 能本判官, 貴寶解臂〔能本·臂鷹·貴琮判官〕.[76] 文王時同使日
本, 以中臺牒報曰, "貴國迎藤原河清使, 總九十九人. 大唐祿山·思
明, 前後作亂, 內外騷荒, 恐被害殘. 只遣頭首高元度等十一人, 往迎
河清, 卽差此使, 同爲發遣." 南申等, 與其使陽侯史玲璆俱來. 送絁
三十匹·美濃絁三十匹·絲二百絇·綿三百屯. 能本後爲王新福副,
再使日本.

---

70 申 : 초고본에 '甲'으로 잘못되어 있다.

71 解臂鷹 : 원사료의 역주본에 의거하여 삽입한다. 각주 76 참조.

72 寶 : 원사료의 역주본에 '琮'으로 되어 있다. 각주 76 참조.

73 申 : 초고본에 '甲'으로 잘못되어 있다.

74 兼將軍 : 원사료에 의거하여 삽입한다. 초고본에도 있다.

75 衛 : 원사료의 역주본에 '衙'로 되어 있다.

76 能本判官, 貴寶解臂 : 원사료의 역주본(《續日本紀》 3, 344쪽)은 "判官李能本·解臂鷹·安貴琮並從五位下"로 되어 있다. 이에 따라 여기서는 "能本·臂鷹·貴琮判官"로 수정한다. 그런데 국립중앙도서관에는 《日本紀:續》(古古 6-11-16)이라는 서명으로 소장된 《속일본기》가 있다. 이 책은 立野春節이 교정한 明曆3년(1657)의 목판본인데, 여기에 해당 부분이 "判官李能本解臂安貴寶"로 되어 있다. 즉 유득공이 解臂를 관직으로 파악하였던 것은 이것을 인용하였기 때문이다.

楊方慶

文王時, 以賀正使朝唐. 日本迎河淸使高元度隨往.

王新福, 楊懷珍, 達能信

新福官紫綬大夫·行政堂左允·開國男, 懷珍判官, 能信品官着緋.
文王時, 率二十三人, 同使日本. 新福爲倭皇言唐事曰, "李家太上
(皇)[77]·少帝並崩, 廣平王攝政, 年穀不登, 人民相食. 史家朝義,[78] 稱
聖武皇帝,[79] 人物多附, 兵鋒甚強, 無敢當者. 鄧州·襄陽已屬史家,
李家獨有蘇州, 朝參之路, 固未易通.[80]"

---

77 皇 : 원사료에 의거하여 삽입한다.

78 義 : 원사료의 역주본에 '儀'로 되어 있으나, 중국측 사료에 따르면 '義'가 맞다.

79 稱聖武皇帝 : 이 다음에 초고본과 원사료에 '性有仁恕'가 삽입되어 있다.

80 固未易通 : 이 다음에 초고본에 '是行也 李能本爲副'가 삽입되어 있다. 원본에서는 高南申 말미의 '能本後爲王新福
副, 再使日本'과 중복되기 때문에 생략하였다.

壹萬祿〔福〕,⁸¹ 慕昌拜〔祿〕⁸²

萬祿〔福〕官青綏大夫, 昌拜〔祿〕副使. 文王時率三百二十五人, 駕船
十七隻, 同使日本, 着出羽國. 倭皇以國書違例, 幷信物不受. 萬祿
〔福〕再拜, 據地而泣曰, "君者, 彼此一也. 臣等(歸國),⁸³ 必當有罪", 遂
改修國書, 代王申謝. 倭皇授萬祿〔福〕從三位, 與王書曰 "今省來書,
頓改文〔父〕⁸⁴道, 日下不註官品姓名, 書尾虛陳天孫僭號. 且高氏之
世, 兵亂無休, 爲假朝威, 被〔彼〕⁸⁵稱兄弟, 今王曾無事故, 而〔妄〕稱(舅)
甥,⁸⁶ 於禮失矣. 後歲之使, 不可更然." 送⁸⁷美濃絁三十疋 · 絹三十疋
· 絲二百絢 · 調綿三⁸⁸百屯. 昌拜〔祿〕卒於日本. 萬祿〔福〕與其使武生
鳥守俱來, 遭風着⁸⁹能登國, 客主僅免. 日本遣渤海船, 名能登. 以禱
于船神有驗, 授其船從五位(下),⁹⁰ 賜錦⁹¹冠. 其冠錦表絁裏, 紫組纓.⁹²

---

81 祿 : 초고본과 원사료에 '福'으로 되어 있다.

82 拜 : 원사료의 역주본에 '祿'으로 되어 있다.

83 歸國 : 초고본과 원사료의 역주본에 '歸國'이 삽입되어 있다.

84 文 : 원사료의 역주본에 '父'로 되어 있다.

85 被 : 초고본과 원사료의 역주본에 '彼'로 되어 있다.

86 而稱甥 : 원사료의 역주본에 '妄稱舅甥'으로 되어 있다.

87 送 : 초고본에 '獻'으로 되어 있다.

88 三 : 초고본에 '二'로 잘못되어 있다.

89 遭風着 : 초고본에 '遭風漂着'으로 되어 있다. 원사료에 '忽遭暴風 漂着'으로 되어 있다.

90 下 : 원사료에 의거하여 삽입한다. 초고본에도 있다.

91 錦 : 이규경필사본에 '綿'으로 잘못되어 있다. 그 다음도 같다.

92 日本遣渤海船名能登 ~紫組纓 : 출전은 《續日本紀》 권24, 天平寶字 7년(763) 8월 壬午(12) 기사이므로, 763년 2

烏須弗

文王時使日本, 着能登國, 國司問故. 須弗以書報曰, "渤海 · 日本, 久
來好隣, 往來朝聘, 如兄如弟. 近年日本(使)[93]內雄等住渤海, 學問音
聲, 却返本國, 今經十年, 未報安否. 由是, 差大使壹萬祿[福][94]等, 遣
向貴邦,[95] 擬於朝參, 稍經四年, 又未返國.[96] 故更差卑職等,[97] 面奉明
旨,[98] 更無餘事. 所附進物及來書, 並在船內." 太政官以書函[99]違例不
受. 又曰, "渤海使取此道而來, 前有禁斷. 自今以後, (宜)[100]依舊例,
從筑紫道來."

월 계사일(20)에 일본을 떠난 왕신복의 뒤에 배치되어야 마땅하다.

93 使 : 원사료에 의거하여 삽입한다.

94 祿 : 초고본과 이규경필사본, 그리고 원사료에 '福'으로 되어 있다.

95 貴邦 : 초고본과 원사료에 '日本國'으로 되어 있다.

96 返國 : 초고본과 원사료에 '返本國'으로 되어 있다.

97 卑職等 : 초고본과 원사료에 '大使烏須弗等四十人'으로 되어 있다.

98 明旨 : 초고본과 원사료에 '詔旨'로 되어 있다.

99 書函 : 초고본과 원사료에 '表函'로 되어 있다.

100 宜 : 원사료에 의거하여 삽입한다. 초고본에도 있다.

史都蒙, 高祿思, 高鬱琳, 高淑源,
史道〔通〕[101]仙, 高珪〔珒〕[102]宣

都蒙官獻可大夫·司賓少令·開國男. 祿思大判官, 鬱琳少判官, 淑
源判官, 道〔通〕[101]仙大錄事, 珪〔珒〕[102]宣少錄事. 文王時率一百八十七人,
同使日本, 赴王妃喪, 兼賀倭皇卽位. 遭風漂沒, 僅存四十六人, 淑源
及小〔少〕[103]錄事一人亦死. 日本人問, "烏須弗歸時, 太政官處分, 渤
海使宜依舊例, 向太宰府, 不得取此路而來. 今違約束, 其事如何?"
都蒙等對曰, "實承此旨, 故都蒙等發自獎〔弊〕[104]邑南(海)[105]府吐亏
〔號〕[106]浦, 西指對馬島竹室之津, 而海中遭風, 着此禁境. 失約之罪,
更無所避." 日本又欲以十六人別留海岸. 都蒙曰, "此猶割一身而分
背, 失四體而蒲伏〔匍匐〕[107]" 日本乃聽同入. 倭皇御重閣門,[108] 觀都
蒙[109]騎射. 都蒙[110]與其使朝臣展〔殿〕[111]繼俱來. 送[112]絹五十匹·絲

---

101 道：원사료의 역주본에 '通'으로 되어 있다.

102 珪：원사료의 역주본에 '珒'로 되어 있다.

103 小：초고본과 이규경필사본에 '少'로 되어 있다. 앞의 '少判官'과 '少錄事'의 용례로 볼 때, '少'가 맞다.

104 獎：원사료의 역주본에 '弊'로 되어 있다.

105 海：원사료에 의거하여 삽입한다.

106 亏：초고본에 '號', 원사료에 '号'로 되어 있다.

107 蒲伏：원사료의 역주본에 '匍匐'으로 되어 있다.

108 重閣門：초고본에 '重閣'으로 되어 있고 그 다음 한 칸이 비어있다. 원사료도 원본과 같다.

109 都蒙：초고본에 없다.

110 都蒙：이 다음에 초고본에 '與焉'이 삽입되어 있다.

111 展：초고본과 이규경필사본, 원사료에 '殿'으로 되어 있다.

112 送：초고본에 '獻'으로 되어 있다.

二百絇[113]·綿三百屯, 都蒙請加附. 又送[114]黃金小一百兩·水銀大

一百兩·金漆一缶·漆一缶·海石榴油一缶·水晶〔精〕[115]念珠四貫·

檳榔扇十枚, 贈王后絹二十疋·絁二十[116]疋·綿二百屯.

113 絇 : 초고본에 '鉤'로 잘못되어 있다.
114 送 : 초고본에 '獻'으로 되어 있다.
115 晶 : 초고본과 이규경필사본, 원사료에 '精'으로 되어 있다.
116 十 : 초고본에 '百'으로 잘못되어 있다.

張仙壽

官獻可大夫 · 司賓少令, 文王時使日本. 以王旨言于倭皇曰,[117] "朝臣殿繼〔嗣〕[118]等失路, 漂着遠夷之境. 船破, 爲造二船[119]領歸[120]"

---

117 于倭皇曰 : 초고본에 없다.

118 繼 : 원사료에 '嗣'로 되어 있는데, '朝臣殿繼'와 '朝臣殿嗣'는 동일인으로 통용되고 있다.

119 爲造二船 : 초고본에 '爲造船二艘'로 되어 있다.

120 領歸 : 이 다음에 초고본에 '倭皇內射 仙壽與焉'이 삽입되어 있다.

高伴粥〔洋粥〕,[121] 高說昌

伴粥〔洋粥〕押領, 說昌通事, 文王時同使日本. 日本以國書違例不受,
又責不由筑紫道. 鐵利官人爭坐說昌之上, 太政官爲異其班.[122] 伴粥
〔洋粥〕船破, 日本給九船[123]以歸.

---

121 伴粥 : '高伴粥'은 《속일본기》에 두 차례(寶龜 10년(779) 11월 乙亥와 12월 戊午) 등장하는데, 판본에 따라 각기 표
    기가 다르다. 원사료의 역주본은 전자는 '洋粥', 후자는 '洋粥'로 판독하였다. 여기서는 동일인이라는 점에서 '洋粥'로
    통일해 둔다.
122 其班 : 이 다음에 초고본에 '位'가 삽입되어 있다. 원사료에 '其列位'로 되어 있다.
123 給九船 : 초고본에 '給船九隻'으로 되어 있다.

338

呂定琳

官庭[匡][124]諫大夫 · 工部郎中, 康王時, 率六十(八)[125]人使日本. 漂着
夷地志理波村, 被掠, 人多散亡. 出羽國言狀, 倭皇置越後國供給. 定
琳致在唐學問日本僧永忠書於倭皇, 倭皇付[126]答書.

---

124 庭 : 원사료의 역주본(黑板伸夫 · 森田悌 編, 《日本後紀》, 2003, 集英社)에는 '匡'으로 되어 있다.

125 八 : 원사료에 의거하여 삽입한다.

126 付 : 초고본과 이규경필사본에 '附'로 되어 있다.

339

大昌泰

官衞[慰][127]軍大將軍·左熊衞都將·上柱國[128]·開國子, 康王時使日本. 倭皇御太極殿引見, 爲減四拜爲二拜, 不拍手. 又構彩[129]殿以享之. 渤海使舶, 多着能登國, 倭修飾其停宿之處.[130]

127　衞 : 초고본에 '慰〈疑卽衞〉'로 되어 있다. 원사료에도 '慰'로 되어 있다.

128　國 : 원사료에 '將'으로 잘못되어 있다. '上柱將'이라는 훈관은 없으므로, 유득공이 '上柱國'으로 고쳤다.

129　彩 : 초고본에 '綵'로 되어 있다.

130　渤海使舶~停宿之處 : 출전은 《日本後紀》 권12 延曆 23년(804) 6월 庚午(27)이므로, 대창태와 직접적인 관계는 없다.

高南容, 高多弗[131]

南容再使日本, 其國或宴於鴻臚館, 或宴於朝集院. 與其使宿彌
〔禰〕[132]東人俱來. 東人以國書違例,[133] 棄之而去. 多弗[134]以首領[135]隨
南容, 脫留越前國, 倭置之越中國給食, 使習語生等學渤海語.

---

131 高多弗 : 이 다음에 초고본에 '此下七人 不知何王時'라는 세주가 삽입되어 있다.

132 彌 : 원사료에 '禰'로 되어 있다.

133 違禮 : 초고본에 '不據'로 되어 있다. 원사료에 '國王之啓 不據常例'로 되어 있다.

134 弗 : 초고본에 '不'로 잘못 되어 있다.

135 首領 : 초고본에 '酋領'으로 되어 있다.

341

馬〔烏〕孝愼[136, 137]

唐〔日本〕[138]貞觀元年, 以徐昻之宣明曆, 獻於倭淸和天皇, 領行國
中.[139]

136　馬孝愼 : 경도대소장본에는 상단에 다음과 같은 추기가 달려 있다. '貞觀 非唐之貞觀也 乃倭淸和皇之年號也 倭
　　　貞觀元年 卽唐宣宗大中十三年己卯也 粵三年辛巳 倭頒行長慶宣明曆 是時渤海王虔晃 亦新立 與倭同元 李
　　　建初'

137　馬孝愼 : 蓬蒿舍藏版 《日本三代實錄》(국립중앙도서관 BA-古6-12-10)에 '馬孝愼'으로 되어 있으므로, 유득공이
　　　인용한 것은 이 판본이다. 그런데 현재 통용되는 國史大系本 《日本三代實錄》에는 烏孝愼으로 되어 있다. 그런데
　　　烏孝愼은 뒤에 楊成矩[規]·裵頲·(裵文)·裵璆 등과 함께 다시 등장한다.

138　唐 : 당나라 貞觀 원년(627)은 발해 이전이므로 명백한 오기이다. 아마도 일본의 정관 원년에 해당하는 당나라 기년
　　　즉 宣宗 大中 13년과 혼동하였을 것이다. 경도대소장본에도 '唐'을 '日本'으로 고쳤다.

139　馬孝愼 ~ 領行國中 : 원본의 상단에 추기되어 있다. 그런데 그 오른쪽에 '馬孝愼 日本淸和天皇時 以唐徐昻之宣
　　　明曆 遺之 圖會'라는 추기와 이에 대한 삭제 표시가 있다.

王孝廉, 高景秀, 高莫〔英〕¹⁴⁰善, 王昇基

孝廉大使, 景秀副使, 莫〔英〕善 · 昇基判官, 同使日本 倭皇授孝廉從
三位, 景秀正四位(下),¹⁴¹ 莫〔英〕善 · 昇基正五位(下).¹⁴² 又賜錄事¹⁴³
以下祿. 唐越州人周光翰 · 言升則等, 自日本隨使者來.

---

140 莫 : 원사료의 역주본에 '英'으로 되어 있다.

141 下 : 원사료에 의거하여 삽입한다. 초고본에도 있다.

142 下 : 원사료에 의거하여 삽입한다. 초고본에도 있다.

143 錄事 : 초고본에 '祿事'로 잘못 되어 있다.

王文矩

使日本. 倭皇御豐樂殿, 宴五位以上, 文矩爲擊毬, 倭皇賜綿二百屯.[144]

---

144 王文矩 ～ 倭皇賜綿二百屯 : 이 다음에 초고본에는 衛鈞, 大素賢, 高模翰, 諲譔諸臣史失名者가 배치되었다. 衛鈞, 大素賢, 高模翰 항목은 수정본에서는 大元謙 다음으로 옮겨졌다. 한편 諲譔諸臣史失名者 항목은 수정본에서는 그 일부가 삭제된 후 君考 大諲譔 항목의 말미로 이동하였다.

(高)貞泰, 璋璿[145]

貞泰大使, 璋璿副使, 同使日本. 以契丹大猲[狗][146]二口 · 矮子二口獻倭皇.

145　貞泰 璋璿 : 초고본에 없다. 한편 원사료(《日本後紀》 권32, 天長元年 4월 丙申)의 '貞泰'는 당시 太政官이 발급한
　　문서(《類聚三代格》 권18, 夷俘幷外蕃人事)에는 '高貞泰'로 나온다.

146　猲 : 원사료의 역주본(黑板伸夫 · 森田悌 編, 《日本後紀》, 2003, 集英社)에는 '狗'로 되어 있다.

{烏孝愼},[147] 楊成矩[規],[148]
裵頲, {裵文},[149] 裵璆[璆][150]

皆使日本, 多着北陸道之加賀州. 文[頲]見日本人簡亟[菅丞]相[151]詩歎
賞云, '似白香山'. 高南容至裵璆[璆], 十四[三][152]人之使日本爲嵯峨
天皇以後, 在渤海爲宣王以後云.

147 烏孝愼 : 앞에 나왔으므로, 여기서는 빠져야 한다.

148 矩 : 원사료인 《三代實錄》에는 '規'로 되어 있다.

149 裵文 : 사료에 나오지 않으므로, 여기서는 빠져야 한다.

150 裵璆 : 원사료인 《日本紀略》과 《扶桑略記》에는 '裵璆'로 되어 있다. 이 조목도 초고본에 없다.

151 文見日本人簡亟相 : 裵頲은 883년 5월에 일본을 방문하여 菅原道眞과 시를 주고받았다. 그의 문집인 《菅家文草》
권2, 〈余近敍詩情怨一篇 呈菅十一著作郎 長句二首 偶然見酬 更依本韻 重答以謝〉의 自註에는 "裵頲云, 禮部
侍郎 得白氏之體"라는 부분이 있다. 이를 근거로 일본 근세의 학자 林羅山(1583~1657)은 〈菅丞相傳〉에서 "渤海
國使者來, 諸儒往鴻臚館見之. 使者一日, 見右大臣所作詩藁, 稱曰, 風製似白樂天, 大臣聞而悅之"라고 하였다
(川口久雄 校注, 《菅家文草·菅家後集》, 岩波書店, 1966, 204쪽 및 670쪽). 따라서 원문의 '文'과 '簡亟相'는 각각
'頲'과 '菅丞相'의 오기이다.

152 十四 : 고남용에서 배료[구]까지는 모두 15인이다. 14인은 '마효신'이 새로 추가되기 이전의 숫자이다. 다만 마효신과
오효신이 동일 인물이고, 사료상 확인되지 않는 배문을 제외하면 모두 13인이 된다.

烏炤度, 子 光贊[153]

炤度, 譏讚時宰相也. 新羅人崔彦撝入唐, 禮部侍郎薛庭珪下及第.
炤度子光贊, 名在彦撝下. 炤度時以使在唐見之, 表請云, "臣昔年入
朝登第, 名在李同之上. 今臣子光贊, 宜居彦撝上" 唐朝以彦撝才學
優贍, 不許.

---

153 烏炤度 子 光贊 : 초고본에 없다. 출전은 《高麗史》 권92, 列傳5, 崔彦撝.

申德

官將軍, 高麗太祖八年九月丙申, 與其屬五百人, 奔高麗. 是歲, 遼攻
渤海, 明年, 忽汗城破.

大和均〔鈞〕,[154] 大元均〔鈞〕, 大福謨, 大審理

和均〔鈞〕[155]官禮部卿, 元均〔鈞〕[156]司政, 福謨[157]工部卿, 審理[158]左右衛將軍. 高麗太祖八年九月庚子, 率民一百戶奔高麗.

---

154 均 : 초고본과 원사료(《高麗史》 권1, 世家1, 太祖1)에 '鈞'으로 되어 있다. 한편 초고본에 대화균 다음에 大均老가 삽입되어 있다. 원사료의 "渤海禮部卿大和鈞均老司政大元鈞"의 '均老'를 초고본이나 기존 해석에서는 인명으로 보았다. 그러나 예부경이 대화균과 대균로 2인일 수는 없기 때문에, 수정본은 삭제한 것 같다. 한편 《遼史》에 보이는 '老相'을 감안하면, '均老司政'이나 '老司政'이 관직일 가능성이 높다.

155 和均 : 이 다음에 초고본에 '均老'가 삽입되어 있었다.

156 元均 : 이 다음에 초고본에 '官'이 삽입되어 있다.

157 福謨 : 이 다음에 초고본에 '官'이 삽입되어 있다.

158 審理 : 이 다음에 초고본에 '官'이 삽입되어 있다.

冒豆干, 朴漁

冒豆干官左首衛小將, 漁[159]檢校開國男. 高麗太祖八年十二月戊子, 率民一千,[160] 戶奔高麗.

---

159 漁 : 이 다음에 초고본에 '官'이 삽입되어 있다.
160 千 : 초고본에 '百'으로 잘못되어 있다.

吳興, 僧 戴〔載〕[161]雄

興官工部卿. 高麗太祖十年三月甲寅, 與其屬五十[162]人奔高麗. 戴
〔載〕雄亦與其徒六十人, 隨興奔高麗.

---

161 戴 : 원사료(《고려사》)에 '載'로 되어 있다.
162 十 : 초고본에 '千'으로 잘못되어 있다.

金神

高麗太祖十一年三月戊申, 率六千〔十〕[163]戶奔高麗.

163 千 : 원사료에 '十'으로 되어 있다.

大儒範

高麗太祖十一年七月辛亥, 率民奔高麗.

隱繼宗

高麗太祖十一年九月丁酉, 與其屬奔高麗. 太祖引見於天德殿, 繼宗
等三拜. 人謂失禮, 大相含弘曰, "失土人三拜, 古之禮也"

洪見

高麗太祖十二年六月庚申, 以船二十艘載人物奔高麗.

正近[164]

高麗太祖十二年九月丙子, 率三百餘人奔高麗.

---

164 正近 : 초고본에 없다.

大光顯[165]

諲讓世子也. 高麗太祖十七年七月, 率衆數萬奔高麗. 先是, 高麗宮城蚯蚓出, 長七十尺, 人謂渤海來投之應.[166] 太祖賜光顯姓名王繼, 附之宗籍, 特授元甫, 授[守][167]白州, 以奉其祀. 賜僚佐爵軍士田宅有差. 其後遼遣使, 遺高麗太祖橐駝五十匹. 太祖以契丹與渤海嘗連和, 忽生疑貳, 不顧舊盟, 一朝殄滅, 此爲無道之甚, 不足遠結爲隣, 絶其交聘, 流其使三十[168]人于海島, 繫橐駝萬夫橋下, 皆餓死. 太祖因胡僧襪羅, 言於晉高祖曰, "渤海我婚姻也. 其王爲契丹所虜, 請共擊之" 高祖不報.[169] 光顯子道秀, 顯宗時爲大將. 後孫金就, 高宗時爲大將, 伐蒙古有功, 封永順君, 遂爲永順太氏.

---

165 大光顯 : 이 다음에 초고본에 "光顯子道秀 顯宗時爲大將 後孫金就 高宗時爲大將 伐蒙古有功 封永順君 遂爲永順太氏 其以大爲太 未知在何時"라는 세주가 삽입되어 있는데, 그중 "光顯子道秀 顯宗時爲大將 後孫金就 高宗時爲大將 伐蒙古有功 封永順君 遂爲永順太氏" 부분이 원본에서는 본문의 말미로 이동하였다.

166 先是~渤海來投之應 : 초고본에 없다. 전거는 《高麗史節要》 권1, 太祖 8년(925) 春三月.

167 授 : 초고본과 원사료(《고려사》)에는 '守'로 되어 있다.

168 三十 : 이규경필사본에 '三千'으로 잘못되어 있다.

169 太祖因胡僧~高祖不報 : 초고본에 없다. 전거는 《자치통감》 권285, 後晉紀6, 帝王 하, 開運 2년(945) 10월.

陳琳〔林〕[170]

高麗太祖十七年十二月, 與其屬一百六十人, 奔高麗.

---

170 琳 : 초고본과 이규경필사본 및 원사료(《高麗史》 권2, 世家2, 太祖2), 그리고 목록에는 '林'으로 되어 있다.

朴昇

高麗太祖二十一年, 率三千餘戶, 奔高麗.

高吉德[171]

興遼國大府丞. 高麗顯宗二十年九月戊午, 大延琳遣吉德, 告高麗以
建國兼求援. 二十一年正月丙寅, 吉德又以水部員外郎, 上表乞師于
高麗.

---

171 高吉德 : 高吉德 이하는 초고본에 없다.

大延定

興遼國太師. 高麗顯宗二十年十二月, 延定引東北女眞, 與契丹相
攻, 遣使乞援于高麗, 高麗不許. 自此, 高麗與契丹, 路梗不通.

劉忠定〔正〕,[172] 大慶翰

忠正興遼國行營都部署, 慶翰寧州刺史. 高麗顯宗二十一年七月乙
丑, 忠正遣慶翰賣表, 乞援于高麗.

---

172 定 : 이규경필사본과 원사료(《高麗史》권5, 世家5, 顯宗) 및 목록에는 '正'으로 되어 있다.

李匡祿

興遼國郢州刺史. 高麗顯宗二十一年九月丙辰, 大延琳遣匡祿, 告急于高麗. 是時, 契丹亦遣其千牛將軍羅漢奴, 報高麗以大延琳遭圍閉已歸降. 匡祿聞國亡, 遂留高麗不返.

大道行郎, 高眞祥, 王光祿

大道行郎, 興遼國監門軍, 眞祥, 諸軍判官, 光祿, 孔目. 高麗德宗卽
位七月乙亥〔丁卯〕,[173] 大道行郎等十四人, 奔高麗. 己亥〔己巳〕,[174] 眞
祥·光祿自契丹持牒, 奔高麗. 先是, 高麗景宗四年, 渤海人數萬奔
高麗. 顯宗二十年八月(乙未),[175] 東女眞大相嚕拔率其族三百餘戶,
又奔高麗, 高麗賜渤海古城地處之. 二十一年十月, 契丹奚哥·渤海
人五百人, 又奔高麗, 處之江南州郡. 二十二年三月, 契丹·渤海民
四十餘人, 又奔高麗. 及至德宗時, 渤海人附高麗者不絶.

173 乙亥 : 원사료에 '丁卯'로 되어 있다.

174 己亥 : 원사료에 '己巳'로 되어 있다.

175 乙未 : 원사료에 의거하여 삽입한다.

沙志明童, 史通, 薩五德, 亏音若己
所乙史, 高城, 李南松, 首乙分
可守, 奇叱火, 先宋, 奇叱火

皆興遼國人. 高麗德宗元年正月, 沙志明童等二十九人奔高麗. 二月
戊申, 史通等十七人奔高麗. 五月丁丑, 薩五德等十五人奔高麗. 六
月辛亥, 亏音若己等十二人奔高麗. 六月乙卯, 所乙史等十七人奔高
麗. 七月丙申, 高城等二十人奔高麗. 南松押司官, 十月丙午, 與十人
奔高麗. 二年四月戊戌, 首乙分等十八人奔高麗. 戊午, 可守等三人
奔高麗. 奇叱火監門隊正, 五月癸巳, 與十九人奔高麗. 六月辛丑, 先
宋等七人奔高麗. 十二月癸丑, 奇叱火等十一人奔高麗, 處之南地.
奇叱火有二人, 似是方言, 猶元之伯顏 · 拜住也.

開好

興遼國人, 高麗文宗四年四月(癸酉),[176] 與其屬奔高麗.

按, 唐藝文志, 張建章渤海國記三卷. 宋史, "太祖問趙普, '拜禮, 何以男子跪而婦人不跪?' 普問禮官, 不能對. 王溥孫〔子〕[177]貽孫以鍊[178]達稱曰 '自唐太后朝, 婦人始拜而不跪, 太和中, 幽州從事張建章著渤海國記, 備言其事' 普大稱之" 其書今不傳.[179] 然其西遊中國, 東使日本, 南奔高麗, 散見於諸史者[180] 甚多. 三百年文獻猶有可徵者, 所以稱海東盛國也.

176 癸酉 : 원사료에 의거하여 삽입한다.

177 孫 : 원사료(《宋史》 권249, 列傳8, 王溥)에 '子'로 되어 있다.

178 鍊 : 이규경필사본에 '練'으로 되어 있다.

179 其書今不傳 : 이 다음에 원본에는 원래 '渤海三百年 文獻無徵' 9자가 쓰여졌다가 삭제 표시와 함께 '三百年文獻無徵'이 뒤로 옮겨졌으나, 이규경필사본에는 9자가 그대로 있다.

180 散見於諸史者 : 이 다음에 원본에는 '不至寥寥 所以稱海東盛國也' 12자가 쓰여진 뒤 삭제 표시와 함께 '所以稱海東盛國也'가 뒤로 옮겨졌으나, 이규경필사본에는 12자가 그대로 있다.

地理考[1]

京府建置

唐書曰"渤海地有五京十五府六十二州. 以肅愼故地爲上京, 曰龍泉府, 領龍·湖·渤三州. 其南爲中京, 曰顯德府, 領盧·顯·鐵·湯·榮·興六州. 濊貊故地爲東京, 曰龍原府, 亦曰柵城府, 領慶·鹽·穆·賀四州. 沃沮故地爲南京, 曰南海府, 領沃·睛·椒三州. 高麗故地爲西京, 曰鴨淥府, 領神·桓·豊·正四州. 曰長嶺府, 領瑕·河二州. 扶餘故地爲扶餘府, 常屯勁兵捍契丹, 領扶·仙[2]二州. 鄚頡府, 領鄚·高二州, 挹婁故地爲定理府, 領定·瀋二州. 安邊府, 領安·瓊二州. 率賓故地爲率賓府, 領華·益·建三州. 拂涅故地爲東平府, 領伊·蒙·沱·黑·比五州. 鐵利故地爲鐵利府, 領廣·汾·蒲·海·義·歸六州. 越喜故地爲懷遠府, 領達·越·懷·紀·富·美·福·邪·芝九州. 安遠府, 領寧·郿·慕·常四州. 又郢·銅·涑三州爲獨奏州. 涑州以其近涑沫江, 蓋所謂粟末水也. 龍原東南瀕海, 日本道也. 南海, 新羅道也. 鴨淥, 朝貢道也. 長嶺, 營州道也. 扶餘, 契丹道也."

---

2 仙 : 이규경필사본에는 '餘'로 잘못되어 있다.

州縣沿革

遼志曰, "太祖東併渤海, 得城邑之居百有三."

東京 遼陽府,[3] 本朝鮮之地. 周武王釋箕子囚, 去之朝鮮. 因以封之.
漢初, 燕人衛滿王故空地. 武帝元封三年, 定朝鮮爲眞番·臨屯·樂
浪·玄菟四郡,[4] 漢末, 爲公孫度所據.[5] 晉陷高麗, 後歸慕容垂. 子寶,
以高麗王安爲平州牧居之. 元魏太武遣使至其所居平壤城, 遼東京
本此. 唐高宗平高麗, 於此置安東都護府, 後爲渤海大氏所有.[6] 中宗
賜所都曰忽汗州, 封渤海郡王, 忽汗州卽故平壤城也, 號中京顯德
府. 太祖建國, 攻渤海, 拔忽汗城, 俘其王大諲譔, 以爲東丹王國, 立
太子圖欲爲人皇王[7]以主之.[8] 有浿水, 亦曰泥河. 又曰蓒芋濼, 水多蓒

3　東京 遼陽府 : 경도대소장본에는 상단에 다음과 같은 추기가 달려 있다. '遼陽當作龍原 因龍原 本朝鮮之地 遂蔓延
　　及朝鮮之沿革 殊沒體要. 又下文言 忽汗河在寧古塔東南 大氏置忽汗州 而此曰忽汗州卽平壤城 不知何謂 李建
　　初'

4　玄菟四郡 : 이 다음에 원사료(《遼史》 권38, 志8, 地理志2, 東京道, 이하 생략)에는 '後漢出入靑·幽二州, 遼東·玄菟
　　二郡 沿革不常'이 있다.

5　爲公孫度所據 : 이 다음에 원사료에는 '傳子康, 孫淵, 自稱燕王, 建元紹漢, 魏滅之'가 있다.

6　後爲渤海大氏所有 : 이 다음에 원사료에는 '大氏始保挹婁之東牟山. 武后萬歲通天中, 爲契丹盡忠所逼, 有乞乞仲
　　象者, 度遼水自固, 武后封爲震國公. 傳子祚榮, 建都邑, 自稱震王, 倂吞海北, 地方五千里, 兵數十萬'이 있다.

7　王 : 이규경필사본에는 없다.

8　以主之 : 이 다음에 원사료에는 '神冊四年(919), 葺遼陽故城, 以渤海·漢戶建東平郡, 爲防禦州. 天顯三年(928), 遷
　　東丹國民居之, 升爲南京. 城名天福, 高三丈, 有樓櫓, 幅員三十里. 八門, 東曰迎陽, 東南曰韶陽, 南曰龍原, 西南
　　曰顯德, 西曰大順, 西北曰大遼, 北曰懷遠, 東北曰安遠. 宮城在東北隅, 高三丈, 具敵樓, 南爲三門, 壯以樓觀, 四
　　隅有角樓, 相去各二里. 宮牆北有讓國皇帝御容殿, 大內建二殿, 不置宮嬪, 唯以內省使副·判官守之. 大東丹國
　　新建南京碑銘, 在宮門之南. 外城謂之漢城, 分南北市, 中爲看樓, 晨集南市, 夕集北市. 街西有金德寺, 大悲寺,

370

芊之草.⁹

遼陽縣, 本渤海國金德縣地. 漢浿水縣, 高麗改爲句麗縣, 渤海爲常樂縣.¹⁰

仙鄕縣, 本漢遼隊縣, 渤海爲永豊縣. 神仙傳云, "仙人白仲理能煉神丹, 點黃金, 以救百姓".¹¹

鶴野縣, 本漢居就縣地, 渤海爲鷄山縣. 昔丁令威家此. 去家千年, 化鶴來歸, 集於華表柱, 以味畫表云, "有鳥有鳥丁令威, 去家千年今來歸, 城郭雖是人民非, 何不學仙冢纍纍¹²".

析木縣, 本漢望平縣地, 渤海爲花山縣.¹³

紫蒙縣, 本漢鏤方¹⁴縣地, 後拂涅國, 置東平府, 領蒙州紫蒙縣. 後徙遼城, 並入黃嶺縣. 渤海復爲紫蒙縣.¹⁵

興遼縣, 本漢平郭縣地, 渤海改爲長寧縣. 唐元和中, 渤海王大仁秀, 南定新羅, 北略諸部, 開置郡邑, 遂定今名.¹⁶

駙馬寺, 鐵幡竿在焉, 趙頭陀寺, 留守衙, 戶部司, 軍巡院, 歸化營軍千餘人, 河·朔亡命, 皆籍于此. 東至北烏魯虎克四百里, 南至遼邊鐵山八百六十里, 西至望平縣海口三百六十里, 北至挹婁縣·范河二百七十里. 東·西·南三面抱海. 遼河出東北山口爲范河, 西南流爲大口, 入于海, 東梁河自東山西流, 與渾河合爲小口, 會遼河入于海, 又名太子河, 亦曰大梁水. 渾河在東梁·范河之間, 沙河出東南山西北流, 徑蓋州入于海, 有蒲河·淸河가 있다.

9　水多萯芊之草 : 이 다음에 원사료에는 '駐蹕山, 唐太宗征高麗, 駐蹕其巓數日, 勒石紀功焉, 俗稱手山, 山巓平石之上有掌指之狀, 泉出其中, 取之不竭, 又有明王山, 白石山, 亦曰橫山. 天顯十三年(938), 改南京爲東京, 府曰遼陽, 戶四萬六百四, 轄州·府·軍·城八十七, 統縣九'가 있다.

10　常樂縣 : 이 다음에 원사료에는 '戶一千五百'이 있다.

11　以救百姓 : 이 다음에 원사료에는 '戶一千五百'이 있다.

12　纍纍 : 이 다음에 원사료에는 '戶一千二百'이 있다.

13　花山縣 : 이 다음에 원사료에는 '戶一千'이 있다.

14　鏤方 : 이규경필사본에는 '鏤芳'으로 되어 있다.

15　紫蒙縣 : 이 다음에 원사료에는 '戶一千'이 있다.

16　遂定今名 : 이 다음에 원사료에는 '戶一千'이 있다.

開州 鎭國郡〔軍〕,[17] 本濊貊地. 高麗爲慶州, 渤海爲東京龍原府. 有宮殿. 都督慶・鹽・牧〔穆〕[18]・賀四州事. 故郡〔縣〕[19]六, 曰龍原・永安・塢〔烏〕山[20]・壁谷・熊山・白揚〔楊〕,[21] 皆廢. 疊石爲城, 周圍二十里. 唐薛仁貴征高麗, 與其大將溫沙門戰熊山, 擒善射者於石城, 卽此. 太祖平渤海, 徙其民于大部落, 城遂廢. 聖宗伐新羅〔高麗〕,[22] 還周覽城基, 復加完葺.[23]

開遠縣, 本柵城地. 高麗爲龍原縣. 渤海因之. 遼初廢, 聖宗東討, 復置.[24]

鹽州, 本渤海龍河郡. 故縣四, 海陽・接海・格川・龍河, 皆廢.[25]

穆州 保和軍,[26] 本渤海會農郡. 故縣四, 會農・水岐・順化・美縣, 皆廢.[27]

賀州,[28] 本渤海吉利[29]軍〔郡〕,[30] 故縣四, 洪賀・送誠・吉理・石山, 皆廢.[31]

---

17 鎭國郡 : 원사료에는 '鎭國軍, 節度'로 되어 있다.

18 牧 : 원사료에는 '穆'으로 되어 있다.

19 郡 : 원사료에는 '縣'으로 되어 있다.

20 塢山 : 원사료에는 '烏山'으로 되어 있다.

21 白揚 : 원사료에는 '白楊'으로 되어 있다.

22 新羅 : 원사료에는 '高麗'로 되어 있다.

23 復加完葺 : 이 다음에 원사료에는 '開泰三年, 遷雙・韓二州千餘戶實之, 號開封府開遠軍, 節度. 更名鎭國軍 隸東京留守, 兵事屬東京統軍司. 統州三・縣一'이 있다.

24 復置 : 이 다음에 원사료에는 '以軍額, 民戶一千'이 있다.

25 皆廢 : 이 다음에 원사료에는 '戶三百. 隸開州. 相去一百四十里'가 있다.

26 保和軍 : 이 다음에 원사료에는 '刺史'가 있다.

27 皆廢 : 이 다음에 원사료에는 '戶三百. 隸開州. 東北至開州一百二十里. 統縣一, 會農縣'이 있다.

28 賀州 : 이 다음에 원사료에는 '刺史'가 있다.

29 吉利 : 이규경필사본에는 '吉理'로 되어 있다.

30 軍 : 원사료에는 '郡'으로 되어 있다.

31 皆廢 : 이 다음에 원사료에는 '戶三百. 隸開州'가 있다.

辰州 奉國軍,[32] 本高麗蓋牟城. 唐太宗會李世勣, 攻破蓋牟城, 卽此. 渤海改爲蓋州, 又改辰州, 以辰韓得名. 井邑駢列, 最爲衝會. 遼徙其民於祖州, 初曰長平軍.[33]

盧州 玄德軍,[34] 本渤海杉盧郡. 故縣五, 山陽·杉盧·漢陽·白巖·霜巖, 皆廢.[35]

鐵州 建武軍,[36] 本漢安市縣, 高麗爲安市城. 唐太宗攻之, 不下. 薛仁貴白衣登城, 卽此. 渤海置州. 故縣四, 位城·河端·蒼山·龍珍, 皆廢.[37]

興州 中興軍,[38] 本漢海冥縣地. 渤海置州. 故縣三, 盛吉·䔉[蒜][39]山·鐵山, 皆廢.[40]

湯州, 本漢襄平縣地. 故縣五, 靈峰·常豐·白石·均谷·嘉利, 皆廢.[41]

崇州 隆安軍,[42] 本漢長岑縣地. 渤海置州. 故縣三, 崇山·溈水·綠城, 皆廢.[43]

32 奉國軍 : 이 다음에 원사료에는 '刺史'가 있다.
33 長平軍 : 이 다음에 원사료에는 '戶二千. 隸東京留守司. 統縣一, 建安縣'이 있다.
34 玄德軍 : 이 다음에 원사료에는 '刺史'가 있다.
35 皆廢 : 이 다음에 원사료에는 '戶三百. 在京東一百三十里. 兵事屬南女直湯河司. 統縣一, 熊岳縣. 西至海一十五里, 傍海有熊岳山'이 있다.
36 建武軍 : 이 다음에 원사료에는 '刺史'가 있다.
37 皆廢 : 이 다음에 원사료에는 '戶一千. 在京西南六十里. 統縣一, 湯池縣'이 있다.
38 中興軍 : 이 다음에 원사료에는 '刺史'가 있다.
39 䔉 : 원사료에는 '蒜'으로 되어 있다.
40 皆廢 : 이 다음에 원사료에는 '戶二百. 在京西南三百里'가 있다.
41 皆廢 : 이 다음에 원사료에는 '戶五百. 在京西北一百里'가 있다.
42 隆安軍 : 이 다음에 원사료에는 '刺史'가 있다.
43 皆廢 : 이 다음에 원사료에는 '戶五百. 在京東北一百五十里. 統縣一, 崇信縣'이 있다.

海州 南海軍,[44] 本沃沮國地. 高麗爲沙卑城, 唐李世勣嘗攻焉. 渤海號南京南海府. 疊石爲城, 幅員九里. 都督沃·晴·椒三州. 故縣六, 沃沮·鷲巖·龍山·濱海·昇平·靈泉, 皆廢.[45]

耀州,[46] 本渤海椒州. 故縣五, 椒山·貂嶺·澌泉·尖山·巖淵, 皆廢.[47]

嬪州 柔遠軍,[48] 本渤海晴州. 故縣五, 天晴[49]·神陽·蓮池[50]·狼山·仙巖, 皆廢.[51]

淥州 鴨淥軍,[52] 本高麗故國, 渤海號西京鴨淥府. 城高三丈, 廣輪二十里. 都督神·桓·豐·正四州事, 故縣三, 神鹿·神化·劍門, 皆廢[53]

桓州, 高麗中都城. 故縣三, 桓都·神鄉·淇〔淇〕水,[54] 皆廢. 高麗王於此創立宮闕, 國人謂之新國. 五世孫釗, 晉康帝建元初, 爲慕容皝所敗, 宮室焚蕩.[55]

---

44 南海軍: 이 다음에 원사료에는 '刺史'가 있다.

45 皆廢: 이 다음에 원사료에는 '太平中, 大延琳叛, 南海城堅守, 經歲不下. 別部酋長皆被擒, 乃降. 因盡徙其人於上京, 置遷遼縣, 移澤州民來實之. 戶一千五百. 統州二, 縣一, 臨溟縣'이 있다.

46 耀州: 이 다음에 원사료에는 '刺史'가 있다.

47 皆廢: 이 다음에 원사료에는 '戶七百. 隷海州. 東北至海州二百里. 統縣一, 巖淵縣. 東界新羅, 故平壤城在縣西南. 東北至海州一百二十里'가 있다.

48 柔遠軍: 이 다음에 원사료에는 '刺史'가 있다.

49 天晴: 이규경필사본에는 '五晴'으로 잘못되어 있다.

50 蓮池: 이규경필사본에는 '蓮地'로 잘못되어 있다.

51 皆廢: 이 다음에 원사료에는 '戶五百. 隷海州. 東南至海州一百二十里'가 있다.

52 鴨淥軍: 이 다음에 원사료에는 '刺史'가 있다.

53 皆廢: 이 다음에 원사료에는 '大延琳叛, 遷餘黨於上京, 置易俗縣居之. 在者戶二千. 隷東京留守司. 統州四, 縣二, 弘聞縣·神鄉縣'이 있다.

54 淇水: 원사료에는 '淇水'로 되어 있다.

55 宮室焚蕩: 이 다음에 원사료에는 '戶七百. 隷淥州. 在西南二百里'가 있다.

豊州, 渤海置盤安軍〔郡〕.[56] 故縣四, 安豊·渤恪·隰壤·硤石, 皆廢.[57]

正州, 本沸流王故地, 國爲公孫康所幷. 渤海置沸流郡, 有沸流水.[58]

慕州, 本渤海安遠府地. 故縣二, 慕華·崇平, 久廢.[59]

顯州 奉先軍,[60] 本渤海顯德府地. 世宗置以奉顯陵. 顯陵者, 東丹人皇王墓也.[61]

率賓縣,[62] 本渤海率賓府地.

熊山縣,[63] 本渤海縣地.

靈山縣,[64] 本渤海靈峯縣地.

司農縣, 本渤海麓郡縣, 並麓波·雲川二縣, 入焉.

貴德縣,[65] 本[66]襄平縣, 渤海爲崇山縣.

奉德縣, 本渤海綠城縣地.[67]

---

56 軍 : 원사료에는 '郡'으로 되어 있다.

57 皆廢 : 이 다음에 원사료에는 '戶三百. 隷淥州在東北二百一十里'가 있다.

58 有沸流水 : 이 다음에 원사료에는 '戶五百. 隷淥州. 在西北三百八十里. 統縣一, 東那縣. 本漢東耐縣地. 在州西七十里'가 있다.

59 久廢 : 이 다음에 원사료에는 '戶二百. 隷淥州. 在西北二百里'가 있다.

60 奉先軍 : 이 다음에 원사료에는 '上, 節度'가 있다.

61 東丹人皇王墓也 : 이 다음에 원사료에는 '人皇王性好讀書, 不喜射獵, 購書數萬卷, 置醫巫閭山絶頂, 築堂曰望海. 山南去海一百三十里. 大同元年, 世宗親護人皇王靈駕歸自汴京. 以人皇王愛醫巫閭山水奇秀, 因葬焉. 山形掩抱六重, 於其中作影殿, 制度宏麗. 州在山東南, 遷東京三百餘戶以實之. 應曆元年, 穆宗葬世宗於顯陵西山, 仍禁樵採. 有十三山. 有沙河. 隷長寧·積慶二宮, 兵事屬東京都部署司. 統州三, 縣三'이 있다.

62 率賓縣 : 이 앞에 원사료에는 '康州, 下, 刺史 … 統縣一'이 있다.

63 熊山縣 : 이 앞에 원사료에는 '宗州, 下, 刺史 … 統縣一'이 있다.

64 靈山縣 : 이 앞에 원사료에는 '乾州 廣德軍, 上, 節度. 本漢無慮縣地 … 統縣一, 縣四'가 있다.

65 貴德縣 : 이 앞에 원사료에는 '貴德州 寧遠軍, 下, 節度. 本漢襄平縣地, 漢公孫度所據 … 統縣二'가 있다.

66 本 : 이 다음에 원사료에는 '漢'이 있다.

67 綠城縣地 : 이 다음에 원사료에는 '嘗置奉德州'가 있다.

瀋州 昭德軍,[68] 本挹婁國地. 渤海建瀋州. 故縣九, 皆廢.[69]

巖州 白巖軍,[70] 本渤海白巖城.[71]

白巖縣, 渤海置.

集州 懷衆軍,[72] 古陴離郡地, 漢屬險瀆縣. 高麗爲霜巖縣, 渤海置州.

奉集縣, 渤海置.

廣州 防禦, 漢屬襄平縣, 高麗爲當山縣, 渤海爲鐵利郡.[73]

遼州 始平軍,[74] 本拂涅[75]國城, 渤海爲東平府. 唐太宗親征高麗, 李世
勣拔遼城. 高宗詔程名振 · 蘇定方討高麗, 至新城大破之, 皆此地也.
太祖伐渤海, 先破東平府, 遷民實之. 故東平府領伊 · 蒙 · 陀 · 黑 · 比
五州. 其領縣十八, 皆廢. 太祖改爲州, 軍曰東平, 太宗更爲始平軍.
有遼河 · 羊膓河 · 錐子河 · 蛇山 · 狼山 · 黑山 · 巾子山.[76]

祺州 祐聖軍,[77] 本渤海蒙州地.[78]

---

68 昭德軍 : 이 다음에 원사료에는 '中, 節度'가 있다.

69 皆廢 : 이 다음에 원사료에는 '太宗置興遼軍, 後更名. 初隷永興宮, 後屬敦睦宮, 兵事隷東京都部署司. 統州一, 縣
二'가 있다.

70 白巖軍 : 이 다음에 원사료에는 '下, 刺史'가 있다.

71 白巖城 : 이 다음에 원사료에는 '太宗撥屬瀋州. 初隷長寧宮, 後屬敦睦宮. 統縣一'이 있다.

72 懷衆軍 : 이 다음에 원사료에는 '下, 刺史'가 있다.

73 鐵利郡 : 이 다음에 원사료에는 '太祖遷渤海人居之, 建鐵利州. 統和八年省. 開泰七年以漢戶置. 統縣一, 昌義縣'
이 있다.

74 始平軍 : 이규경필사본에는 '始平郡'으로 잘못되어 있다. 또 이 다음에는 원사료에는 '下, 節度'가 있다.

75 拂涅 : 이규경필사본에는 '沸涅'로 되어 있다.

76 巾子山 : 이 다음에 원사료에는 '隷長寧宮, 兵事屬北女直兵馬司. 統州一, 縣二, 遼濱縣 · 安定縣'이 있다.

77 祐聖軍 : 이 다음에 원사료에는 '下, 刺史'가 있다.

78 蒙州地 : 이 다음에 원사료에는 '太祖以檀州俘於此建檀州, 後更名. 隷弘義宮, 兵事屬北女直兵馬司. 統縣一, 慶
雲縣. 太祖俘密雲民, 於此建密雲縣, 後更名'이 있다.

遂州,[79] 本渤海美州地.[80]

山河縣, 本渤海縣, 倂黑川·麓川二縣置.

通州 安遠軍,[81] 本扶餘國王城, 渤海號扶餘城. 太祖改龍州, 太宗更今名.[82]

通遠縣, 本渤海扶餘縣, 倂布多縣置.

安遠縣, 本渤海顯義縣, 倂鵲川縣置.

歸仁縣, 本渤海强師縣, 倂新安縣置.

漁谷縣, 本渤海縣.

韓州 東平郡〔軍〕,[83] 本槀〔橐〕[84]離國, 舊治柳河縣. 高麗置鄚頡府, 都督鄚·頡二州. 渤海因之 今廢[85]

柳河縣, 本渤海越喜縣地, 倂萬安縣置.

雙州 保安軍,[86] 本挹婁故地, 渤海置安定郡.[87]

---

79 遂州 : 이 다음에 원사료에는 '刺史'가 있다.

80 美州地 : 이 다음에 원사료에는 '採訪使耶律頗德以部下漢民置. 穆宗時, 頗德嗣絕, 沒入焉. 隷延昌宮, 統縣一'이 있다.

81 安遠軍 : 이 다음에 원사료에는 '節度'가 있다.

82 今名 : 이 다음에 원사료에는 '保寧七年, 以黃龍府叛人燕頗餘黨千餘戶置. 升節度'가 있다.

83 東平郡: 원사료에는 '東平軍, 下, 刺史'로 되어 있다.

84 槀 : 원사료에는 '橐'로 되어 있다.

85 今廢 : 이 다음에 원사료에는 '太宗置三河·榆河二州. 聖宗倂二州置. 隷延昌宮, 兵事屬北女直兵馬司, 統縣一'이 있다.

86 保安軍 : 이 다음에 원사료에는 '下, 節度'가 있다.

87 安定郡 : 이 다음에 원사료에는 '久廢. 漚里僧王從太宗南征, 以俘鎮·定二州之民建城置州. 察割弑逆誅, 沒入焉. 故隷延昌宮, 後屬崇德宮, 兵事隷北女直兵馬司. 統縣一'이 있다.

雙城縣, 本渤海安夷縣地.

銀州 富國軍,[88] 本渤海富州.[89]

延津縣, 本渤海富壽縣. 有延津故城,[90] 更名.

新興縣, 本故越喜國地. 渤海置銀冶, 嘗置銀州.

永平縣, 本渤海優富縣地,[91] 舊有永平寨.

尙〔同〕州 鎭遠〔安〕軍,[92] 本漢襄平縣地, 渤海爲東平寨.[93]

咸州 安東郡〔軍〕,[94] 本高麗銅山縣地, 渤海置.[95]

信州 彰聖軍,[96] 本越喜故城. 渤海置懷遠府, 今廢. 聖宗以地隣高麗,
開泰初置州.[97]

武昌縣, 本渤海懷福縣地.[98]

---

88 富國軍 : 이 다음에 원사료에는 '下, 刺史'가 있다.

89 富州 : 이 다음에 원사료에는 '太祖以銀冶更名. 隷弘義宮, 兵事屬北女直兵馬司. 統縣三'이 있다.

90 有延津故城 : 원사료에는 '境有延津故城'으로 되어 있다.

91 優富縣地 : 이 다음에 원사료에는 '太祖以俘戶置'가 있다.

92 尙州 鎭遠軍 : 원사료에 '同州 鎭安軍, 下, 節度'로 되어 있다.

93 東平寨 : 이 다음에 원사료에는 '太祖置州, 軍曰鎭東, 後更名. 隷彰愍宮, 兵事屬北女直兵馬司. 統州一, 未詳. 縣
二, 東平縣. 本漢襄平縣地, 產鐵, 撥戶三百採鍊, 隨征賦輸. 永昌縣, 本高麗永寧縣地'가 있다.

94 安東郡 : 원사료에 '安東軍, 下, 節度'로 되어 있다.

95 渤海置 : 이 다음에 원사료에는 '渤海置銅山郡. 地在漢候城縣北, 渤海龍泉府南. 地多山險, 寇盜以爲淵藪, 乃招
平‧營等州客戶數百, 建城居之. 初號郝里太保城, 開泰八年置州. 兵事屬北女直兵馬司. 統縣一, 咸平縣. 唐安
東都護, 天寶中治營‧平二州間, 即此. 太祖滅渤海, 復置安東軍, 開泰中置縣'이 있다.

96 彰聖軍 : 이 다음에 원사료에는 '下, 節度'가 있다.

97 置州 : 이 다음에 원사료에는 '以所俘漢民實之. 兵事屬黃龍府都部署司. 統州三, 未詳. 縣二'가 있다.

98 懷福縣地 : 이 다음에 원사료에는 '析平州提轄司及豹山縣一千戶隷之'가 있다.

定武縣, 本渤海豹山縣地,[99] 倂乳水縣人戶置.[100]

賓州 懷化軍,[101] 本渤海城. 統和十七年, 遷兀惹戶, 置刺史于鴨子 ·
混同二水之間, 後升. 兵事隷黃龍府都部署事.[102]

龍州 黃龍府, 本[103]渤海扶餘府. 太祖平渤海還, 至此崩, 有黃龍見,
更名.[104]

黃龍縣, 本渤海長平縣, 倂富利 · 佐幕〔慕〕[105] · 肅愼置.

遷民縣, 本渤海永寧縣, 倂豊水 · 扶羅置.

永平縣, 渤海置.[106]

湖州 興利軍,[107] 渤海置.[108]

渤州 淸化軍,[109] 渤海置.[110]

---

99 豹山縣地 : 이 다음에 원사료에는 '析平州提轄司'가 있다.

100 乳水縣人戶置 : 이 다음에 원사료에는 '初名定功縣'이 있다.

101 懷化軍 : 이 다음에 원사료에는 '節度'가 있다.

102 黃龍府都部署事 : 《遼史》 권32 兵衛志 中, 권33 營衛志 下, 권46 百官志 中 등에는 '黃龍府都部署司'로 되어
    있다.

103 本 : 이규경필사본에는 '今'으로 되어 있다.

104 更名 : 이 다음에 원사료에는 '保寧七年, 軍將燕頗叛, 府廢. 開泰九年, 遷城于東北, 以宗州 · 檀州漢戶一千復置.
    統州五 · 縣三'이 있다.

105 幕 : 원사료에는 '慕'로 되어 있다.

106 渤海置 : 이 다음에 원사료에는 '益州, 觀察, 屬黃龍府. 統縣一, 靜遠縣. 安遠州, 懷義軍, 刺史, 屬黃龍府. 威州,
    武寧軍, 刺史, 屬黃龍府. 淸州, 建寧軍, 刺史, 屬黃龍府. 雍州, 刺史, 屬黃龍府'가 있다.

107 興利軍 : 이 다음에 원사료에는 '刺史'가 있다.

108 渤海置 : 이 다음에 원사료에는 '兵事隷東京統軍司. 統縣一, 長慶縣'이 있다.

109 淸化軍 : 이 다음에 원사료에는 '刺史'가 있다.

110 渤海置 : 이 다음에 원사료에는 '兵事隷東京統軍司. 統縣一, 貢珍縣. 渤海置'가 있다.

379

郢州 彰聖軍,[111] 渤海置.[112]

銅州 廣利軍,[113] 渤海置.[114]
析木縣, 本漢望平縣地, 渤海爲花山縣.[115]

涑州,[116] 渤海置.[117]
率賓府,[118] 故率賓國地.
定理府,[119] 故挹婁國地.
鐵利府,[120] 故鐵利國地.
安定府·長嶺府[121]·麓州, 渤海置.[122]

---

111 彰聖軍 : 이 다음에 원사료에는 '刺史'가 있다.
112 渤海置 : 이 다음에 원사료에는 '兵事隸北女直兵馬司. 統縣一, 延慶縣'이 있다.
113 廣利軍 : 이 다음에 원사료에는 '刺史'가 있다.
114 渤海置 : 이 다음에 원사료에는 '兵事隸北兵馬司. 統縣一'이 있다.
115 花山縣 : 이 다음에 원사료에는 '初隸東京, 後來屬'이 있다.
116 涑州 : 이 다음에 원사료에는 '刺史'가 있다.
117 渤海置 : 이 다음에 원사료에는 '兵事隸南兵馬司'가 있다.
118 率賓府 : 이 다음에 원사료에는 '刺史'가 있다.
119 定理府 : 이 다음에 원사료에는 '刺史'가 있다.
120 鐵利府 : 이 다음에 원사료에는 '刺史'가 있다.
121 長嶺府 : 이 다음에 원사료에는 '鎭海府, 防禦. 兵事隸南女直湯河司. 統縣一, 平南縣. 冀州, 防禦. 聖宗建, 升永
     安軍. 東州, 以渤海戶置. 尙州, 以渤海戶置. 吉州, 福昌軍, 刺史'가 있다.
122 渤海置 : 이 다음에 원사료에는 荊州에서 祥州까지 18주가 나열되어 있는데, 그중에는 渤海州가 내용 없이 이름만
     기록되어 있기도 하다.

山川古今名[123]

太白山, 今長白山也. 在吉林烏喇城東南, 橫亘千里. 亦名白山, 我
國謂之白頭山, 滿洲人謂之歌爾民商堅阿隣. 山海經, "大荒之中, 有
山, 名曰不咸. 有肅慎之國",[124] 魏書, "勿吉國, 南有徒太山",[125] 皆是
山也. 山巓有潭, 周八十里, 淵深莫測. 北流爲混同江, 西南流爲鴨淥
江, 東南流爲土門江.[126]

東牟山, 今天柱山也. 在奉天府城東二十里.[127]

天門嶺, 大明一統志云, "當在永吉州界內"[128]

釣魚臺, 在遼陽城南三十里. 相傳渤海大氏游觀之所.[129]

粟末江, 今混同江也. 在吉林烏喇城東南. 源出長白山, 北流會諾尼

---

123 山川古今名 : 이규경필사본에는 '山川'으로 되어 있다.

124 《山海經》권17, 大荒北經 "大荒之中, 有山, 名曰不咸, 有肅慎氏之國"

125 《魏書》권100, 列傳88, 勿吉國 "國南有徒太山"

126 《大淸一統志》권45, 吉林, 山川, 長白山 "在吉林城東稍南六百里. … 橫亘千餘里. … 亦名白山, … 不咸之名
始見於山海經. … 魏書, 勿吉國有徒太山. … 其巓有潭, 周八十里, 淵深莫測. 南流爲綠江, 北流爲混同江, 東
流爲阿雅噶河. 今考, 西南流入海者, 爲鴨綠江. 東南流入海者, 爲圖們江. 北流入海者, 爲混同江. 並無阿雅噶
河之名, 古今稱呼之異也."

127 《盛京通志》권13, 山川, 奉天府境內, 承德縣, 天柱山 "城東二十里福陵近, 則渾河環於前輝山興隆嶺峙. 發源
長白, 俯臨滄海, 王氣所鍾也. 按唐書, 唐高宗平高麗, 渤海大氏, 以衆保東牟山自固. 明一統志謂'在瀋陽衛東
二十里' 則此山, 卽昔日之東牟山也."

128 《盛京通志》권14, 山川, 按, 祁黎山·天門嶺·馬紀嶺 "自瀿溪以下, 按明一統志, 俱當在永吉州界內. 今諸嶺名
稱互異, 皆不可考"

129 《明一統志》권25, 遼東都指揮使司, 宮室, 釣魚臺 "在都司城南三十里, 相傳渤海大氏遊觀之所"
《盛京通志》권28, 古蹟, 遼陽州境內古蹟, 釣魚臺 "在城南三十里, 相傳渤海大氏遊觀之所"

·黑龍等江, 東注入海, 凡行三千五百餘里. 唐書, '粟末鞨依粟末
水以居'者,[130] 是也. 遼史, "聖宗太平四年, 詔改鴨子河曰混同江".[131]
盛京通志, "混同江, 卽松阿里江也. 一名鴨子河, 一名粟末江, 一名
宋瓦江, 一名松花江".[132, 133]

忽汗河, 今虎爾哈河也. 在寧古塔城東南. 源出吉林烏喇界曰勒福陳
河, 北流折東, 會諸水. 又折東北, 會必爾騰湖, 流經古會寧城北. 又
九十里, 繞寧古塔城南, 復折而北流七百餘里, 入混同江. 唐時, 謂之
忽汗河, 渤海大氏置忽汗州. 金時, 名金水. 亦名按出虎水, 俗謂金爲
按出虎. 以水源於此, 謂之金源. 因建國, 號曰金. 明時, 又謂之忽兒
海河.[134]

鴨淥江, 古馬訾水也. 在吉林烏喇城南九百七十七里. 源出長白山,
西南流至鳳皇[135]城東南入海.[136] 漢書地理志, "玄菟郡西蓋馬縣馬訾
水, 西北入鹽難水, 西南至西安平入海. 過郡二, 行二千一百里".[137]

---

130 《新唐書》 권219, 列傳144, 黑水靺鞨 "其著者曰粟末部, 居最南, 抵太白山, 亦曰徒太山, 與高麗接, 依粟末
水以居, 水源於山西, 北注它漏河"

131 《遼史》 권16, 本紀16, 聖宗7, 太平四年 二月 己未朔 "獵撻魯河, 詔改鴨子河曰混同江, 撻魯河曰長春河"

132 《盛京通志》 권13, 山川, 永吉州, 混同江 "城之東南卽松阿里江也. 一名鴨子河, 一名松花江, … 舊名粟末河, 俗
號宋瓦江"

133 《大淸一統志》 권45, 吉林, 山川, 混同江 "在吉林城東, 今名松花江, 源出長白山, 北流會嫩江·黑龍等江入海.
卽古粟末水也. 魏書, 勿吉國, 有大水濶三里餘, 名速末水. 唐書, 粟末靺鞨依粟末水以居, … 遼史, 聖宗太平四
年 詔改鴨子河曰混同江, … 通志, 混同江, 卽松阿哩江也. 一名鴨子河, 一名粟末江, 一名宋瓦江, 一名松花江"

134 《大淸一統志》 권45, 吉林, 山川, 瑚爾哈河 "在寧古塔城東南. 上流自勒富善河, 北流折東, 會諸水爲一. 又折東
北, 會畢爾騰湖, 又自湖之發庫東流, 經故會寧城北. 又九十里, 繞寧古塔城南, 復折而北流七百餘里, 入混同
江. 唐時, 謂之呼爾罕河, 渤海大氏置呼爾罕州. … 金時, 又名金水. 俗謂金爲愛新, 以水源於此, 謂之金源. 因
建國, 號曰金. 明時, 又謂之呼海河. … 呼爾罕, 舊作忽汗. 愛新, 舊作按出虎. 今改"

135 皇 : 이규경필사본에는 '凰'으로 되어 있다.

136 入海 : 이규경필사본에는 '入城'으로 되어 있다.

137 《漢書》 권28하, 地理志8하 "玄菟郡 … 西蓋馬〈馬訾水, 西北入鹽難水, 西南至西安平入海. 過郡二, 行二千一百
里, 莽曰玄菟亭〉"

通典, "馬訾水, 一名鴨綠[138]江. 源出靺鞨白山, 水色似鴨頭, 故名. 去遼東五百里, 經國內城南, 又西與一水合, 卽鹽難水也".[139] 盛京通志, "一名益州江, 或呼靉江".[140, 141]

黑水, 黑龍江也. 在黑龍江城東, 亦名完水, 又名室建河, 又名斡難河. 源出喀爾喀北界肯特山, 土人謂之敖嫩河. 會諸小水, 東北流, 經尼布楚城南, 入內地. 流至雅克薩城南, 折而東南流, 繞黑龍江城. 又東南流, 受牛滿河, 又東流與混同江會. 黑水之名, 始於南北史. 黑龍江之名, 見金史.[142]

奧婁河, 盛京通志云, "在承德縣, 奧婁卽挹婁".[143, 144]

泥河, 文獻備考云, "當在德源".[145]

---

138 綠 : 이규경필사본에는 '淥'으로 되어 있다.

139 《通典》권186, 邊防2, 東夷 하, 高句麗 "馬訾水一名鴨綠水, 水源出東北靺鞨白山, 水色似鴨頭, 故俗名之. 去遼東五百里, 經國內城南, 又西與一水合, 卽鹽難水也"

140 《盛京通志》권13, 山川, 永吉州, 鴨綠江 "卽益州江, 或呼靉江"

141 《大淸一統志》권45, 吉林, 山川, 鴨綠江 "在城南九百七十里. 源出長白山西南流, 與朝鮮分界. 至鳳凰城東南入海, 卽古馬訾水也. 漢書地理志, '元菟郡西蓋馬縣馬訾水西北入鹽難水, 西南至西安平入海. 過郡二, 行千一百里. 通典, '馬訾水一名鴨綠江. 源出靺鞨白山, 水色似綠頭, 故名. 去遼東五百里, 經國內城南, 又西與一水合, 卽鹽難水也'. … 通志, '一名益州江, 或呼靉江'"

142 《大淸一統志》권48, 黑龍江, 山川, 黑龍江 "在黑龍江城東. 古名黑水, 亦曰完水, 又名室建河, 亦名斡難河. 源出喀爾喀北界墾特山, 土人謂之鄂倫河. 會諸小水, 東北流. 經尼布楚城東入內地, 又東有庫楞湖, 流出之額爾古訥河. 自西南來會, 流至雅克薩城南, 折而東南流. 至黑龍江城北九十里, 有精奇哩江之水. 自北流入, 繞黑龍江城東南流, 又南受北來之鈕爾門河, 又東流與混江江會, 自此合流, 又東烏蘇哩江自南流入. … 按黑水之名, 始於南北朝. 黑龍江之名, 見於金史"

143 이 부분이 48권본《성경통지》에는 보이지 않는다. 아마도 각주 144의 경우처럼《대청일통지》에 인용된《성경통지》를 재인용한 것으로 추정된다. 참고로《성경통지》130권본에는 다음과 같은 기사가 있다.《盛京通志》권100, 奉天府境內郡縣古蹟, 興京, 鐵嶺縣, 銀州 "今考, 承德縣有古奧婁河, 奧婁卽挹婁也. 鐵嶺南至承德六十里, 此可驗矣"

144 《大淸一統志》권38, 奉天府, 建置沿革, 承德縣 "按. … 通志古蹟, 載承德有奧婁河, 注云奧婁卽挹婁. 今之承德, 實遼瀋州. 其爲古挹婁, 無疑"

145 《東國文獻備考》권1, 輿地考1, 歷代國界 上, 渤海國 "文獻通考曰, 渤海, … 南接新羅, 以泥河爲界 …〈按 … 泥河, 當在德源界內〉"

十五府辨[146]

上京龍泉府

唐書云,[147] "肅慎故地". 賈耽曰, "自安東都護府, 經古蓋牟·新城, 又
經渤海長嶺府千五百里, 至渤海王城. 城臨忽汗海, 其西南三十里,
有故肅慎城. 其北經德里鎭, 至南黑水靺鞨千里", 又曰, "自神州 陸
行四百里, 至顯州. 又正北如東六百里, 至渤海王城".[148] 大明一統志
云, "金滅遼, 設都於渤海上京".[149] 淸一統志云, "通志謂渤海上京在
烏喇境內, 以唐書考之, 當在寧古塔西南境也".[150]

按,[151] 忽汗海者, 今虎爾哈河也. '金滅遼設都於渤海上京'者, 指會寧

---

146 十五府辨: 원본에는 행간에 추가되어 있으며, 이규경필사본에는 없다.

147 唐書云: 앞의 《京府建置》에 인용된 《신당서》 《발해전》을 가리킨다. 아래도 같다.

148 《新唐書》 권43, 地理志 7下, 河北道 "其後貞元宰相賈耽考方域道里之數最詳 … 自都
護府東北經古蓋牟·新城, 又經渤海長嶺府, 千五百里至渤海王城, 城臨忽汗海, 其西南三十里有古肅慎城, 其北經德里鎭, 至南黑水
靺鞨千里. … 自鴨淥江口舟行百餘里, 乃小舫泝流東北三十里至泊汋口, 得渤海之境. 又泝流五百里, 至丸都
縣城, 故高麗王都, 又東北泝流二百里, 至神州, 又陸行四百里, 至顯州, 天寶中王所都. 又正北如東六百里, 至
渤海王城"

149 《大明一統志》 권25, 遼東都指揮使司 建置沿革, 三萬衛 "在都司城北三百五十里 古肅慎氏地 … 渤海爲上京
龍泉府, 契丹攻渤海, 黑水乘間, 復其地, 號熟女真, 後滅遼, 遂建都, 國號曰金"를 가리키는 것 같다.

150 《大淸一統志》 권46, 吉林2, 古蹟, 渤海上京城 "在寧古塔城西南. 唐書, 渤海, … 肅慎故地. … 賈耽曰 '自安東
都護府東北, 經故蓋牟·新城, 又經渤海長嶺府千五百里, 至渤海王城, 城臨呼爾罕州, 其西南三十里, 有古肅
慎城, 其北經德里鎭, 至南黑山靺鞨千里' 又曰 '自神州陸行四百里, 至顯州, 又正北如東六百里, 至渤海王城'
按, 通志謂'渤海上京在烏拉境內', 今以唐書考之, 當在寧古塔西南境, 與金上京相近. 明統志云, '金滅遼, 設都
於渤海上京, 是也. …"

151 按: 원문은 앞 문장과 한칸 띄고 시작하지만, 상단에 '按字以下, 別爲次行低一格書之. 十五府皆全'이라는 추기가

府也. 扈從錄云, "沙林東南十五里, 曰火茸城, 金之上京會寧府也. 三殿基址皆在, 碎碧瓦棋布其上. 城西芰荷彌渚, 透迤綿渺, 莫窮其際. 渚間有亭榭遺跡. 自沙林而東八十里, 爲寧古塔",[152] 然則淸統志所云'渤海上京在寧古塔西南境'者爲確. 大抵吉林烏喇 · 寧古塔之地, 爲東北奧區, 山川道里 · 國都沿革, 賈耽能言之, 而淸興以後, 其說特詳云.

中京顯德府

唐書云, "肅愼故地". 遼志云, "東京遼陽府, 本朝鮮之地. 晉陷高麗. 元魏太武遣使, 至其所居平壤城. 唐高宗於此, 置安東都護府. 後爲渤海大氏所有. 中宗賜所都, 曰忽汗州, 卽平壤城也, 號中京顯德府".[153] 淸統志云, "故顯德府, 在吉林烏喇城東南",[154] 又云, "遼陽故城, 今遼陽州治. 疑唐中葉安東府廢後, 渤海置城於此, 謂之遼陽, 事或有之. 然考遼記, 太祖三年, 幸遼東. 神冊三年, 幸遼陽故城. 四年, 建東平郡. 天顯元年, 始攻拔渤海扶餘城, 進圍忽汗城, 降大諲譔, 置東丹國. 太宗三年遷東丹國民於東平郡. 是渤海未平之先, 遼陽之地, 早入契丹. 初名遼東, 復名遼陽, 或卽遼時命名, 非由渤海也. 遼志不考地理, 遂謂東京卽平壤城, 亦卽忽汗州, 又卽中京顯德府. 以

있다.

152 《大淸一統志》 권46, 吉林2, 古蹟, 會寧故城 "高士奇扈從錄, 沙林東南十五里, 曰火茸城, 金之上京會寧府也, 廣四十餘里, 中間禁城可里餘. 三殿基址皆在, 碎碧瓦碁布其上. 禁城外有大石佛, 高可三丈許. 蓮花承之, 前有石塔. 向東小欹, 出大城而西, 則芰荷彌渚, 透迤綿渺, 莫窮其際. 渚間有亭榭遺跡. 自沙林而東八十里, 爲寧古塔."

153 《州縣沿革》의 東京 遼陽府 참조.

154 《大淸一統志》 권46, 吉林2, 古蹟, 顯德故城 "在吉林城東南."

相去各千里之地, 合爲一, 誤甚".155

按, 唐書地理志云, "自渤海神州陸行四百里, 至顯州, 天寶中王所
都".156 神州, 今屬江界府東廢四郡境. 顯州, 卽顯德府治也. 清統志
謂'顯德府在吉林烏喇城東南'者, 有據. 其157辨遼志之誤, 甚詳.

東京龍原府

唐書云, "濊貊故地". 遼志云, "開州鎭國軍, 本濊貊地. 高麗爲慶州,
渤海爲東京龍原府". 清統志云, "開州城, 在朝鮮咸興府西北, 本濊
貊地. 高麗置慶州, 渤海爲東京龍原府",158 又云, "鳳凰城, 渤海龍原
府, 遼開州鎭國軍,"159 又云, "開州故城, 在鳳凰城東南. 明成化中,
朝鮮使還, 遇掠鳳凰山下. 奏乞更開貢道於舊路南, 因築此城. 鳳凰
城實在於朝鮮之東".160

按, 遼志開州, 實在今鳳凰城, 而謂卽渤海龍原府則誤也. 清統志,
無以辨遼志之誤, 或指咸興府, 或指鳳凰城, 東西牽合. 又引開貢道
事, 遂謂鳳凰城在朝鮮東, 以實濊貊故地, 尤非也. 唐書, '龍原府, 亦
曰柵城府'. 柵城之名, 始於高句麗, 而渤海因之爾. 三國史, "太祖王

---

155 《大淸一統志》 권39, 奉天府2, 古蹟, 遼陽故城 "今遼陽府治. … 疑唐中葉安東府廢後, 渤海置城於此, 謂之遼
陽, 事或有之. 然考遼紀, 太祖三年幸遼東. 神冊三年幸遼陽故城, 四年建東平郡. 天顯元年始攻拔渤海扶餘城,
進圍忽汗城, 降大諲譔, 置東丹國. 太宗三年遷東丹國民於東平郡. 是渤海未平之先, 遼陽之地, 早入契丹. 初名
遼東, 復名遼陽, 或卽遼時命名, 非由渤海也. 遼志不考地理, 遂謂東京卽平壤城, 亦卽忽汗州, 又卽中京顯德
府. 以相去各千餘里之地, 合而爲一, 誤甚."

156 각주 148 참조.

157 其 : 이규경필사본에는 '甚'으로 되어 있다.

158 《大淸一統志》 권421, 朝鮮, 開州城 "在咸興府西北, 遼志, 本濊貊地, 高麗置慶州, 渤海爲東京龍原府"

159 《大淸一統志》 권39, 開州故城 "卽今鳳凰城, 遼史地理志, 開州鎭國軍, 本濊貊地, 高麗爲慶州, 渤海爲東京龍
原府 …"를 인용한 것 같다.

160 《大淸一統志》 권39, 奉天府2, 古蹟, 開州故城 "卽今鳳凰城. … 明成化中朝鮮使還, 遇掠鳳凰城下, 奏乞更開貢
道於舊路南, 因築此城, 則鳳凰城實在於朝鮮之東. 遼爲開州, 渤海爲龍原矣"

四十六年三月, 東巡柵城, 五十年八月, 遣使安撫柵城".[161] 魏書高句
麗傳, '王〔李〕敖至其所居平壤城, 訪其方事, 云東至柵城'者,[162] 是也.
賈耽郡國志, '渤海國南海·鴨淥·扶餘·柵城四府, 並高句麗舊地.
自新羅泉井郡, 至柵城府, 三十九驛'者,[163] 又是也. 唐制三十里置一
驛, 三十九驛計一千一百七十里, 泉井郡, 今德源府也. 新羅·渤海
分界, 在是. 自德源府北行, 滿一千一百七十里, 至鏡城府界, 爲龍原
府, 無疑.

唐書又云, "龍原, 東南濱海, 日本道也".

日本逸史, 渤海使舶多着蝦夷國及出羽·能登之地, 日本惡之. 約由
筑紫道太宰府, 後又着能登, 日本讓其不如約. 渤海使臣[164]史都蒙,
對曰, "實承此旨, 故發自獎邑南〔海〕府[165]土亏〔號〕浦,[166] 西指對馬竹
室之津, 海中遭風, 着此禁境." 日本竟不能禁, 遂於能登, 修飾停宿
之所.[167] 蝦夷·出羽·能登等地, 與我咸鏡北道, 隔海相對, 當時使
舶, 由東北海通日本, 可知也. 當屬沃沮故地, 而唐書以爲'濊貊故地'
者, 沃沮在北, 濊貊在南, 壤地相錯, 故致誤爾.

---

161 《三國史記》권15, 高句麗本紀3, 太祖王 "四十六年春三月, 王東巡柵城, 至柵城西罽山, 獲白鹿, 及至柵城, 與
羣臣宴飮, 賜柵城守吏物段有差, 遂紀功於巖, 乃還. 冬十月, 王至自柵城, 五十年秋八月, 遣使安撫柵城"

162 《魏書》권100, 列傳88, 高句麗 "世祖…遣員外散騎侍郞李敖, 拜璉爲都督遼海諸軍事·征東將軍·領護東夷中
郞將·遼東郡開國公·高句麗王. 敖至其所居平壤城, 訪其方事, 云, 遼東南一千餘里, 東至柵城, 南至小海, 北
至舊夫餘" 원문의 '王敖'는 원사료를 잘못 끊어 읽은 결과이다.

163 《三國史記》권37, 雜志6, 地理4 "賈耽古今郡國志云, 渤海國南海·鴨淥·扶餘·柵城四府, 並是高句麗舊地也.
自新羅泉井郡, 至柵城府, 凡三十九驛"

164 渤海使臣 : 이 다음에 원본에는 6자가 삭제되어 있고, 이규경필사본에는 '獻可大夫司賓少令'이 삽입되어 있다.

165 府 : 이규경필사본에는 '部'로 되어 있다.

166 南府土亏浦 : 원사료(《續日本紀》)에는 '南海府 吐號浦'로 되어 있다. 권2 臣考 史都蒙 참조.

167 권2 臣考 大昌泰 참조.

南京南海府

唐書云, "沃沮故地". 遼志云, "海州南海軍, 本沃沮國地, 高句麗爲沙卑城, 渤海號南京南海府". 淸統志云, "海州故城, 今海城縣治. 後漢書, '東沃沮在高句麗蓋馬大山之東', 漢之蓋馬, 卽唐蓋牟, 今蓋平縣也. 海城西南至蓋平界, 八十里, 是海城正在蓋平界矣. 自此說明, 則知在漢爲沃沮, 在高麗爲沙卑, 在渤海爲南海府, 在遼爲海州, 更無疑也".[168]

按, 魏志, "東沃沮, 在高句麗蓋馬大山之東, 濱大海而居. 其地形, 東北狹, 西南長, 可千里. 北與夫餘[169]·挹婁,[170] 南與濊貊接".[171] 開說四至, 爲今咸鏡道, 無疑. 其蓋馬大山, 卽指白頭山南支[172]爲咸鏡·平安兩道分界者. 大明一統志亦言, "蓋馬大山在朝鮮",[173] 今不可以蓋平縣謂之蓋馬山, 海城縣謂之沃沮故地也. 若以海城縣當沃沮, 則其北或可曰接夫餘[174]·挹婁, 而其南有何濊貊, 其西有何高句麗, 其東有何大海? 其長又非千里, 決知爲無稽之言. 又魏志, "漢武元封二年以沃沮城爲玄菟郡"[175] 文獻備考, "玄菟郡治, 在今咸興".[176] 然則渤

---

168 《大淸一統志》 권39, 奉天府2, 古蹟, 海州故城 "今海城縣治. … 考後漢書, 東沃沮在高句麗蓋馬大山之東, 漢之蓋馬, 卽唐蓋牟, 今蓋平縣也. 今海城西南至蓋平界八十里, 是海城正在蓋平界矣. 自此說明, 則知在漢爲沃沮, 在高麗爲沙卑, 在渤海爲南海府, 在遼爲海州, 更無疑也."

169 夫餘 : 이규경필사본에는 '扶餘'로 되어 있다.

170 扶餘·挹婁 : 원사료에는 '挹婁·扶餘'로 되어 있다.

171 《三國志》 권30, 魏書30, 烏桓鮮卑東夷傳, 東沃沮傳 "東沃沮, 在高句麗蓋馬大山之東, 濱大海而居. 其地形, 東北狹, 西南長, 可千里. 北與夫餘·挹婁, 南與濊貊接."

172 南支 : 이 다음에 원본에는 4자가 삭제되어 있고, 이규경필사본에는 '橫亘千里'가 삽입되어 있다.

173 《大明一統志》 권89, 外夷, 朝鮮, 山川, 蓋馬大山 "在平壤城西, 其東卽古東沃沮國地."

174 夫餘 : 이규경필사본에는 '扶餘'로 되어 있다.

175 《三國志》 권30, 魏書30, 烏桓鮮卑東夷傳, 東沃沮傳 "漢武帝元封二年, 伐朝鮮, 殺滿孫右渠, 分其地爲四郡, 以沃沮城爲玄菟郡."

176 《東國文獻備考》 권6, 輿地考1, 歷代國界1, 漢四郡 "玄菟郡郡治, 或云在今咸興."

海南京南海府, 當以咸鏡道之[177]咸興府爲定. 咸興府與泉井郡相近,
是謂新羅道也. 南海之稱, 亦昉於高句麗, 三國史, '太祖王六十二年
八月, 巡狩南海'.[178] 蓋東北地形, 左海右陸. 自黑龍江地方, 沿海西
南, 至土門江入海處. 又沿海西南, 至咸興府之都連浦入海處. 漸迤
漸西, 在寧古塔等地, 視之我國, 咸鏡道之海, 在正南. 故盛京通志,
亦稱南海者,[179] 以此.

西京鴨淥府

唐書云, "高麗故地". 遼志云, "淥州鴨淥軍, 本高麗故國, 渤海號西京
鴨淥府. 都督神·桓·豊·正四州事", 又云, "桓州, 高麗中[180]都城, 高
麗王於此, 創立宮闕, 國人謂之新國". 唐書地理志云, "自鴨淥江口,
舟行百餘里, 乃小[181]舫泝流, 東北三十里至泊汋口, 得渤海之境. 又
泝流五百里, 至丸都縣城, 故高麗王都. 又東北泝流二百里至神州.
又陸行四百里至顯州, 天寶中王所都".[182] 清統志云, "淥州城, 在朝
鮮平壤西境".[183]

按, '故國'云者, 琉璃王之國內城也, 渤海置西京. '新國'云者, 山上
王之丸都城也, 渤海置桓州. 從唐志之說, 自鴨淥江口計程舟行百
餘里, 又溯流東北三十里至泊汋口. 泊汋口者, 遼曷蘇館,[184] 金婆速

---

177 之 : 원본에 추기되어 있다.
178 《三國史記》 권15, 高句麗本紀3, 太祖王 "六十二年 … 秋八月, 王巡守南海, 冬十月, 至自南海."
179 《盛京通志》에 전거가 확인되지 않는다.
180 中 : 이규경필사본에는 '丸'으로 되어 있다.
181 小 : 이규경필사본에는 '以'로 되어 있다.
182 각주 148 참조.
183 《大淸一統志》 권421, 朝鮮, 建置沿革, 淥州城 "在平壤西境. 遼志高麗故道也, 渤海置爲西京鴨淥府城"
184 遼曷蘇館 : 원본에 추기되었고, 이규경필사본에는 없다.

路, 元婆娑府路, 今赴燕時義州津渡也. 又溯流五百里至丸都縣城, 卽高句麗之新國, 渤海之桓州, 今之江界府也. 又東北溯[185]流二百里 至神州, 今廢四郡境也. 遼志云, "桓州, 在淥州西南二百里"[186] 通志 〔典〕[187]云, "鴨淥江, 源出靺鞨白山, 經國內城南". 又李勣奏狀, "國內 城在鴨淥以北".[188] 據此, 渤海西京鴨淥府, 在[189]今江界府東北二百 里鴨淥江外, 清統志云, '在平壤之西境'者, 非矣.

長嶺府

唐書云, "高麗故地".

按, 賈耽曰, "自安東都護府 東北經古蓋牟 · 新城 又經渤海長嶺府 千五百里 至渤海王城".[190] 清統志, "新城在興京北".[191] 以此推之, 長 嶺府, 當在吉林地方.

扶餘府

唐書云, "扶餘故地". 遼志云, "通州安遠軍, 本扶餘國王城, 渤海號 扶餘城. 太祖改龍州, 太宗更今名", 又云, "龍州黃龍府, 本渤海扶餘 府". 清統志云, "開原縣, 渤海扶餘府",[192] 又云, "故三萬衛, 在開原縣

185 溯 : 이규경필사본에는 '泝'로 되어 있다.
186 각주 55 참조.
187 각주 139 참조.
188 《三國史記》권37, 雜志6, 地理4 "總章二年(669) 二月, 前司空兼太子太師英國公李勣等奏稱, 奉勅高麗諸城堪
     置都督府及州郡者, 宜共男生商量准擬. 奏聞件狀如前, … 鴨淥水以北己降城十一 … 國內州(一云不耐 或云
     尉那邑城)"
189 在 : 이규경필사본에는 '當在'로 되어 있다.
190 각주 148 참조.
191 《大淸一統志》권36, 興京, 古蹟, 新城 "在興京北."
192 《大淸一統志》권38, 奉天府, 建置沿革, 開原縣 "…渤海取扶餘地, 爲扶餘府."

城內, 洪武二十二年置. 在渤海曰扶餘府, 在遼曰黃龍府, 在金曰會
寧府, 在元曰開元路".[193]

按, 唐書, "渤海常宿〔屯〕[194]勁兵於扶餘府, 捍契丹". 今開元〔原〕[195]縣
爲吉林烏喇咽隘必守之地, 是爲渤海之扶餘府也.

鄚頡府

唐書云, "扶餘故地". 遼志云,[196] "韓州東平君〔軍〕, 本藁〔稾〕離國, 舊治
柳河縣. 高麗置鄚頡府, 渤海因之".[197] 淸統志云, "遼韓州, 金屬咸平
路, 元屬咸平府, 明屬三萬衛".[198]

按, 藁〔稾〕離國者, 扶餘之所自出也, 其地在扶餘北. 然則鄚頡府當在
今開元〔原〕[199]縣北.

定理府

唐書云, "挹婁故地". 遼志云, "瀋州昭德軍, 本挹婁國地, 渤海建瀋
州".[200] 淸統志云, "奉天府, 渤海建定·瀋二州, 屬定理府, 遼置瀋州
昭德軍".[201]

---

193 《大淸一統志》권39, 奉天府2, 古蹟, 故三萬衛 "在開原縣城內, 明洪武二十二年置. … 按, 三萬衛, 在渤海曰扶
餘府, 在遼曰黃龍府, 在金曰會寧府, 在元曰開元路, 其實一也."

194 宿 : 원사료(《신당서》 발해전)에는 '屯'으로 되어 있다. 서두의 京府建置 참조.

195 元 : 지명으로는 '原'이 맞다.

196 云 : 원본에는 추기되었고, 이규경필사본에는 없다.

197 각주 83, 84 참조.

198 《대청일통지》에 전거가 확인되지 않는다.

199 開元 : 지명으로는 '開原'이 맞고, 이규경필사본에도 '開原'으로 되어 있다.

200 각주 68 참조.

201 《大淸一統志》권38, 奉天府, 建置沿革 "唐封渤海, 其後潛置五京十五府六十二州. 卽今府治, 建瀋·定二州, 屬
定理府. 遼初, 置瀋州興遼軍, 後改名瀋州昭德軍."

按, 奉天府之爲定理府, 遼史·淸志俱可徵. 但扶餘府爲契丹道, 似其西界也. 定理府, 又在扶餘府之西. 意者, 隨其盛衰, 展縮[202]無常歟?

安邊府

唐書云, "挹婁故地". 按, 安邊府, 亦當在奉天府地方.

率賓府

唐書云, "率賓故地". 遼志云, "率賓縣, 本渤海率賓府地", 又云, "率賓府, 故率賓國地". 盛京通志云, "率賓府, 本率賓國故地, 遼時置率賓府, 金改爲恤品路",[203] 又云, "恤品[204]路, 金置節度使. 本遼時率賓府地, 元廢. 今在興京東南邊外".[205] 金志云, "恤品路, 遼時爲率賓府, 置刺史. 本率賓故地, 太宗天會二年, 以耶懶路都孛菫所居地瘠, 遂遷于此. 以海陵例罷萬戶, 置節度使, 因名速頻路節度使. 世宗大定十一年, 以耶懶·速頻相去千里, 旣居速頻, 然不可忘本, 遂命名(石土門)[206]親管猛安曰, 押懶猛安. 承安三年, 設節度副使. 西北至上京一千五百七十里, 東北至胡里改一千一百里, 西南至合懶一千二百里, 北至邊界斡可憐千戶二千里".[207] 北史高句麗傳云, "朱蒙, 自扶

---

202 縮 : 이규경필사본에는 '蹙'으로 되어 있다.

203 《盛京通志》권28, 古蹟, 永吉州境內古蹟 "率賓府, 本率賓國故地, 遼時置率賓府, 金改爲恤品路."

204 恤品 : 이규경필사본에는 '速頻'으로 되어 있다.

205 《盛京通志》권28, 古蹟, 永吉州境內古蹟 "恤品路, 金置節度使. 本遼時率賓府地, 元廢. 今在興京東南邊外."

206 (石土門) : 《금사》 원문에는 없지만, 中華書局의 표정교감본에 추가되어 있다.

207 《金史》권24, 志5, 地理 上, 上京路 "恤品路, 節度使. 遼時, 爲率賓府, 置刺史. 本率賓故地, 太宗天會二年, 以耶懶路都孛菫所居地瘠, 遂遷于此. 以海陵例罷萬戶, 置節度使, 因名速頻路節度使. 世宗大定十一年, 以耶懶·速頻相去千里, 旣居速頻, 然不可忘本, 遂命名石土門親管猛安曰押懶猛安. 承安三年, 設節度副使⟨西北至上京一千五百七十里, 東北至胡里改一千一百, 西南至合懶一千二百, 北至邊界斡可阿憐千戶二千里⟩."

392

餘²⁰⁸東南走, 遇一大水, 魚鼈成橋, 得渡",²⁰⁹ 三國史云, "東明聖王高
朱蒙, 自東夫餘行, 至淹²¹⁰淲²¹¹水, 魚鼈成橋, 得渡. 至卒本川都焉.
一云卒本夫餘".²¹²

按, 卒本·率賓·恤品·速頻, 音轉而其實一也. 盛京通志謂'在興京東
南邊外', 則我國之三水·甲山等地也. 高麗史, "宣宗五年, 遣使于遼,
請罷榷場, 表曰'自天皇鶴柱之城, 西收彼岸, 限日子鼈橋之水, 東割
我疆'",²¹³ 卽以淹淲水爲鴨淥, 東明王自夫餘東南走渡鴨淥, 又當爲
三甲等地也. 高麗史地理志云, "甲山〔甲州府〕, 本虛川府, 久爲女眞所
據".²¹⁴ 府志云, "女眞都統所〔居〕",²¹⁵ 都統者, 意其都字菫·猛安之類
也. 以諸說參究, 今三甲等地, 在高句麗²¹⁶曰卒本, 在渤海曰率賓, 在
金曰恤品, 可明也.

又按, 耶懶·押懶·合懶者, 亦稱曷懶. 高麗侍中尹瓘所築九城, 今
咸興端川·吉州等地, 是也. 胡里改者, 金志云, "西至上京六百三十

---

208 扶餘 : 이규경필사본에는 '夫餘'로 되어 있다. 아래도 같다.

209 《北史》권94, 列傳82, 高句麗 "朱蒙乃與焉違等二人東南走. 中道遇一大水, 欲濟無梁. … 於是魚鼈爲之成橋,
　　朱蒙得度".

210 淹 : 이규경필사본에는 '渰'으로 되어 있다.

211 淲 : 이규경필사본에는 '淲'로 되어 있다.

212 《三國史記》권13, 고구려본기 1, 始祖 東明聖王 "始祖東明聖王, 姓高氏, 諱朱蒙. … 朱蒙乃與烏伊·摩離·陝
　　父等三人爲友, 行至淹淲淲水. … 於是, 魚鼈浮出成橋, 朱蒙得渡. … 與之俱至卒本川. … 國號高句麗, 因以高
　　爲氏〈一云, 朱蒙至卒本扶餘 …〉"

213 《高麗史》권10, 世家10, 宣宗 5년 9월 "遣太僕少卿金先錫如遼, 乞罷榷場, 表曰 … 臣伏審承天皇太后, 臨朝稱
　　制, 賜履劃封, 舞干俾格於舜文, 執玉甫羕於禹會, 奬憐臣節, 霑被睿恩. 自天皇鶴柱之城, 西收彼岸, 限日子鼈
　　橋之水, 東割我疆. …"

214 《高麗史》권58, 志12, 地理3, 東界 "甲州府, 本虛川府, 久爲女眞所據, 屢經兵火, 無人居. 恭讓王三年, 始稱甲
　　州, 置萬戶府. 有奉天臺〈在惠山洞〉"

215 統所〔居〕:《輿地圖書》, 咸鏡道〔關北邑誌〕, 咸鏡南道 甲山府邑誌, 建置沿革 "古女眞都統所也"

216 麗 : 이규경필사본에는 '驪'로 되어 있다.

里",²¹⁷ 金史本紀云, "太宗天會八年七月, 徙昏德公‧重昏侯于鶻里改路, 熙宗卽位四月丙寅, 昏德公趙佶卒".²¹⁸ 今我會寧府之東北二十五里²¹⁹有大冢, 往往拾金銀器及崇寧錢. 舊傳徽宗所葬, 可知其爲金鶻里改路. 鶻里改者, 胡里改也. 然則恤品路之西北爲上京, 東北爲胡里改, 西南爲合懶, 亦明矣. 盛京通志旣曰, "恤品路, 在興京東南邊外", 又曰, "率賓府之建州, 在興京界內, 府及華‧盇二州, 在鳳凰城界內. 華州舊址, 無考, 盇州, 今朝鮮界有義州城, 朝鮮人呼愛州".²²⁰ 其曰'在興京東南邊外'者, 固得之, 而又指鳳凰城, 則非也. 鳳凰城, 渤海時, 當屬鴨淥府, 安得復置率賓府? 在金時若爲恤品路, 則與曷懶之地東西隔絶, 不相屬矣.

東平府

唐書云, "拂涅故地". 遼志云, "紫蒙縣, 本漢鏤方縣地. 後拂涅國, 置東平府", 又云, "遼州始平軍, 本拂涅國城, 渤海爲東平府". 按, 當在黑龍江地方, 遼志²²¹誤也.

---

217 《金史》권24, 志5, 地理上, 上京路, "會寧府, 下. 初爲會寧州, 太宗以建都, 升爲府. … 戶三萬一千二百七十. 〈…東至胡里改六百三十里, 西至肇州五百五十里, 北至蒲與路七百里, 東南至恤品路一千六百里, 至曷懶路一千八百里〉"

218 《金史》권3, 本紀3, 太宗, 天會 8년 7월 丁卯 "上如東京溫湯, 徙昏德公‧重昏侯于鶻里改路."
《金史》권4, 本紀4, 熙宗, 天會 13년 4월 丙寅 "昏德公趙佶薨, 遣使致祭及賻贈."

219 東北二十五里 : 원본에는 서체가 전후와 다른데, 이규경필사본에는 '南甫乙下鎭西'로 되어 있다.

220 《盛京通志》권28, 古蹟, 鳳凰城境內古蹟, 率賓府 "渤海率賓府地 … 舊址無考〈今按, 建州在興京界內, 而率賓府及華‧盇二州在鳳凰城界內〉. 華州 … 舊址無考, 盇州 … 今 … 朝鮮界有義州城, 朝鮮人呼愛州."

221 志 : 이규경필사본에는 '地'로 잘못되어 있다.

鐵利府

唐書云, "鐵利故地", 遼志云, "鐵利府 故鐵利國地". 按, 當在黑龍江地方.

懷遠府

唐書云, "越喜故地", 遼志云, "信州 彰聖軍, 本越喜故城, 渤海置懷遠府". 按, 當在黑龍江地方, 遼志誤也.

安遠府

唐書云, "越喜故地", 遼志云, "慕州, 本渤海安遠府地". 清統志云, "慕州城, 在涤州西二百里".[222] 按, 當在黑龍江地方. 唐書黑水靺鞨傳, "有拂涅・越喜・鐵利等部. 其地南距渤海, 東北〔北東〕際於海, 西抵室韋. 南北袤二千里, 東西千里",[223] 今之黑龍江地方, 是也. 東平爲拂涅故地, 鐵利爲鐵利故地, 懷遠・安遠爲越喜故地, 四府並在黑龍江地方. 遼志以遼東州縣牽合. 清統志辨之甚詳, 然謂'慕州, 在涤州西二百里', 則亦誤也.

---

222 《大淸一統志》권421, 朝鮮, 建置沿革 "慕州城〈在涤州西二百里〉"

223 《新唐書》권219, 列傳 144, 北狄, 黑水靺鞨 "又有拂涅・虞婁・越喜・鐵利等部. 其地南距渤海, 北東際於海, 西抵室韋. 南北袤二千里, 東西千里."

渤海·新羅分界

唐書云,[224] "渤海南接新羅, 以泥河爲境",[225] 賈耽郡國志曰, "自新羅泉井郡, 至渤海柵城府三十九驛". 清一統志曰, "平壤府, 漢樂浪郡, 高句麗長安城, 一名王險城. 唐置安東都護府, 後陷於渤海".[226] 文獻備考曰, "新羅統合之後, 東北以泉井郡之炭項關爲界, 泉井郡, 今德源府也. 西北以唐嶽縣爲界, 今中和府也. 自中和而東, 歷今之祥原·遂安·谷山以抵于德源, 皆其邊塞也",[227] "泥河, 當在德源界內".[228] 按, 渤海地理, 唐書雖略, 其敍某地爲某府及五京位置甚詳, 而爲遼史所亂. 遼並渤海, 移民徙邑, 多帶舊號, 撰志者不復區別. 清統志云, '渤海所置五京十五府六十二州, 多[229]在今吉林烏喇·寧古塔及朝鮮界. 其遼東故地, 雖入渤海, 建置無聞. 遼史謂皆渤海之舊, 其實

---

224 云 : 이규경필사본에는 '曰'로 되어 있다.

225 《新唐書》권219, 列傳149下, 渤海 "渤海, 本粟末靺鞨附高麗者, 姓大氏. 高麗滅, 率衆保挹婁之東牟山, 地直營州東二千里, 南比新羅, 以泥河爲境, 東窮海, 西契丹."

226 《大淸一統志》권421, 朝鮮, 建置沿革 "平安道(治平壤府, 朝鮮西境也. … 漢曰樂浪郡. 後爲高句驪王所都, 亦曰長安城, 一名王險城. 唐平高麗, 置安東都護府於此. 後没於渤海)."

227 《東國文獻備考》권1, 輿地考1, 歷代國界 上, 渤海國 "臣謹按, 新羅統合之後, 東北以泉井郡之炭項關爲界, 泉井郡, 今德源也. 西北以唐嶽縣爲界, 今中和也. 自中和而東, 歷今之祥原·遂安·谷山以抵于德源, 皆其邊塞也."

228 《東國文獻備考》권1, 輿地考1, 歷代國界 上, 渤海國 "文獻通考曰, 渤海, … 南接新羅, 以泥河爲界, …〈按 … 泥河, 當在德源界內〉"

229 多 : 이규경필사본에는 '及'으로 되어 있다.

未盡然'230者, 可謂確論. 如從遼史, 則其東京在西京之西, 中京又在東京之西, 甚不可也. 雖然, 非遼史, 無以見渤海郡縣之名. 故先敍唐書, 次敍遼史, 釋其山川, 遂以他史雜證之. 然後五京十五府秩然有序, 北限黑龍江東濱海, 西至開原·瀋陽等處, 南界咸鏡道之德源府·平安道之平壤府, 幅員始可見. 遼志所述郡縣各從其府, 如裵振領云爾.

又按, 三國史, "弓裔曰, '往者, 新羅請兵於唐, 以破高句麗. 平壤舊都, 鞠爲茂艸.' 僞改元聖冊元年, 分定浿西十三鎭, 平壤城主黔勇降".231 是時, 大諲譔方與契丹相拒,232 而鴨淥府南界, 己爲弓裔所奪. 渤海亡, 高麗興, 西北以安北府爲界, 東北以都連浦爲界, 而233其234外皆爲女眞之區. 成宗時, 始逐西女眞, 收鴨淥江以南地, 置州鎭. 都連浦以北, 女眞依舊盤據, 稱曷懶甸, 金之所起也. 元初, 置合蘭府, 進據和州之雙城, 號爲高麗·女眞界首. 及其季世, 雙城爲高麗所破, 而我國家龍興北方.

太祖康獻大王, 天縱神武, 恢拓疆宇.

世宗莊憲大王, 命將出師, 撻伐野人, 布置六鎭, 以豆滿江爲界. 然後渤海之龍原·南海·率賓等地, 皆入於版圖, 宏謨美烈, 復出前代.

---

230 《大淸一統志》권37, 盛京統府, 建置沿革 "先天中, 封大氏爲渤海郡王, 後置五京十五府六十二州於黑水靺鞨之南破高麗舊境〈…按, 渤海所置五京十五府六十二州, 多在今吉林·烏拉寧古塔及朝鮮界, 其安邊府治, 遼東故地, 雖入渤海, 建置無聞, 地理志·賈耽所記可考, 遼時東京州縣, 多襲其名號, 非復故地, 遼史謂皆渤海之舊, 其實未盡然也〉"

231 《三國史記》권50, 列傳10, 弓裔 "天復元年辛酉(901), 善宗自稱王, 謂人曰, 往者新羅請兵於唐, 以破高句麗, 故平壤舊都鞠爲茂艸, … 天祐二年乙丑(905), … 改武泰爲聖冊元年, 分定浿西十三鎭, 平壤城主將軍黔用降"

232 拒 : 이규경필사본에는 '距'로 되어 있다.

233 而 : 이규경필사본에는 없다.

234 其 : 이 다음에 이규경필사본에는 '以'가 있다.

又按, 鴨淥府所統神·桓·豊·正四州, 桓州之爲今江界府, 神州之爲今廢四郡等地, 旣引唐志, 而其豊·正二州沿革, 亦有可證者. 高句驪殺馮弘於北豊, 諡曰昭成皇帝.[235] 今雲山郡有皇帝冢, 世傳爲馮弘所葬, 則雲山卽高句驪之北豊而渤海之豊州也. 遼志云, "正州, 本沸流王故地", 輿地勝覽云, "成川府, 本沸流王松讓故都",[236] 可明成川府之爲渤海正州也.[237]

235 《資治通鑑》권123, 宋紀5, 文帝 元嘉 15년(438) 3월 계미 "初, 燕王弘至遼東. … 高麗處之平郭, 尋徙北豊. … 弘怨高麗, 遣使來上表求迎, 上遣使者王白駒等迎之, 並令高麗資遣. 高麗王不欲使弘南來, 遣將孫漱·高仇等殺弘於北豊, 並其子孫十餘人, 諡弘曰昭成皇帝."

236 《新增東國輿地勝覽》권54, 平安道, 成川都護府, 建置沿革 "本沸流王松讓故都, 高句麗始祖東明王, 自北扶餘來都卒本川, 松讓以其國降 遂置多勿都 封松讓爲多勿侯."

237 正州也 : 이 다음에 원본에는 '又桓州屬縣浿水, 漢書地理志, 樂浪縣二十五, 有浿水. 註云, 水至增地入海. 浿爲今大同江, 源出寧遠郡加幕洞. 寧遠卽漢浿水縣, 而渤海因之爾.'가 삭제되었고, 이규경필사본에는 그대로 있다.

卷之四

職官考 · 藝文考 · 附 定安國考

職官考

文職

宣詔省, 左相·左平章事·侍中·左常侍·諫議, 居之.

中臺省, 右相·右平章事·內史·詔誥·舍人, 居之.

政堂省, 大內相一人, 居左右相上. 左右司政, 各一人, 居左右平章事之下, 以比僕射. 左右允, 比二丞.

左六司, 忠·仁·義部, 各一卿, 居司政下. 支司爵·倉·膳部, 部有郎中·員外.

右六司, 智·禮·信部, 支司戎·計·水部, 卿·郎準左. 以比六官.

中正臺, 大中正一, 比御史大夫, 居司政下, 少正一.

殿中寺·宗屬寺, 有(大)令,[1] 文籍院有監. 令·監皆有少.

太常寺·司賓寺·大農寺, 有卿.

司藏寺·司膳寺, 有令·丞.

冑子監, 有監長.

巷伯局, 有常侍[2]

---

1 令 : 원사료《新唐書》권219, 列傳144, 北狄, 渤海에 '大令'으로 되어 있다. 뒤에 '令'이 나오기 때문에, 유득공은 '大'를 잘못 들어간 것으로 보고 뺀 것 같다.

2 侍 : 이규경필사본에 '寺'로 되어 있다.

武職

左右猛賁·熊衛·羆衛, 南左右衛·北左右衛, 各大將軍一, 將軍一.

品服

三秩以上, 紫衣 · 牙笏 · 金魚.

五秩以上, 緋衣 · 牙笏 · 銀魚.

六秩 · 七秩, 淺緋衣 · 木笏.

八秩, 綠衣 · 木笏.

職官考 · 藝文考 · 附 定安國考

藝文考[3]

唐玄宗勑武王書 四_張九齡撰

第一首[4]

(勑忽汗州刺史·渤海郡王大武藝)[5]

卿於昆弟之間, 自相忿閱, 門藝窮而歸我, 安得不從〈一作[6]容〉? 然處之西垂〈一作陲〉, 爲卿之故, 亦云不失, 頗謂得所. 何則卿地雖海曲, 常習華風. 至如兄友弟悌, 豈待訓習? 骨肉情深, 自所不忍. 門藝縱有過惡, 亦合容其改脩〔修〕.[7] 卿遂請取東歸, 擬肆屠戮. 朕教天下以[8]孝友, 豈復忍聞此事? 誠是惜卿名行, 豈是保舊逃亡? 卿不知國恩, 遂爾背朕〈一作德〉. 卿所恃者遠, 非能有他. 朕比年含容, 優恤中土. 所未命將, 事亦有時, 卿能悔過輸誠, 轉禍爲福. 言則已〈一作似〉順, 意尚執迷, 請殺門藝, 然後歸國, 是何言也? 觀卿表狀, 亦有忠誠, 可熟思之, 不容易耳. (今使內使, 往宣諭朕意, 一一並須口述. 使人李盡彦, 朕亦親有處分, 皆所知之. 秋冷, 卿及衙官首領百姓, 並平安好. 并遣崔尋挹同往, 遣書指不多及)[9]

---

4 第一首 : 원문에는 없지만 역자가 편의상 붙였다. 아래의 第二首, 第三首, 第四首도 마찬가지이다. 그런데 원사료(《文苑英華》 권471, 翰林制詔 52, 蕃書 4)에는 〈勑渤海王大武藝書四首〉라는 제목으로 그 순서가 1수, 4수, 2수, 3수로 배열되어 있다. 한편 초고본과 이규경필사본에는 이 칙서들이 모두 없다.

5 勑忽汗州刺史·渤海郡王大武藝 : 원사료에 의거하여 삽입한다.

6 一作 : 칙서의 작성자인 張九齡(678~740)의 문집 《曲江集》을 가리킨다.

7 脩 : 원사료에 '修'로 되어 있다.

8 以 : 다음에 원본에 한 자가 삭제된 흔적이 있다.

9 今使內使~遣書指不多及 : 원사료에 의거하여 삽입한다.

第二首

(勅渤海郡王·忽汗州都督大武藝)[10]

多蒙國〔固〕[11]所送水手及承前沒落人等來. 表卿輸誠, 無所不盡. 長能保此, 永作邊捍, 自求多福, 無以加也. 漸冷, 卿及衙官百姓以下, 並平安好. 遣書指不多及.

第三首

(勅忽汗州刺史·渤海郡王大武藝)[12]

卿往者誤計, 幾於禍成, 而失道未遙, 聞義能徙, 何其智也? 朕棄人之禍, 收物之誠, 表卿洗心, 良以慰意. 卿旣盡誠節, 永固東蕃, 子孫百代, 復何憂哉? 所〈一作近〉使呈〔至〕,[13] 具知款曲. 兼請宿衞及替, 亦已依行. 大郎雅等, 先犯國章, 竄逐南鄙, 亦皆捨罪, 仍放歸蕃. 卿可知之, 皆朕意也. 夏初漸熱, 卿及首領百姓等, 並平安好. 遣書指不多及.

第四首

(勅渤海郡王·忽汗州都督大武藝)[14]

(不識逆順之端, 不知存亡之兆, 而能有國者, 未之聞也. 卿往年背德, 已爲禍階, 近能悔過, 不失臣節, 迷非復善, 卽又何嘉? 朕記人之長, 忘人之短, 況又歸服, 載用嘉歎! 永祚東土, 不亦宜乎? 所令大茂慶等入朝, 並已處分, 各加官賞, 想具知

---

10 勅渤海郡王·忽汗州都督大武藝 : 원사료에 의거하여 삽입한다.
11 國 : 원사료에 '固'로 되어 있다.
12 勅忽汗州刺史·渤海郡王大武藝 : 원사료에 의거하여 삽입한다.
13 呈 : 원사료에 '至'로 되어 있다.
14 勅渤海郡王·忽汗州都督大武藝 : 원사료에 의거하여 삽입한다.

之. 所請替人, 亦令還彼. 又)**15**近得卿表云, 突厥遺使求合, 擬打兩藩. 奚
及契丹, 今旣內屬, 而突厥私恨, 欲讐此藩. 卿但不從, 何妨有使? 擬
行執縛, 義所不然. 此是人情, 況爲君道! 然則知卿忠赤, 動必以聞.
未〔永〕**16**保此誠, 慶流未己. (春晚, 卿及衙官百姓, 並平安好. 遺書指不多及)**17**

---

15 不識逆順之端~又 : 원사료에 의거하여 삽입한다.

16 未 : 원사료에 '永'으로 되어 있다.

17 春晚~遺書指不多及 : 원사료에 의거하여 삽입한다.

武王與日本國聖武天皇書

武藝啓. 山河異域, 國土不同, 延聽風猷, 但增傾仰. 伏惟大王天朝受
命, 日本開基, 奕葉重光, 本支百世. 武藝忝當列國, 濫總諸藩, 復高
麗之舊居, 有扶餘之遺俗. 但以天涯路阻, 海漢悠悠, 音耗未通, 吉凶
絕問.[18] 親仁結援, 庶叶前經, 通使聘隣, 始乎今日. 謹遣寧遠將軍郎
將高仁義·遊將軍果毅都尉德周·別將舍那婁二十四人賷狀, 並附
貂皮三百張奉送. 土宜雖賤, 用表獻芹之誠, 皮幣非[19]珍, 還慚掩口之
誚. 主[生][20]理有限, 披膳[瞻][21]未期. 時嗣音徽, 永敦隣好.

18 　問 : 초고본과 이규경필사본에 '聞'으로 되어 있다. 원사료(《續日本紀》)는 원본과 같다.

19 　非 : 이규경필사본에 '不'로 되어 있다.

20 　主 : 원사료의 역주본(靑木和夫 외 校注, 續日本紀 1~5, 1990~1998, 岩波書店)에는 '生'으로 되어 있다.

21 　膳 : 원사료의 역주본에 '瞻'으로 되어 있다.

文王與日本國聖武天皇書

欽茂啓. 山河杳絶, 國土敻遙, 仰望風猷, 惟增傾仰. 伏惟天皇聖殿, 至德遐暢, 奕葉重光, 澤流萬姓. 欽茂忝係〔繼〕[22]祖業, 濫總如始. 義洽情深, 每修隣好. 今彼國使朝臣廣業等, 風潮失便, 漂落投此. 每加優賞, 欲待來春放迴, 使等貪前, 苦請乃年歸去. 祈辭〔訴詞〕[23]至重, 隣義非輕, 因備行資, 卽爲發遣. 仍差若忽州都督胥要德等充使, 領廣業等, 令送彼國. 並附大蟲皮 · 羆皮各七張 · 貂〔豹〕[24]皮六張 · 人蔘三十斤 · 蜜三斛進上, 至彼, 請檢領.

---

22 係 : 원사료의 역주본에 '繼'로 되어 있다.

23 祈辭 : 원사료의 역주본에 '訴詞'로 되어 있다.

24 貂 : 원사료의 역주본에 '豹'로 되어 있다.

康王與日本國桓武天皇書 四

第一首[25]

上天降禍, 祖大行大王, 以大興五十七年三月四日薨背. 善隣之義,
必聞吉凶, 限以滄溟, 所以緩告. 嵩璘無狀招禍, 不自滅亡, 不孝罪苦
〔咎〕,[26] 酷罰罪苦. 謹狀力〔另〕[27]奉啓, 荒迷不次. 孤孫大嵩璘頓首.[28]
哀緒已具別啓, 伏惟天皇陛下, 動止萬福, 寢膳勝常. 嵩璘視息苟延,
奄及祥制. 官僚感義, 奪志抑情. 起續洪基, 祗統先烈, 朝維依舊, 封
域如初. 顧自思維, 寶荷殊眷, 而滄溟括地, 波浪湧天, 奉膳無由, 徒
增傾仰. 謹差庭諫大夫 · 工部郞中呂定琳等, 濟海起居, 兼修舊好. 其
少土物, 具在別狀, 荒迷不次.

第二首

嵩璘啓. 差使奔波, 貴申情禮, 佇承殊〔休〕[29]眷, 瞻望徒勞. 天皇頓降
敦私, 貺之使命, 佳聞盈耳, 珍奇溢目. 俯仰自欣, 伏增慰悅. 其定

---

25 第一首 : 원문에는 없지만 역자가 편의상 붙였다. 아래의 第二首, 第三首, 第四首도 마찬가지이다.

26 苦 : 원사료의 역주본에 '咎'로 되어 있다.

27 力 : 원사료의 역주본에 '另'으로 되어 있다.

28 上天降禍~孤孫大嵩璘頓首 : 초고본에 上天降禍로 시작하는 부고가 哀緒己具別啓로 시작하는 국서 다음에 배치
되었다.

29 殊 : 원사료의 역주본에 '休'로 되어 있다.

琳等, 不料邊虞[虜],[30] 被陷賊場, 俯垂恤存, 生還本國. 奉惟大[天][31]造, 去留同賴. 嵩璘, 猥以冥[寡][32]德, 幸屬時來, 官承先爵, 土統舊奉[封].[33] 制命策書, 冬中錫及, 金印紫綬, 遼外光耀. 思欲修禮勝邦, 結交貴國, 歲時朝覲, 桅帆相望. 而巨木掄[楡][34]材, 土之難長, 小船泛[汎][35]海, 不波[沒][36]則危. 每[亦][37]或引海不謹[諧],[38] 遭罹夷害, 雖慕盛化, 如艱阻何? 倘[儻][39]長尋舊好, 幸許來往, 則送使雖[數][40]不過二年[卄],[41] 以玆爲限, 式作永規. 其隔年多少, 任聽彼裁, 裁定之使, 望於來秋. 許以往期, 則德隣常在. 事與望則異[異則],[42] 足表不依. 其所寄絹二十疋 · 絁二十疋 · 絲一百絢 · 綿二百屯, 依數領足[之].[43] 今廣岳等使事略畢, 情求迨時, 便欲差人送使奉諭[謝][44]新命之恩, 使等辭以未奉本朝之旨. 故致[不敢][45]淹滯, 隨意依心. 謹因回[廻][46]次, 奉附土物. 具在別狀, 自知鄙薄, 不勝羞媿[愧].[47]

---

30 虞 : 원사료의 역주본에 '虜'로 되어 있다.

31 大 : 원사료의 역주본에 '天'으로 되어 있다.

32 冥 : 원사료의 역주본에 '寡'로 되어 있다.

33 奉 : 원사료의 역주본에 '封'으로 되어 있다.

34 掄 : 원사료의 역주본에 '楡'로 되어 있다.

35 泛 : 원사료의 역주본에 '汎'으로 되어 있다.

36 波 : 원사료의 역주본에 '沒'로 되어 있다.

37 每 : 원사료의 역주본에 '亦'으로 되어 있다.

38 謹 : 원사료의 역주본에 '諧'로 되어 있다.

39 倘 : 원사료의 역주본에 '儻'으로 되어 있다.

40 雖 : 원사료의 역주본에 '數'로 되어 있다.

41 二年 : 원사료의 역주본에 '卄'으로 되어 있다.

42 則異 : 원사료의 역주본에 '異則'으로 되어 있다.

43 足 : 《國史大系 類聚國史》에는 '之', 원사료의 역주본(黑板伸夫 · 森田悌 編, 《日本後紀》2003, 集英社)에는 '足'으로 되어 있는데, 문맥상 '之'가 맞다.

44 諭 : 원사료의 역주본에 '謝'로 되어 있다.

45 故致 : 원사료의 역주본에 '不敢'으로 되어 있다.

46 回 : 원사료의 역주본에 '廻'로 되어 있다.

47 媿 : 원사료의 역주본에 '愧'로 되어 있다.

第三首

嵩璘啓. 使賀萬等至, 所貺之書, 及信物絹絁各三十〔卅〕[48]疋·絲二百絇·綿三百屯, 依數領足〔之〕,[49] 慰悅實深. 雖復巨海漫天, 滄波浴日, 路無倪限, 望斷雲霞. 而巽氣送帆, 指期舊浦, 乾涯斥候, 無關糇糧. 豈非彼此齊契〔契齊〕,[50] 暗符人道, 南北義感, 特叶天心者哉? 嵩[51]璘茞有舊封, 纘承先業, 遠蒙善獎, 聿修如常. 天皇遙降德音, 重貺使命, 恩從〔重〕[52]懷抱, 慰諭〔喩〕[53]慇勤. 況復俯記片書, 眷依前請. 不遺信物, 許以年期, 書疏之間〔聞〕,[54] 喜〔嘉〕[55]免瑕〔瘕〕[56]纇, 庇廕之顧, 識異他時. 而一葦難航, 奉知實諭〔審喩〕,[57] 六年爲限, 竊歎〔憚〕[58]其遲. 請更貺嘉圖, 幷廻通鑑, 從〔促〕[59]其期限, 傍合素懷. 然則向風之趣, 自不倦於寡情, 慕化之勤, 可尋蹤於高氏. 又書中所許, 雖不限多少〔少多〕,[60] 聊依使者之情, 省給〔約〕[61]行人之數. 謹差衛〔慰〕[62]軍大將軍·左熊衛都將·上柱國·開國子大昌泰等, 充使送國, 兼奉副〔附〕[63]信物.

---

48 三十 : 원사료의 역주본에 '卅'으로 되어 있다.

49 足 : 원사료의 역주본에 '之'로 되어 있다.

50 齊契 : 초고본 및 원사료의 역주본에 '契齊'로 되어 있다.

51 嵩 : 초고본에 '崇'으로 잘못되어 있다.

52 從 : 원사료의 역주본에 '重'으로 되어 있다.

53 諭 : 원사료의 역주본에 '喩'로 되어 있다.

54 間 : 원사료의 역주본에 '聞'으로 되어 있다.

55 喜 : 원사료의 역주본에 '嘉'로 되어 있다.

56 瑕 : 원사료의 역주본에 '瘕'로 되어 있다.

57 實諭 : 원사료의 역주본에 '審喩'로 되어 있다.

58 歎 : 원사료의 역주본에 '憚'으로 되어 있다.

59 從 : 원사료의 역주본에 '促'으로 되어 있다.

60 多少 : 원사료의 역주본에 '少多'로 되어 있다.

61 給 : 원사료의 역주본에 '約'으로 되어 있다.

62 衛 : 원사료의 역주본에 '慰'로 되어 있다.

63 副 : 원사료의 역주본에 '附'로 되어 있다.

具如別狀, 土無奇異, 自知羞惡.

第四首

嵩璘啓. 使船白〔代〕[64]等至, 枉辱休問, 兼信物絹絁各三十〔卅〕[65]疋·
絲二百絢·綿三百屯 依〔准〕[66]數領足〔之〕.[67] 懷媿〔愧〕[68]實深, 嘉貺厚
情, 伏知稠疊. 前年附啓, 請許量裁〔載〕[69]往還, 去歲承書, 遂以半紀爲
限. 嵩璘情勤馳係, 求縮程期, 天皇舍〔捨〕[70]己從人, 便依所請. 筐筐攸
行, 雖無珍奇, 特見允依, 荷欣何極? 比者天書降海〔渙〕,[71] 制使茬朝,
嘉命優加, 寵章總萃〔華〕.[72] 班沾〔霑〕[73]燮理, 列等端揆, 惟念寡菲, 殊
蒙庇廕. 其使昌泰等, 愁〔才懃〕[74]專對, 將命非能, 而承貺優容, 倍增嘉
〔喜〕[75]慰. 而今秋暉欲暮, 序惟〔雜〕[76]涼風, 遠客思歸, 指〔情〕[77]勞望日.
崇迨時節, 無滯廻帆. 旣許隨心, 正宜相送, 未及駔〔期〕[78]限, 不敢同
行. 謹自回〔因廻〕[79]使, 奉附輕尠, 具如別狀.

---

64 白 : 원사료의 역주본에 '代'로 되어 있다.

65 三十 : 원사료의 역주본에 '卅'으로 되어 있다.

66 依 : 원사료의 역주본에 '准'으로 되어 있다.

67 足 :《國史大系 類聚國史》에는 '之', 원사료의 역주본에 '足'으로 되어 있는데, 문맥상 '之'가 맞다.

68 媿 : 원사료의 역주본에 '愧'로 되어 있다.

69 裁 : 원사료의 역주본에 '載'로 되어 있다.

70 舍 : 원사료의 역주본에 '捨'로 되어 있다.

71 海 : 원사료의 역주본에 '渙'으로 되어 있다.

72 萃 : 원사료의 역주본에 '華'로 되어 있다.

73 沾 : 원사료의 역주본에 '霑'으로 되어 있다.

74 愁 : 원사료의 역주본에 '才懃'으로 되어 있다.

75 嘉 : 원사료의 역주본에 '喜'로 되어 있다.

76 惟 : 원사료의 역주본에 '雜'으로 되어 있다.

77 指 : 원사료의 역주본에 '情'으로 되어 있다.

78 駔 : 원사료의 역주본에 '期'로 되어 있다.

79 自回 : 원사료의 역주본에 '因廻'로 되어 있다.

按, 三國史末見高句麗通日本, 而日本史頗有之. 高句麗時, 當自西沿開帆, 循百濟之右岸, 泊於筑紫道. 渤海則徑涉東溟, 泊其出羽·能登·加賀之地. 自漢以來, 倭·韓屬於帶方, 倭與韓等爾. 倭王珍嘗自稱使持節·都督倭百濟新羅任羅秦韓慕韓六國諸軍事·安東大將軍·倭國王, 羅濟諸國兵, 何嘗受其節度耶? 蓋亦自夸之辭[80]也. 聖武天皇不能掩與高氏爲兄弟, 而獨誚大氏之稱甥. 然考渤海國書, 亦執隣敵之禮. 此是行人之掌, 故不可不知.[81]

---

80 自夸之辭 : 이 다음에 원본에 세 자를 삭제하였는데, 이규경필사본에 '甚可笑'가 있다.

81 按~故不可不知 : 초고본에 없다.

附 定安國考[1]

定安國, 本馬韓之種, 爲契丹所破, (其酋帥糾合餘衆,)[2] 保其西鄙. (建國改元, 自稱定安國.)[3] 宋太祖開寶三年, 其王烈萬華, 因女眞使, 上表獻裘.[4] 太宗太平興國中,[5] 經營遠畧, 討擊契丹. 因降詔本〔其〕[6]國, 令張掎角之勢. 本〔其〕[7]國亦怨寇讐侵侮不己, (聞中國用兵北討,)[8] 欲依王師以攄宿忿〔憤〕,[9] 得詔大喜. 六年冬, (會)[10]女眞遣使入貢, 路由本國. 乃托使[11]上表云,[12] '定安國王臣烏玄明言. 伏遇聖主, 洽天地之恩, 撫夷

---

1 附 定安國考 : 초고본에 '屬國考', 이규경필사본에 '附 定安國'으로 되어 있다.

2 其酋帥糾合餘衆 : 원사료(《宋史》권491, 列傳 제250, 外國7, 定安國)에 의거하여 삽입한다.

3 建國改元 自稱定安國 : 원사료에 의거하여 삽입한다.

4 因女眞使 上表獻裘 : 원사료에 "因女眞遣使入貢 乃附表貢獻方物"로 되어 있다.

5 太宗太平興國中 : 원사료에 "太平興國中 太宗方"으로 되어 있다.

6 本 : 원사료에 '其'로 되어 있다.

7 本 : 원사료에 '其'로 되어 있다.

8 聞中國用兵北討 : 원사료에 의거하여 삽입한다.

9 忿 : 원사료에 '憤'으로 되어 있다.

10 會 : 원사료에 의거하여 삽입한다.

11 太宗太平興國中~托使 : 초고본에 "太宗太平興國六年 又因女眞使"로 되어 있다.

12 乃托使上表云 : 원사료에 "乃托其使 附表來上云"으로 되어 있다.

貊之俗, 臣玄明誠喜誠抃, 頓首頓首. 臣本以高麗舊壤, 渤海遺黎, 保據方隅, 涉歷星紀, 仰覆露鴻均〔鈞〕[13]之德, 被浸漬無外之澤, 各得其所, 以遂本性. 而頃歲, 契丹恃其强暴, 入寇境土,[14] 攻破城砦, 俘略人民. 臣祖考, 守節不降, 與衆避地, 僅存生聚, 以迄于今. 而又扶餘府, 昨背契丹, 並歸本國, 災禍將至, 無大於此. 所宜受天朝之密畫, 率勝兵而討助.[15] 必欲報敵, 不敢違命. 臣玄明, 誠懇誠願, 頓首頓首.' (其末題云)[16] 元興[17]六年十月日, 定安國王臣玄明, 表上聖皇帝前'. 太宗優詔答之,[18] 是時宋欲討契丹故也. 端拱二年, 其王子因女眞使, (附)[19] 獻馬·雕羽鳴鏑. 淳化二年, 其王子太元, 因女眞使上表, 其後不(復)[20]至. 高麗顯宗九年, 定安國人骨須來奔.

按, 宋太宗太平興國中, 女眞朝宋之路, 泛海由沙門島, 而路過定安, 托使付表. 其表又云, '扶餘府, 背契丹, 歸本國', 扶餘府者, 今開原縣也. 以此推之, 其國當在今興京·鳳凰城等處, 而末可考.[21]

---

13 均 : 초고본과 원사료에 '鈞'으로 되어 있다.

14 土 : 초고본에 '上'으로 잘못되어 있다.

15 討助 : 초고본에 '助討'로 되어 있다.

16 其末題云 : 원사료에 의거하여 삽입한다.

17 元興 : 경도대소장본에는 상단에 다음과 같은 추기가 달려 있다. '元興 恐是定安年號 李建初'

18 太宗優詔答之 : 원사료에 "上答以詔書曰, '勅定安國王烏玄明. 女眞使至, 得所上表, 以朕嘗賜手詔諭旨, 且陳感激. 卿遠國豪帥, 名王茂緒, 奄有馬韓之地, 介于鯨海之表, 彊敵吞倂, 失其故土, 沉冤未報, 積憤奚伸. 矧彼獯戎, 尙搖蠆毒, 出師以薄伐, 乘夫天災之流行, 敗衂相尋, 滅亡可待. 今國家己于邊郡廣屯重兵, 只俟嚴冬, 即申天討. 卿若能追念累世之耻, 宿戒擧國之師, 當于伐罪之秋, 展爾復仇之志, 朔漠底定, 爵賞有加, 宜思永圖, 無失良便. 而況渤海願歸於朝化, 扶餘己背於賊庭, 勵乃宿心, 糺其協力, 克期同擧, 必集大勳. 尙阻重溟, 未遑遣使, 倚注之切, 鑒寐靡忘.' 以詔付女真使, 令齎以賜之"로 되어 있다.

19 附 : 원사료에 의거하여 삽입한다.

20 復 : 원사료에 의거하여 삽입한다.

21 按~而末可考 : 초고본에 없다.

정본 발해고

1판 1쇄 2018년 3월 30일
1판 2쇄 2020년 5월 8일

지은이 | 유득공
옮긴이 | 김종복

펴낸이 | 류종필
편집 | 이정우, 정큰별
마케팅 | 김연일, 김유리
표지 · 본문 디자인 | 이석운, 김미연

펴낸곳 | (주) 도서출판 책과함께
　　　 주소 (04022) 서울시 마포구 동교로 70 소와소빌딩 2층
　　　 전화 (02) 335-1982
　　　 팩스 (02) 335-1316
　　　 전자우편 prpub@hanmail.net
　　　 블로그 blog.naver.com/prpub
　　　 등록 2003년 4월 3일 제25100-2003-392호

ISBN 979-11-88990-00-9 93910

이 도서의 국립중앙도서관 출판예정도서목록(CIP)은
서지정보유통지원시스템 홈페이지(http://seoji.nl.go.kr)와
국가자료종합목록 구축시스템(http://kolis-net.nl.go.kr)에서 이용하실 수 있습니다.
(CIP제어번호: CIP2018007362)